清太祖爱新觉罗·努尔哈赤像

康熙帝写字像

孝庄文皇后像

鳌拜像

《康熙帝戎装像》局部

《董卫国纪功图》局部，清黄璧绘，
反映了康熙平定"三藩之乱"事件

《康熙南巡图·泛舟驶离南京》局部，
清王翚等绘

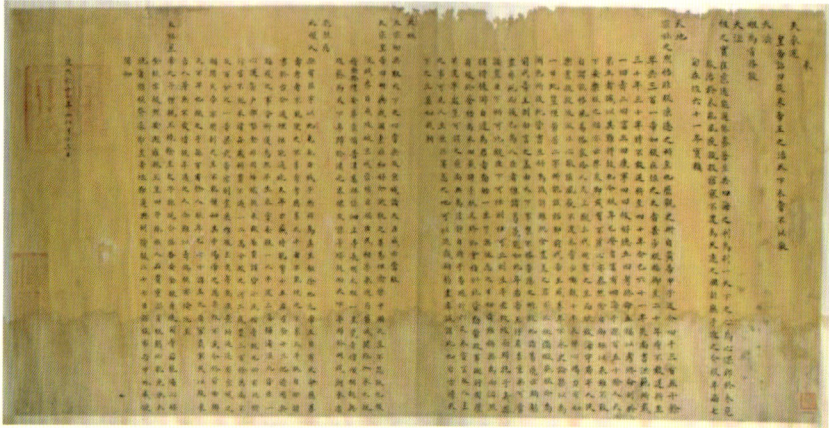

康熙帝遗诏，宣布传位皇四子爱新觉罗·胤禛，即后来的雍正帝

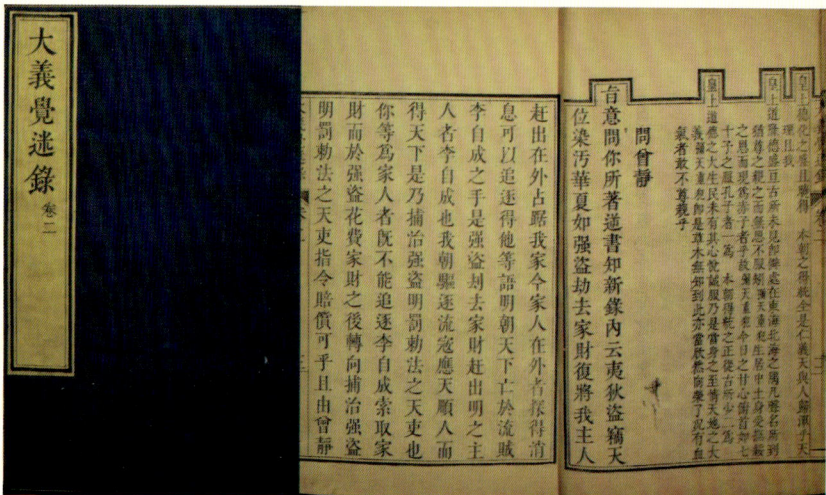

《大义觉迷录》，雍正八年武英殿刊本

《雍正帝祭先农坛图》上卷局部

军机处，辅佐皇帝的重要政务机构，始设于雍正朝

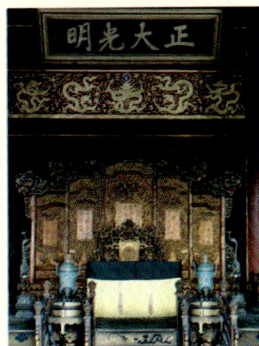

乾清宫内景

乾隆御笔朱批的奏折

《盛世滋生图》局部，清徐扬绘，反映了乾隆年间苏州"商贾辐辏，百货骈阗"的
繁荣景象

《万树园赐宴图》，清
郎世宁、王致诚等绘，
反映了乾隆帝于避暑山
庄万树园宴请杜尔伯特
部首领的场面

《乌什酋长献城降图》，
反映了乾隆二十三年
（1758 年）平定大小和
卓之乱

《乾隆平定准部回部战
图》局部，清郎世宁、
王致诚等绘

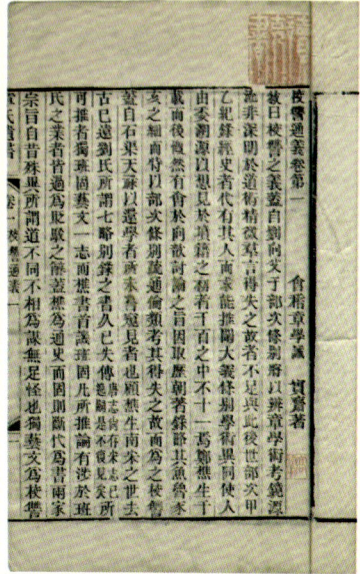

章学诚像   《校雠通义》书影

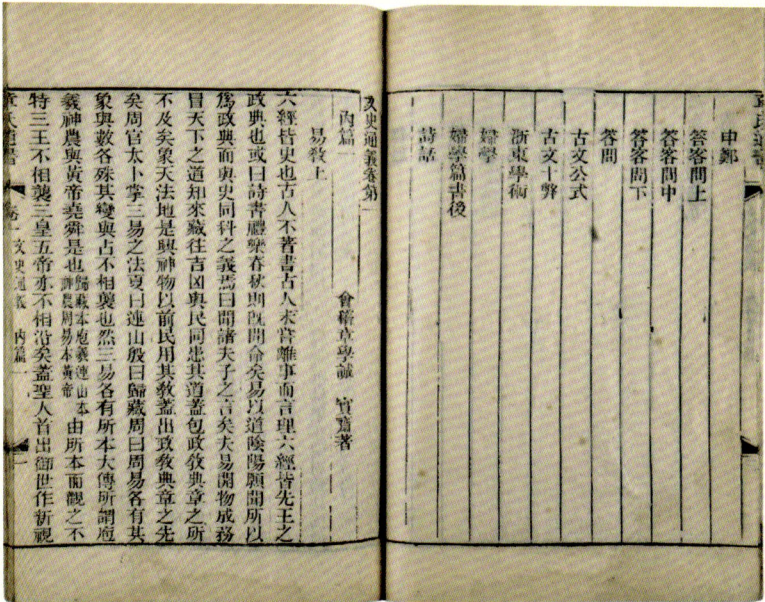

《文史通义》书影

戴震像

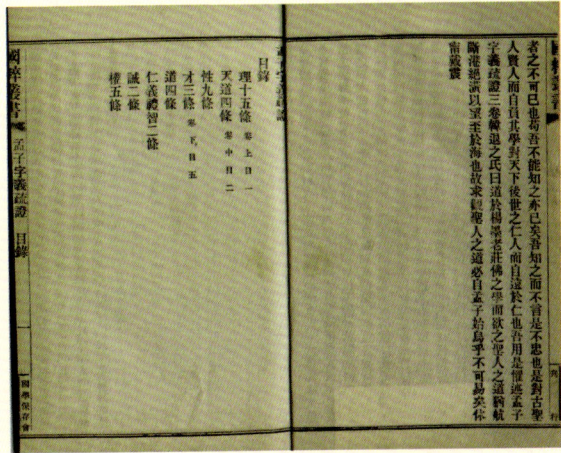

《孟子字义疏证》书影

惠栋像

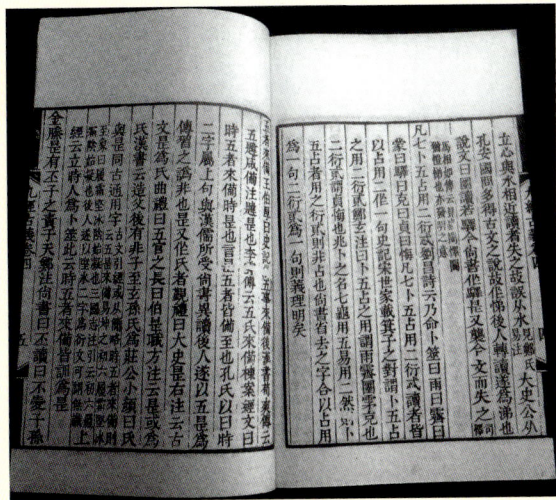

《九经古义》书影

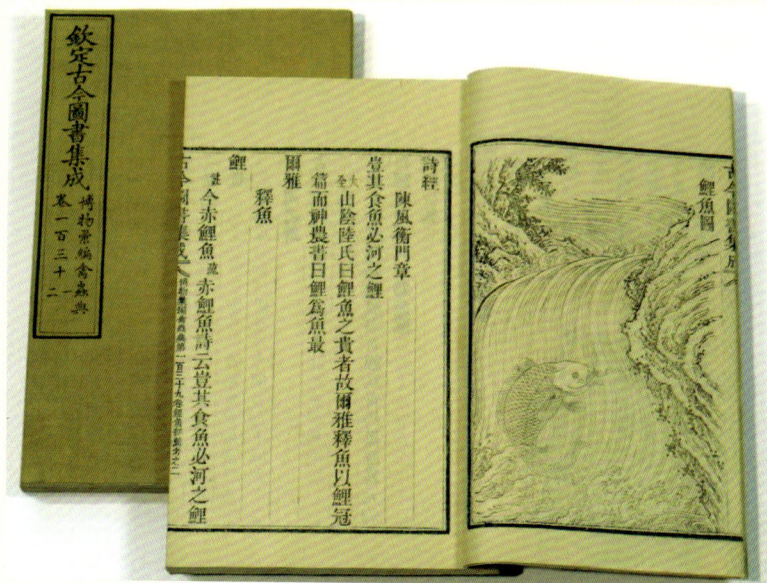

《钦定古今图书集成》零册内页，蒋廷锡等奉敕纂辑，武英殿铜活字本

《钦定四库全书》零册简明目录及经、史、子、集各部，纪昀等奉敕撰，文渊阁写本

孔尚任像

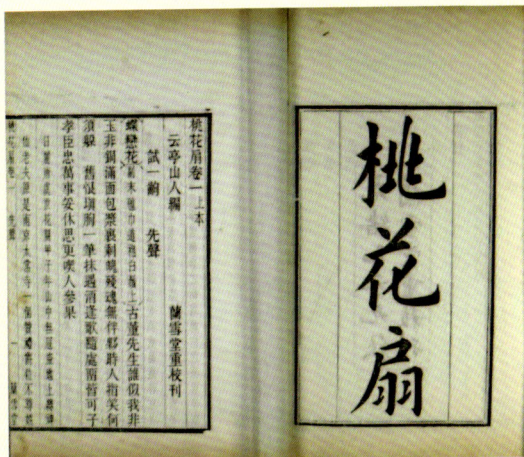

《桃花扇》书影

《红楼梦》绘本图，清孙温绘

《雍正圆明园十二月行乐图·腊月赏雪》局部，清郎世宁绘，反映了圆明园内中西合璧的建筑风格

《静宜园二十八景图》，清张若澄绘

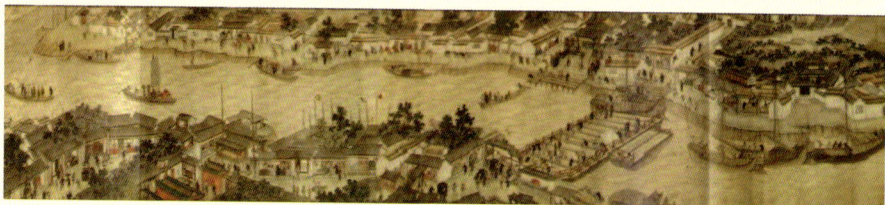

《潞河督运图》，清江萱绘，反映了乾隆年间天津三岔河口一带漕运的情景

清运盐船模型，原存清盐务总署，是打制盐船的标准模式

清梭船模型，又名横洋船，福建同安县一带民用海船

清粉彩桃纹天球瓶

清粉彩镂空转心瓶

清粉彩梅竹双燕纹瓶

清青花八吉祥纹扁壶

汤若望，德国来华传教士，在明清朝廷历法修订及火炮制造等方面多有贡献

南怀仁，比利时来华传教士，康熙朝钦天监（天文台）最高负责人

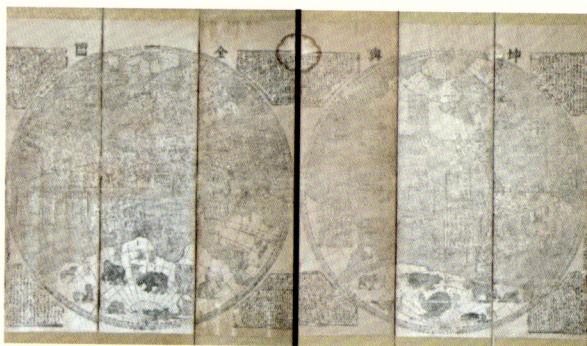

《坤舆全图》，清南怀仁绘，咸丰年间重刊本

白寿彝
史学二十讲

帝國余暉

中古时代

|清|

白至德 编著

红旗出版社

红旗出版社
RED FLAG PRESS
推动进步的力量

图书在版编目（CIP）数据

帝国余晖：中古时代：清/白至德编著．
— 北京：红旗出版社，2017.7
（白寿彝史学二十讲）
ISBN 978-7-5051-4130-8

Ⅰ．①帝…Ⅱ．①白…Ⅲ．①中国历史—清代—通俗
读物 Ⅳ．① K249.09

中国版本图书馆 CIP 数据核字 (2017) 第 060273 号

书　　名	帝国余晖·中古时代·清			
编　　著	白至德			
出 品 人	高海浩	责任编辑	赵智熙	
总 监 制	李仁国	封面设计	王　鑫	
出版发行	红旗出版社	地　　址	北京市沙滩北街 2 号	
邮政编码	100727	编辑部	010-57274504	
E－mail	hongqi1608@126.com			
发 行 部	010-57270296			
印　　刷	北京雁林吉兆印刷有限公司			
开　　本	787 毫米 ×1092 毫米　1/16			
字　　数	216 千字	印张	17	
版　　次	2017 年 10 月北京第 1 版	2017 年 10 月北京第 1 次印刷		
ISBN 978-7-5051-4130-8		定价	45.00 元	

欢迎品牌畅销图书项目合作 联系电话：010-57274627
凡购本书，如有缺页、倒页、脱页，本社发行部负责调换。

目　录

第十八讲 交通及其概况

第十九讲 衰老与资本主义萌芽

前　言

　　《白寿彝史学二十讲》是一套科学普及中国史学知识的丛书，共11册。本书为丛书的第9册，即"中古时代·清时期"册。

　　清朝，是我国封建社会的最后一个皇朝。从顺治元年（1644年）清军入关，到宣统三年（1911年）溥仪退位，清朝统治全国长达268年。加上其在关外的兴起阶段，共有300多年。本册论述的是自清太祖努尔哈赤于1583年起兵到1840年这200多年的历史。

　　本世纪以来，特别是近50年来，清史研究取得了大量学术成果。通史方面，约有6部；典制方面，约有7部；军事方面，约有4部；经济方面，约有14部；民族方面，约有7部；外事方面，约有2部；学术文化方面，约有7部；人物方面，约有12部；论文集方面，约有14部（种），以上共约73部。如加上未被统计和近10年来新出版的著作，当不下200部。历史学同其他任何学科一样，其发展不能脱离它的根基，并从它以往成果中汲取营养，对已有成果有所超越。

　　在《白寿彝史学二十讲》的系列丛书"中古时代·清时期"册中，同样也只能讲20个专题，所以也只能讲述白先生在这个历史时代所涉及的一些史学研究的部分内容，当然还要兼顾广大读者们感兴趣的一些史学问题，这也就不可能对中国中古时代清时期的相关史学研究做出较为全面、系统的论述了。在这册书中，我们力争突出科学性、普及性、趣味性，靠近大众，尽力让广大读者了解白寿彝的史学观点之精髓，史学研究之深广，并有助于广大读者学习中国史学，也为不同层次的读者们的需要，提供一些参考，方便阅读，从中不断获得更多的史学知识。我们相信，只要我们用心去触摸史学，就可以感悟到历史的真谛，努力做到彰往而知来。

　　《白寿彝史学二十讲》，因为是普及史学科学的读物，所以我们对于材料的来源都没有注明。虽然这些材料的来源没有注明，但是这些材料也

前言壹

都出自白寿彝先生生前审阅过、修改过并在最后亲自定稿的内容，同样，如此作法也延续了白先生的一贯所为，也就依旧如同《白寿彝史学二十讲》1—8册一样，全部都渗透着他老人家的笔墨与汗水。我们还应特别指出的是，在书中采用了楷体字，这是白寿彝讲史学的文字部分；一般宋体字，却是编者插入的辅助文字部分，这主要是为了使读者更好地了解白寿彝所讲的史学内容，并使全书内容顺畅一致，方便读者的阅读，就此也请读者阅读时加以注意。

《白寿彝史学二十讲》系列丛书的出版，应该感谢我的父亲白寿彝赋予我的力量与勇气，以及他的挚友、同仁、学子和弟子们热情、广泛而全面的支持和帮助。我的小孙女白知灵，对于我的写作，也是亲力所助，不辞辛苦。

如今，我们已经跨入了崭新的21世纪，中华民族奋进的步伐，越迈越大，越迈越快，这个崭新的21世纪是属于我们的。让我们用力去触摸史学，就可以深刻地感悟到历史的真谛。我们只有重视历史的功能和作用，通过加强历史教育，弘扬和培育我们自己的民族精神，才能最终实现我们中华民族的伟大复兴。

让我们共同努力吧！

白至德

2011年2月18日　林萃书屋

中古时代·清时期

"中古时代·清时期"论述了中国封建社会的衰老时期清代的历史。

清朝传9代，10帝，268年，约当于公元1644—1911年。1840年，英国殖民主义者入侵，发生了鸦片战争，中国逐渐由封建社会向半殖民地半封建社会转化。

清的先人原来是东北地区的女真部落，在努尔哈赤时期发展成为民族。这是一个新兴的、生气勃勃的民族。在历史发展阶段上，本来是明属于前列，而清为后进，但由于政治上的腐败，明被清所取代了。

清入关后，吸收前代，特别是元、明两代进行统治的经验和教训，相对地说是励精图治、与民休息的。也重视学术文化的发扬，因而出现了康熙、乾隆之治。这是清代在历史上的成就。清在政治上有成就，但也不可估计太高，这毕竟已处在封建社会的衰老阶段。

清代的民族关系，是一个相当复杂的问题。这时民族多，差异大，发展不平衡。满汉关系、满蒙关系、满汉和其他少数民族之间的关系、各少数民族之间的关系，各有特点，清廷、官府，也按照不同情况分别对待。本册不能提供充分的篇幅来论述这些问题，但重视了民族关系的主流，力求贯彻民族平等的原则，防止大民族主义和地方民族主义的偏向。

清代，中外关系逐渐重要起来。对于中国在国际地位上的变化，这是一个关键时期。

清代的人物很多，可选而不必选者也多。本册对人物的选择是严格的，限于篇幅，可能某些人所熟知者也未选入。

第一讲　清史编写之旨趣

1. 中古和近代的分界

清朝是中国封建社会最后一个皇朝。从顺治元年（1644 年）清军入关，到宣统三年（1911 年）溥仪退位，清朝统治全国长达 268 年。加上其在关外的兴起阶段，共有 300 多年。本册论述的是自清太祖努尔哈赤于 1583 年起兵到 1840 年这 200 多年的历史。论述的下限之所以止于 1840 年，是因为当前我国史学界习惯于把鸦片战争作为中国中古史和近代史的分期界线，我们也采用了这一看法。

2. 历史的主流

大概始自辛亥革命以后，清朝往往被称为"满清"，清的统治有时被说成"民族牢狱"，其实并非如此。清的统治是以满族贵族为首的、同时也是各民族上层所共同认可的政权。这是一个在历史上的统一的多民族国家体制的继续。清有民族压迫的一面，有时压迫得很残酷，同时也有增进民族联系、发展民族关系的一面。从历史的长河上看，后者自然是历史的主流，这是很值得注意的。

3. 衰老还含有一定的生命力

清和明，都属于封建社会的衰老时期。我们说衰老，不说衰落，不说解体，这是因为衰老还含有一定的生命力，有时在某些方面还可以表现一定程度的坚强。好比说三国人物黄忠人虽老，黄忠的"宝刀不老"，这就是说明这个问题的一个不太恰当的例子。清处于封建社会末期，但有过康乾盛世。当时的皇家，励精图治，整顿吏治，轻徭薄赋，奖劝农桑，平定叛乱，在政治上是有成绩的。对于清史上这一类的问题，应妥善处理。一方面要加以肯定，另一方面也要重视这类社会现象的阶级本质。当然，辩证地处理这些问题是很不容易的。

这里提出了新的论断：清朝属于封建社会的衰老时期，"我们说衰老，不说衰落，不说解体，这是因为衰老还含有一定的生命力，有时在某些方面还可以表现一定程度的坚强"。这给处于封建社会衰老时期的清朝，在某些方面、某些领域有发展、有繁荣，做出了理论上的解释，是一个深刻的历史哲学理念。

清朝之所以能够统一华夏，拓疆固边，出现"康乾盛世"局面，主要原因有三：其一，衰老的清朝，表现出一定的生命力和坚强性；其二，新兴的满族，表现出一定的蓬勃朝气和进取精神；其三，满汉的联合，满族尚武筋骨同汉族文化血肉相媾和，表现出一定的博大武勋和伟观文业。

4. 资本主义只是停留在萌芽状态

资本主义萌芽是中国封建社会末期社会经济上的重要问题，史学界对此争辩热烈。有的学者把这种萌芽的社会意义说得几乎是影响全面社会的新生产力，有的学者却根本不承认这种萌芽的存在。我们认为这种萌芽是有的，但只存在于个别地区的某些生产部门，还只是停留在萌芽状态。对于这个问题的表述要有分寸，不要夸大，也不要缩小，能说多少说多少，不要过分地推论。

5. 科学和艺术是受到相当重视的

在清代，科学和艺术是受到相当重视的。在这一时期，产生了杰出的科学家，也产生了优秀的文艺作家。他们在世界历史上同一学科门类中，也是富有成果、毫不逊色的。这两方面内容，限于篇幅虽然不能有详尽的论述，但也在书中给以适当的地位。

6. 半殖民地半封建的国家

在外交关系上，清皇朝日益暴露了它的腐朽。当时，中国仍在封建制度的范围内蹒跚前进，西方英、法、美等国已完成了资产阶级革命和产业革命，还急剧向外扩张，掠夺殖民地，抢掠人畜财帛，并频叩中国大门，不断蚕食中国领土。沙俄屡侵黑龙江地域，英使一再来华。嘉庆以后，鸦片大量走私倾销内地，保守落后的清王朝不识时务，不能采取相应的对策，以致国际地位日益低落，终于沦为半殖民地半封建的国家。

7. 勾画出一个大致的轮廓

关于清代的史料是很丰富的，有关清史问题也是很多的，当前清史研究的工作还处在一个新的起步阶段。对于某些历史问题，尚不能做出明确的论断，但我们希望本册能从总的方面为清史勾画出一个大致的轮廓。

综上所述，这是本书的主旨纲要和点睛之笔。

第二讲　清时期史学领域的变化

1. 清时期的史学特点

清时期是中国封建社会的衰老时期。在这一时期里，封建社会固有的各种社会矛盾都呈现激化的趋势，农民和地主阶级内部各种集团的冲突空前加强。生产力在继续发展，而生产关系却阻碍了生产力的发展。新生产力的发展还不能突破封建生产关系的桎梏。

清统治者在文化学术方面、采取专制政策……对学术文化采取各种办法进行控制。第一，继续提倡八股文、尊崇孔子和程朱，以限制人民的思想。第二，查禁对于清朝不利的书籍。第三，兴文字狱。第四，寓禁书于修书。雍正、乾隆时，先后官修了《古今图书集成》《四库全书》两部大书。在编修《四库全书》的过程中，通过普遍征书而进行对书籍的销毁，通过对书籍的收录而进行删削审改，主要目的就是寓禁于修。

这种时代特点与背景反映在史学上，一方面是因循保守气息的充斥，另一方面是反映时代抗议精神的优秀作品不断地问世。

自明代初年到清代乾嘉年代的史学，受时代的影响，呈现波浪式的变化，大致可分明代、明末清初、清代三个阶段。最后，有龚自珍的史学。

2. 清初的史学和经世致用

嘉靖、万历以后，社会矛盾日益复杂和尖锐，思想领域也显得活跃起来。这在东南地区要更显著一些。明清之际，是学术思想特别活跃的年代，当时出现一些著名的学者和大师，讲求经世致用，有不少名著问世，在学术史上有重要的地位和意义。

……从嘉靖、万历年间的"六经皆史"到明末清初的"经世致用"，这是明清时期史学的第二阶段。"六经皆史"，是要抹去作为封建统治的思想工具的灵光。"经世致用"，是要消除封建君主专制的淫威。这反映了封建社会晚期"穷则思变"的要求。但这时新生力量还很微弱，还没有可以冲破封建桎梏的能力。在封建的文化高压政策之下，到了乾嘉年代，史学的大量工作便向历史文献学和考据史学的方面转化，明清时期的史学从而进入第三个阶段……

3. 清代学术和乾嘉考据

清代学术，包括的范围很广，其中乾嘉考据颇为突出。

章炳麟在其所著《检论》卷四《清儒》篇中，对清代学术有比较全面的论述。他指出，清代学术有经学，有浙东史学，有所谓"桐城义法"，有常州学派。他所谓"经学"，是乾嘉考据所开始经营的范围，后来范围扩大了。章氏说："清世，理学之言竭而无余华。多忌，故歌诗文史枯。愚民，故经世先生之志衰。家有智慧，大凑于说经，亦以纾死，而其术近工眇踔善矣。"这是说清代学术，于理学、文史和经世之学均已衰落，才智之士为了避免迫害，大致走入说经之一途。章氏又说："始，故明职方郎昆山顾炎武为《唐韵正》《易》《诗本音》，古韵始明，其后言声音训诂者禀焉。太原阎若璩撰《古文尚书疏证》，定东晋晚书为作伪，学者宗之。济阳张尔岐始明《仪礼》；而德清胡渭审察地望，系之《禹贡》。皆为硕儒。"他认为这些人"草创未精博，时糅杂宋明谰言"。实际上，顾炎武、阎若璩、胡渭等人的音韵、训诂、辨伪、经解，只能是乾嘉考据的先行者，他们的考据之学在清初学术上并没有多大地位。顾炎武的考据只是经世之学的手段，跟乾嘉考据有很大的区别。乾嘉考据只是继承顾炎武学术之技术性的一面，而舍弃了他的精髓。

关于乾嘉考据，章炳麟认为："一自吴，一自皖南。吴始惠栋，其学好博而尊闻。皖南始江永、戴震，综形名，任裁断。此其所异也。"

所谓吴学，章炳麟说："先栋时有何焯、陈景云、沈德潜，皆尚洽通，杂治经史文辞。至栋，承其父士奇学，揖志经术，撰《九经古义》《周易述》《明堂大道录》《古文尚书考》《左传补注》，始精眇，不惑于谀闻，然亦泛滥百家，尝注《后汉书》及王士祯诗，其余笔语尤众。栋弟子有江声、余萧客。声为《尚书集注音疏》，萧客为《古经解钩沉》，大共笃于尊信，缀次古义，鲜下己见。而王鸣盛、钱大昕亦被其风，稍益发舒。教于扬州，则汪中、刘台拱、李悖、贾田祖以次兴起。萧客子弟甘泉江藩，复缵续《周易述》。皆陈义《尔雅》，渊乎古训是则者也。"

所谓皖学，章炳麟说："震生休宁，受学婺源江永，治小学、礼经、算术、舆地，皆深通。其乡里同学有金榜、程瑶田，后有凌廷堪、三胡。三胡者，匡衷、承珙、培翠也。皆善治《礼》。而瑶田并通水地、声律、工艺、谷食之学。震又教于京师，任大椿、卢文弨、孔广森皆从问业。弟子最知名者，金坛段玉裁、高邮王念孙。玉裁为《六书音韵表》以解《说文》，《说文》明。念孙疏《广雅》，以经传、诸子转相证明，诸古书文义诘诎者皆理解。授子引之，为《经传释词》，明三古辞气，汉儒所不能理绎。其小学训诂，自魏以来，未尝有也。近世德清俞樾，瑞安孙诒让，皆承念孙之学。樾为《古书疑义举例》，辨古人称名抵牾者，各从条列。使人无从疑眩，尤微至。世多以段、王、俞、孙为经儒，卒最精者乃在小学，往往得名家支流，非汉世《凡将》《急就》之侪也。凡戴学数家，分析条理，皆参密严琛，上溯古义，而断以己之律令，与苏州诸学殊矣。"

这些话说出了乾嘉考据之概貌，而考据的范围包括了音韵、训诂、算术、舆地、声律、工艺、谷食之学，于经传之外，旁及子史。这些学者确实下了功夫，在古籍整理上取得了相当大的成绩，使一向难以通解的书得以通解，一向真伪难辨的书得以正确的理解，沉没已久的古音古义得以复现。但这些成绩仅限于很小的天地内，对于明清之际以"经世致用"为目标的史学来说，是无从比拟的。作为皖派领袖的戴震，本来既是考据学家，又是哲学家。但他在哲学方面的学术表现不只为其考据学上的成就所掩盖，而且为其后学者所讳言。风习的移人，于此更可值得注意。

关于浙东史学，章炳麟说："自明末有浙东之学。万斯大、斯同兄弟，皆鄞人，师事余姚黄宗羲，称说《礼经》，杂陈汉、宋，而斯同独尊史法。其后余姚邵晋涵、鄞全祖望继之，尤善言明末遗事。会稽章学诚为《文史》

《校雠》诸通义，以复歆、固之学，其卓约近《史通》。而说《礼》者羁縻不绝。定海黄式三传浙东学，始与皖南交通。其子以周作《礼书通故》，三代制度大定。唯浙江上下诸学说，亦至是完集云。"万斯同、全祖望对明史的工作，其兴趣在于保存明代文献，他们还有清初学者那样的民族思想。他们的工作是跟考据家的古籍考订不同的。章学诚是乾嘉年代的史学大家，他的代表作《文史通义》及方志学，很值得重视不究。

历史文献学和乾嘉考据史学，在清代学术上占据重要的地位。对此，下文做专门介绍。

对于乾嘉年代的撰述，也还值得一提的。秦蕙田的《五礼通考》，是典章方面的通史。毕沅的《续资治通鉴》，是紧接《资治通鉴》的编年体宋元史，两部为史书中有分量的作品。

最后，还要提到龚自珍的史学。龚自珍是思想家，也是历史家。他提出学说，治西北舆地，提倡经世之学，愤恨封建的黑暗，憧憬未来社会的曙光。由于当时社会和文化旧的还很深厚，尚无光明前景，故他思想上新与旧、传统与异端的矛盾交织，显示出新的不免稚弱，而旧的尚很沉重。

总之，明清史学的纷繁现象，是社会变革的矛盾运动在史学领域里的反映，有的反映得明显，有的反映得曲折，有的为封建枷梏所紧紧掌握，有的是要挣脱封建枷梏而又苦于力量的不足。至于龚自珍的史学，则透露出一定的近代启蒙思想。

第三讲　历史文献学的发展和乾嘉考据史学

1. 明清时期历史文献学的发展

历史文献学在明清时期大有发展，主要表现在这几个方面：

（1）文献目录学

明清时期官私藏书甚富，故著录图书的目录著作亦多。明代除了官修的《文渊阁书目》（杨士奇撰）外，尚有私家目录书《古今书刻》（周弘祖撰）《千顷堂书目》（黄虞稷撰）等10余种之多。另有明代官修的《宋史·艺文志》，这是史志目录。清代的目录著作，官修的有《四库全书总目提要》（纪昀撰）《天禄琳琅书目》正、续编（敕撰）；私撰的有《也是园藏书目》（钱曾撰）《汲古阁珍藏秘本书目》（毛康撰）等近10种；史志书目则有《明史·艺文志》，以及卢文弨撰《补宋史艺文志》《补辽金元艺文志》、钱大昕撰《补元史艺文志》等。

《四库提要》是明清时期目录著作的代表作，也是古代目录学之集大成者。清乾隆间，在修《四库全书》的同时，分别为著录及存目的1万多部书籍撰写提要，其中包括作者介绍、本书内容和流传情况，并论述书中得失，辨订文字增删、篇帙分合。初由馆臣分别撰写各书提要，后由总纂官纪昀修改定稿，汇集为《四库提要》200卷，按经、史、子、集四部分类。经部有易、诗、书、礼、春秋、孝经、五经正义、四书、乐、小学10类。史部有正史、编年、纪事本末、别史、杂史、诏令奏议、传记、史钞、载记、时令、地理、职官、政书、目录、史评15类。子部有儒家、兵家、法家、农家、医家、天文算法、术数、艺术、谱录、杂家、类书、小说家、释家、道家14类。集部有楚辞、别集、总集、诗文评、词曲5类。四部之下列类，类之中有子目。各部有总序，各类有小序，类后有跋语，子目有按语，论述学术流变及分类旨趣。这部目录学史上的空前巨著，在区分类别及论述学术源流、评价各书优劣等方面，条目分明，间有新意；而尊经崇儒，或有粗糙之作。近人余嘉锡《四库提要辨证》，对《四库提要》多所补正。

清末张之洞在缪荃孙的协助下，编撰了一部《书目答问》，共著录图书 2200 余种，约为《四库提要》的五分之一；但"此编所录，其原书为修四库时所未有者十之三四"。此书著录，注重实用，吸收新的研究成果，又重视通行的版本。它为读者从浩瀚的文献中了解若干种基本读物，提供方便，便于参考，故流传较广。近人范希曾继之，撰有《书目答问补正》。

张之洞（1837—1909年），字孝达，号香涛、香岩，又号壹公、无竞居士，晚年自号抱冰，直隶南皮（今河北南皮）人，他提出"中学为体，西学为用"，与曾国藩、李鸿章、左宗棠，并称晚清"四大名臣"。

缪荃孙（1844—1919年），字炎之，又字筱珊，晚号艺风老人，江苏江阴申港镇缪家村人，我国近代藏书家、校勘家、教育家、目录学家、史学家、方志学家、金石家，33岁时会试中进士，授翰林院编修。此后事编撰校勘 10 余年。

章学诚撰《校雠通义》，对我国目录学的传统进行总结。他说："校雠之义，盖自刘向（歆）父子，部次条别，将以辨章学术，考镜源流，非深明于道术精微、群言得失之故者，不足与此。后世部次甲乙、纪录经史者，代有其人，而求能推阐大义，条别学术异同，使人由委溯源，以想见于坟籍之初者，千百之中，不十一焉。"这就是说，目录学的任务，不只是甲乙丙丁地排列书目，更重要的是辨章学术，考镜源流，起到指导读书治学的作用。他对编目的体例，也有论列。《校雠通义》在目录学上很有创见，值得重视和研究。

（2）版本与校勘

自印刷术发明后，书之版本日益增多，校勘工作大有进展，于是版本与校勘两门学科随之发展起来。

对版本的著录与研究，南宋尤袤撰《遂初堂书目》已发其端，到了清代有所发展。清代学者治学多重视版本，校勘古籍时，尽力搜集古本、旧本、善本作为校勘的依据。《天禄琳琅书目》正、续编，著录古籍1000余部，以版本时代分类，将宋版、明版、影宋版、抄本分列，并对刊刻时代、地点、收藏者和印章题记做了考证。于是，版本的研究兴起，版本目录著作日多，版本学中的版本源流、传抄经过、纸地墨色、字体刀法、藏书印记、装潢式样等问题都提了出来，并有所争论。但明清时期始终未有系统性的版本学著作问世。

对于校勘，宋人有一定成就，明人则无显著成绩。清代校勘大盛，超越前代。惠栋、戴震、王念孙、段玉裁、阮元、孙星衍等都是校勘名家。钱大昕的《廿二史考异》、卢文弨的《群书拾补》、王念孙的《读书杂志》、王引之的《经义述闻》、阮元的《十三经注疏校勘记》，都是校勘名作。清代有许多专门从事校勘的学者，在校勘工作上取得很大成绩，还因工作重点与理论观点的不同而形成两种流派。卢文弨、黄丕烈、顾广圻等一派，注重版本依据，强调保持原貌，主张说明异文正误而不更改。戴震、段玉裁、王念孙、王引之等一派，主张广泛搜集各种版本及其他异文材料，加以分析考证，勇于订正勘误，改正误字。前者重版本，侧重对校，后者重义理，侧重理校，各有所长，可以互补，对校勘学做出了贡献。

（3）辨伪与辑佚

辨伪与辑佚，都是为了揭示或恢复原书的面貌。这种工作，明代以前已有之，至于明清更为发展。

明代的辨伪，以宋濂和胡应麟为大家。宋濂的《朱子辨》，继承了宋元学者的辨伪之学，以年代的先后、思想与事实的异同、文体的风格三方面，来考辨古书的真伪和时代，辨别了周秦以来40部子书的真伪，是一部以辨识伪书为内容的现存最早的专著。胡应麟的《四部正讹》，所论遍及经、史、子、集四部，辨伪书70余种，他在叙论中分析伪书的情况，把造成伪书的原因归纳为"掇拾古人之事而伪者""袭取于人而伪者""本非伪，人托之而伪者"等20类。又在卷末提出审核伪书的八条方法，即"核之《七略》，以观其源""核之群志，以观其绪""核之并世之言，以观其称""核之异世之言，以观其述""核之文，以观其体""核之事，以观其时""核之撰者，以观其托""核之传者，以观其人"。这书把辨伪的方法和经验条理化，对辨伪工作大有促进作用。

清代的辨伪，大家辈出，名著继踵。万斯同撰《群书疑辨》，对《易传》《周礼》《仪礼》《左传》等书都做疑辨。姚际恒著《古今伪书考》，共辨经、史、子三类书八九十种，书后还附"有真书杂以伪者""有书非伪而书名伪者"等五例。阎若璩著《古文尚书疏证》，引经据典，揭出《古文尚书》的种种矛盾，列出128条证据，确切而有力地证明晋梅赜所献《古文尚书》是一部伪书，判明了长期以来的一大疑案。胡渭著《易图明辨》，有力地考证了宋代道学家所宣传的《太极图》《河图》《洛书》是宋初佛道教中人拼凑出来的，跟周公、孔子全无关系。这样辨伪的工作，不仅关系到一两部书的真伪，而且还直接动摇了儒家和道学家所崇奉的经典读物的神圣性。

姚际恒（1647—1715年），字立方，一字善夫，号首源，清仁和（今浙江杭州）人，历14年而成《九经通论》，另著有《尚书通论》《礼经通论》《诗经通论》《好古堂书目》等。

阎若璩（1638—1704年），字百诗，号潜丘，山西太原人，侨居江苏淮安府山阳县，著名学者，清代汉学（或考据学）发轫之初最重要的代表人物之一。

胡渭（1633—1714年），初名渭生，字朏明，号东樵，浙江德清人，与阎若璩等帮助徐乾学修《大清一统志》，撰《易图明辨》，又撰《禹贡锥指》，搜采方志舆图，阐释《尚书·禹贡》，将九州分域、山水脉络的沿革变化，详加说明，特别重视治水及研究中国古代地理沿革。另有《洪范正论》《大学翼真》等。

辑佚工作，清代以前成绩不大，至于清代才有显著的成就。清初，余萧客的《古经解钩沉》、姚之驷的《后汉书补逸》等都是辑佚之作。乾隆时，采取朱筠的建议，自《永乐大典》中辑出佚书512种。仅《四库全书总目》著录（不包括存目）的就有385种，计经部66种，史部41种，子部103种，集部175种，共计4926卷。《四库总目》著录之书总共3000多种，辑佚书却占了十分之一以上。其中史部著录的辑佚书，如东汉刘珍等撰的《东观汉纪》24卷，宋熊克《中兴小纪》40卷，李焘《续资治通鉴长编》520卷，李心传《建炎以来系年要录》200卷，王益之《西汉年纪》30卷，吴缜《五代史记纂误》3卷，都是很重要的史书。薛居正的《旧五代史》，也主要辑自《永乐大典》。至于嘉庆，徐松自《永乐大典》中辑出《宋会要》（1936年影印出版题为《宋会要辑稿》），共366卷，分17类，是宋朝典制史的重要资料，内中多有《宋史》及其他宋代史书所未采录的材料。

清人还从唐宋大型类书及各种古籍中搜找材料，做辑佚工作，成绩也很可观。严可均辑《全上古三代秦汉三国六朝文》，雷学淇等辑《世本》，朱右曾等辑《竹书纪年》，汪文台等辑众家《后汉书》，汤球辑《汉晋春秋》，都有益学林。黄奭的《汉学堂丛书》和马国翰的《玉函山房辑佚书》，都是辑佚的巨编。《汉学堂丛书》收入经解86种，通纬56种，子史钩沉74种。《玉函山房辑佚书》收入经部444种，史部8种，子部178种。但这两丛书所收书，一部分是转录别人已有的成果，有些是两三条、数十字就算一种。

（4）注解和考证

注解和考证，是为了使读者了解古籍或弄清史事。学者对此也很重视，并有很大成就。

古代注家多注解儒家经典。汉时说经者多。唐代有《十三经注疏》及陆德明《经典释文》。宋元至明，注经者尚空谈，佳本很少。清人经解甚富。《清经解》和《清经解续编》接近700册之多。清人经解之单行者，孙诒让的《周礼正义》、洪亮吉的《春秋左传诂》、陈立的《公羊义疏》、焦循的《孟子正义》、刘宝楠的《论语正义》、郝懿行的《尔雅郭注义疏》，都是佳注。段玉裁的《说文解字注》，是长期以来附属于经部的《说文解字》注解中的一部名著。

清人注解，还有赵一清的《水经注释》、孙诒让的《墨子闲诂》、王先谦的《汉书补注》等，也可称为名作。

清代学者对文字、音韵、训诂颇有研究，又有考证的功力，故其注解多翔实可靠，解决了不少疑难问题，但也不免有烦琐之失。

考证（又称考据），是文献学中不可或缺的方法。古时早已有之，明代有尚考证者，但到清代才突出起来。清初，顾炎武著《日知录》，注意考证史实，但旨趣在经世致用。而乾嘉学者崇尚考证，一方面有学术发展的必然性及个人治学旨趣的因素，另一方面是由于封建专制统治的高压，学者为了保身免祸，于是为考证而考证，脱离了实际生活。但他们通过考证，对于古籍的整理，对于旧史的补表、补志、补注，以及对于史料的搜集、考订、辑佚、辨伪、编纂等工作，做出了不少成绩，有益于后人对古籍的整理与研究。

顾炎武（1613—1682年），本名继坤，改名绛，字忠清；南都败后，改炎武，字宁人，号亭林，自署蒋山俑，南直隶苏州府昆山（今属江苏）人，著名思想家、史学家、语言学家，与黄宗羲、王夫之并称为明末清初"三大儒"。

对于清代的乾嘉考据，郭沫若是这样评价的："乾嘉时代，考据之学虽或趋于烦琐，有逃避现实之嫌，但罪不在学者，而在清廷政治的绝顶专制。聪明才智之士既无所用其力，乃逃避于考证古籍。此较之于埋头八股文或饱食终日无所用心者，不可同日而语，欲尚论古人或研讨古史，而不从事考据，或利用清儒成绩，是舍路而不由。就稽古而言，为考据。就一般而言，为调查研究。未有不调查研究而能言之有物者。"这个评论，对前人是公允的，但也说明考证对于治学虽有必要，却不应搞逃避现实的烦琐考证。

2. 钱大昕、崔述为代表的乾嘉考据史学

清代乾嘉时期，考据史学盛极一时，名家甚多。钱大昕、崔述是其中的杰出代表。

钱大昕，字晓徵，又字及之，号辛楣，晚年号竹汀居士，清代江苏嘉定（今上海市嘉定区）人。生于雍正六年（1728年），卒于嘉庆九年（1804年），享年77岁。乾隆十六年（1751年），大昕经皇帝面试诗赋，特赐举人，授内阁中书学习行走。乾隆十九年，举进士，进入翰林院，任庶吉士、编修。后来历任右春坊右赞善、翰林院侍读、侍讲学士、侍读学士、詹事府少詹事等官。先后奉旨参修《热河志》《续文献通考》《一统志》《续通志》等书。累次出为山东、湖南、浙江、河南等地乡试的正副主考官，又充会试同考官，还奉命提督广东学政。乾隆四十年（1775年），因父丧还乡，停住苏州，再不出仕，先后主讲江宁钟山、太仓州娄东、苏州紫阳等书院。大昕一生，主要从事于文化教育工作，专心治学和著述。

大昕结交很广，学问渊博，著述甚多，有《十驾斋养新录》《潜研堂文集》等著作，后辑成《潜研堂全集》。《廿二史考异》（以下简称《考异》）是其史学代表作。他反对"陋史而荣经"的看法，认为史与经同样

重要，故他毕生的主要精力是治史，主要成就也在史学方面。《考异》100卷，是考证自《史记》至《元史》22部正史（不包括二十四史中的《旧五代史》和《明史》）的文字和内容的正误。列出原书纪、表、志、传的标题，于标题下写出所考的原文，然后进行考证。

大昕考证之法，主要是三点：

一是取证。汇集和考辨大量的材料，主要是"正史"的记载，加之以谱牒家乘、稗官野史作为参考，还运用一些金石文字作为佐证。

二是比较。对于众多的取证材料，先排比其现象，继而比较彼此的异同，再观察先后的联系，以求历史的真实。然后断定史籍记载的正误与是非。

三是专题考索。把材料整理出头绪，弄清所考的问题有无价值，再按所考问题的大小与价值写成一条专文，有的条文实是专题研究，如《侯国考》即是。

查《考异》内容，除一些考文字正误的条文外，主要是考证官制、地理、氏族等方面的问题。大昕自言："予尝论史家先通官制，次精舆地，次辨氏族。否则，涉笔便误。"又说："予好读乙部书，涉猎四十年，窃谓史家所当讨论者有三端：曰舆地，曰官制，曰氏族。"这是明确交代他的历史考证是以官制、地理、氏族等为重点。

在官制的考证方面，大昕知道"沿革迭代，冗要逐时"的职官制度，考证起来有一定的难度，但他对秦汉的尚书与中书，唐朝的三省六部制，宋辽金元复杂的朝廷与地方的官制，都做过探讨。有的记于《考异》，有的载于《养新录》和《文集》。如言元朝之蒙古、色目、汉人、南人与中书省任职之关系问题，《考异》卷99《元史·程巨夫传》条，谈得较为简略，而《文集》卷34《答袁简斋第三书》所谈就具体些。

在地理的考证方面，大昕很注意"今昔异名，侨置殊所"的难题，对秦汉的郡国、晋宋的侨置州郡、唐宋元的地方建置，都有所探讨。如《考异》以两卷之数（卷88、89），列举《元史·地理志》之谬误疏漏，考证元代一些地理问题，指责"明初修史诸臣，昧于地理"。又如《考异》卷19《晋书·地理志（上）》，指出《晋志》"叙江左侨置州郡，多不可信"。因《晋志》往往于晋时侨置州郡上加"南"字，而大昕经过考证，指出"晋时侨置郡县，皆无'南'字"，侨置州郡的"南"字，"皆永初以后所加"，即刘裕称帝之后的事。

在氏族的考证方面，大昕对魏晋南北朝的门阀与谱系，对辽金元的族、姓，乃至对一些历史人物的姓字、籍贯、年龄等，都有过研讨。他对元朝氏族尤为注意，曾作《元史氏族表》。元朝尊重蒙古、色目人，平时称名而不带姓氏，故史籍中同名者多而姓氏不明。大昕广泛地搜集有关元人族姓材料，加以考证分析，著成《元史氏族表》，使读者得以了解蒙古、色目人的族姓与支系。后来《元史新编》《新元史》多承袭之。

大昕于历史考据之中，偶发议论，对廿二史及其撰者多所批评，反映出一定的史学思想，但因力戒空发议论，故思想并不突出。

大昕博学而有所侧重，重点是在元史，"生平于《元史》用功最深"。他以为廿二史中《元史》最陋，《考异》以15卷的篇幅加以考证纠误，《考史拾遗》《养新录》和《文集》也多有考证元史之文。所著《元史艺文志》和《元史氏族表》，更是补《元史》之不足。他注重元史资料，搜罗元人诗文集、小说、笔记、金石、碑版，撰写《元史纪事》。他曾着手重修《元史》，据他的弟子黄钟说，"稿已数易，而尚未卒业"。可惜书稿已失传，但他对元史的官制、地理、氏族以及元代文献学的深入研究，实开元史研究的新天地，对近百年来元史学影响很大。

钱大昕确是"一位博学而又精专的考据学者"。

崔述，字武承，号东壁，直隶大名（今属河北）人。生于乾隆五年（1740年），卒于嘉庆二十一年（1816年），享年77岁。

崔述继承家学，志于经史，颇有学识。他认为，中国上古史，几千年来越搞越糊涂，《六经》所载本来较为真实，但经过战国以来的传记注疏多次曲解误传，弄得面目模糊，必须推求本末，考其真伪，才能说清史实。于是，撰著《考信录》，其中有前录2种（《考信录提要》2卷，《补上古考信录》2卷）；正录5种（《唐虞考信录》4卷，《夏考信录》2卷，《商考信录》2卷，《丰镐考信录》8卷，《洙泗考信录》4卷）；后录5种（《丰镐考信别录》3卷，《洙泗考信余录》3卷，《孟子事实录》2卷，《考古续说》，《考信附录》2卷）；另有翼录4种（《王政三大典考》3卷，《读风偶识》4卷，《古文尚书辨伪》2卷，《论语余说》1卷）。还有其他著述。崔述的门人陈履和曾刊《考信录》。近人顾颉刚汇辑崔述著作，名曰《崔东壁遗书》，刊行于世。

我国学者治学，数千年来有其传统的学风，其中有这样两种倾向：一是尚博、好议，即喜于博学，好发议论；一是贵精、务实，即追求专精，致力实学。这在清代也有明显的表现。崔述对传统学风采取批判的态度。他正是对尚博和好议的学风持批判态度，吸取了教训，而作《考信录》的。同时，还对专精、务实的学风予以批判继承。

崔述治史的考信态度是："平心考核""打破砂锅纹（问）到底"。他对于"附会"曲解、"以今度古""先有成见""心粗气浮"等错误的治学态度，严肃批评，引以为戒。自言"平心考核，辨其真伪""平心以求其一是"。他说：

"谚云：'打破砂锅纹（问）到底。'……'纹'与'问'同音，故假借以讥人之过细而问多也。然余所见所闻，大抵皆由含糊轻信而不深问以致偾事，未见有细为推求而偾事者……况于《考信》一录，取古人之事历历推求其是非真伪，以过细讥余者当更不知几许。嗟夫，嗟夫，此固难为世人道也。"

这是表明，反对粗心态度，主张"细为推求"。《考信录》就是对古人之事"历历推求其是非真伪"的。这是认真的历史考据精神，值得肯定。同时，崔述主张考证"贵于持平"，求之适当，不可随意抑扬。

崔述的考信方法，很值得注意和研究。他考古史，辨古书，基本的方法是三点：一是具体分析，辨明真相。所谓"分别观之""考其原本，辨其是非""究其本末，辨其同异，分别其事之虚实而去取之"；所谓"类而辑之，比而察之""参互考订而归于一是"。就是分类细析，比较研究，弄清源流，考明史实。如，他说：

"先儒相传之说，往往有出于纬书者。盖汉自成、哀以后，谶纬之学方盛，说《经》之儒多采之以注《经》。其后相沿，不复考其所本，不但以为先儒之说如是，遂靡然而从之……余幼时尝见先儒述孔子言云：'吾志在《春秋》，行在《孝经》。'稽之经传，并无此文，后始见何休《公羊传序》、唐明皇《孝经序》有此语，然不知此两序本之何书。最后检阅《正义》，始知其出于《孝经纬》之《钩命诀》也。"

这是抓住所谓孔子"（吾）行在《孝经》"之语，探究本末，考明真伪，终于揭露其不见于经传而出于纬书的真相。就是这样的具体分析，才考证出一些古代史事和古书之是非真伪的。

二是考察文体文风的时代印记。所谓"文必因乎时"，就是说文章著述必有时代烙印。崔述说：

"唐虞有唐虞之文，三代有三代之文，春秋有春秋之文，战国秦汉以迄魏晋亦各有其文焉……非但其文然也，其行事亦多有不相类者。是故战国之人称三代之事，战国之风气也；秦汉之人称述春秋之事，秦汉之语言也。《史记》有录《尚书》《春秋传》之文，而或不免杂秦汉之语，伪《尚书》极力摹唐虞三代之文，而终不能脱魏晋之气，无他，其平日所闻所见皆如是，习以为常而不自觉，则必有自呈露于忽不经意之时者，少留心以察之，甚易知也。"

意谓文字、语言、文风必有时代特点，而且一定透露出来；抓住它们"呈露"的东西，仔细分辨，就可考定其书之真伪，记事之是非。崔述正是用这种办法，辨析《古文尚书》《论语》等书的真伪纯杂的。

三是进行合乎情理的推测。所谓"凡事不见于《经》者，度其不类此人之事，则削之而辨之"，就是对于一些传记注疏所说之事，既与《六经》无可考信，就只能依据传记或情理"度"（推测）其是非真伪。

崔述这种考信方法，是一种尊重历史的朴素的治史之法，基本上可以肯定。

正因为崔述考信的方法较为得当，故其《考信录》依据经书，清理了一些关于古史的传说，澄清了一些古史上的事实，揭示出战国以后一些传记注疏的"传闻异词"及"沿讹踵谬"，揭露了一些伪书伪篇，说明了一些传说的演变，有利于进一步研究古史。

但崔述信《经》崇儒，卫护古圣贤，有其局限性。今治古史，《六经》仍可参考，然不能仅仅"考信于《六艺》"；既要尊重儒家的历史地位，也要采取分析批判的态度。

钱大昕、崔述等人的历史考据，对近代史学有一定的影响，至今仍然有之。

第四讲　章学诚著《文史通义》

1. 史学经世思想的发展

章学诚，字实斋，浙江会稽（今浙江绍兴）人。生于乾隆三年（1738 年），卒于嘉庆六年（1801 年）。他自幼爱好文史。26 岁肄业于国子监。28 岁从朱筠学，自此结识了戴震、钱大昕、邵晋涵等著名学者，闻见加广，学识增长。35 岁始写《文史通义》，从此 20 余年间续写和修改不辍。36 岁应聘编修《和州志》，此后还编修了《永清县志》《亳州志》，参与修订《湖北通志》等。41 岁举进士，自知不合时好，不走仕宦道路，而往往寄人篱下，从事修志和著述。他一生著作很多，后人辑为《章氏遗书》，主要代表作是《文史通义》。

《文史通义》研究的对象，不是史事，而是史文之义，即其研究不在于历史的本身，而在于史学。何谓史学？学诚有其独见。他说："世士以博稽言史，则史考也；以文笔言史，则史选也；以故实言史，则史纂也；以议论言史，则史评也；以体裁言史，则史例也。唐宋至今，积学之士，不过史纂、史考、史例；能文之士，不过史选、史评。古人所谓史学，则未之闻也。"就是说，以博稽、文笔、故实、议论、体裁等言史，只可称史考、史选、史纂、史评、史例，而不可谓史学。学诚对史学的看法是：

史学所以经世，固非空言著述也。且如《六经》，同出于孔子，先儒以为其功莫大于《春秋》，正以切合当时人事耳。后之言著述者，舍今而求古，舍人事而言性天，则吾不得而知之矣。学者不知斯义，不足言史学也。

就是说，"舍今而求古，舍人事而言性天"，皆不是史学；只有经世致用，

"切合当时人事"，才可称为史学。他的"六经皆史"说，也主要是论《六经》之旨在于"经世"。

学诚史学经世之说，主要是强调知时而实用。他说："君子苟有志于学，则必求当代典章以切于人伦日用，必求官司掌故而通于经术精微，则学为实事而文非空言，所谓有体必有用也。不知当代而言好古，不通掌故而言经术，则擘悦之文，射覆之学，虽极精能，其无当于实用也审矣。"意思是，治学必须博古而通今，考事而实用；否则，虽能考证琐细，然不算真正的学问。

经世致用，是我国史学的一个传统。明清之际，黄宗羲、王夫之、顾炎武、顾祖禹等大史学家都讲求经世致用，有其杰出的史学成就。此后，考据学盛行，并由经学上的考据转到史学上的考据，出现了钱大昕、崔述等历史考据的大家，有一定的学术成就，但其中有相当多的学者局限于名物训诂的研究，视野比较狭小。他们有继承清初学者治学功力的一面，然比之顾炎武等讲求经世致用则有很大区别。学诚强调史学所以经世，提倡知时实用，要求持风气而反对徇风气，指出历史考据的偏弊，这是对史学经世思想的继承和发展。但学诚所论，"没有直接接触政治问题和社会问题，谈论基本不出学术文化的范围"。

2. 重视"别识心裁"

《文史通义》多处提到"别识心裁"。所谓"别识心裁"，主要是谈两方面的内容：一是"圆神方智"，讲的是史书体例问题；一是撰述与记注（或曰著述与比次之书），讲的是史书编著问题。这两个方面，都是中国历史编纂学中的重要问题。

学诚在体例问题上常谈"圆神方智"。他说"智以藏往，神以知来"。"藏往欲其赅备无遗，故体有一定，而其德为方；知来欲其抉择去取，故例不拘常，而其德为圆。"意思是，史书记事应有一定的体例，所谓"方智"，是指记载赅备，有一定之体；所谓"圆神"，是指抉择去取，不为常例所拘。他举马、班二书为例，说：司马迁的《史记》"近于圆而神"，班固的《汉书》"近于方以智"。"左氏一变而为史迁之纪传，左氏依年月而迁书分类例，以搜逸也。迁书一变而为班氏之断代，迁书通变化，而班氏守绳墨，以示包括也。"意思是说，马、班二书都是纪传体，但又各有特点，迁书体例灵活，班书体例严整，但都能适应记事之需要。学诚接着说，马、班二书各有所长，影响很大；但后人"拘守成法"，而不思变通。故特指出：

> 宪法久则必差，推步后而愈密，前人所以论司天也，而史学亦复类此。《尚书》变而为《春秋》，则因事命篇，不为常例者，得从比事属辞为稍密矣。《左》《国》变而为纪传，则年经事纬不能旁通者，得从类别区分为益密矣。纪传行之千有余年，学者相承，殆如夏葛冬裘，渴饮饥食，无更易矣；然无别识心裁，可以传世行远之具，而斤斤如守科举之程式，不敢稍变，如治胥吏之簿书，繁不可删。以云方智，则冗复疏舛，难为典据；以云圆神，则芜滥浩瀚，不可诵识。盖族史但知求全于纪表志传之成规，而书为体例所拘；但欲方圆求备，不知纪传原本《春秋》，《春秋》原合《尚书》之初意也。《易》曰："穷则变，变则通，通则久。"纪传实为三代以后之良法，而演习既久，先王之大经大法，转为末世拘守之纪传所蒙，曷可不思所以变通之道欤！

这里提出的"别识心裁"，与"方圆求备"是一对矛盾。学诚以为，史书体例，应随时变通，随历史与史学的发展而发展，不能为体例所拘，只是"方圆求备"，而要"别识心裁"，想法变通，改进体例。

正因如此，学诚主张改进纪传体，申明"救纪传之极弊，非好为更张"，想出了增设"图谱"等法，并著《圆通》篇加以理论上的阐发，还想亲撰宋史而实践之，惜未成功。

学诚在编著问题上，强调撰述与记注的区别。他说：

> "史之大原，本乎《春秋》，《春秋》之义，昭乎笔削。笔削之义，不仅事具始末，文成规矩已也。以夫子'义则窃取'之旨观之，固将纲纪天人，推明大道，所以通古今之变而成一家之言者，必有详人之所略，异人之所同，重人之所轻，而忽人之所谨，绳、墨之所不可得而拘，类例之所不可得而泥，而后微茫杪忽之际有以独断于一心，及其书之成也，自然可以参天地而质鬼神，契前修而俟后圣，此家学之所以可贵也。陈、范以来，律以《春秋》之旨，则不敢谓无失矣；然其心裁别识，家学具存。纵使反唇相议，至谓

迁书退处士而进奸雄，固书排忠节而饰主阙，要其离合变化，义无旁出，自足名家学而符经旨，初不尽如后代纂类之业，相与效子莫之执中，求乡愿之无刺，侈然自谓超迁轶固也。若夫君臣事迹，官司典章，王者易姓受命，综核前代，纂辑比类，以存一代之旧物，是则所谓整齐故事之业也。开局设监。集众修书，正当用其义例，守其绳墨，以待后人之论定则可矣，岂所语于专门著作之伦乎！"

这里提出的"心裁别识"，与"纂辑比类"不同，前者是指"专门著作"，后者是指"整齐故事"；前者是"独断于一心"的"一家之言"，后者只是"存一代之旧物"的"纂类之业"。学诚在《书教（上）》谈撰述与记注的区别，在《申郑》谈"别识心裁"与"徒在其事其文"之相异，在《答客问中》讲"独断之学"与"比次之书"之不同，都是这个意思。故他特别指出："守先待后之故事，与笔削独断之专家，其功用足以相资，而流别不能相混，则断如也。"意思是，专门著作与纂辑比类，虽然在功用上互有关系，但在流别上不能混同。

当时区别撰述与记注，或著述与比次之书，是必要而有意义的。所谓撰述或著述，即今所谓著，要有创见，有新意，甚至要自立规模。所谓记注与比次之书，即今所谓编，是就现成的材料进行整理或适当加工，编辑成书。这两种书的性质不同，任务不同，学诚对它们加以区别，是为了提高认识，以促进史学。

实际上，学诚重视"别识心裁"，就是强调"独断"与"成一家之言"，是在历史编纂学中提倡独创的思想与精神。

3. "史义"与"史德"

学诚以为史学只讲才、学、识是远远不够的，还当强调"史义"与"史德"。所谓"史义"，是指历史著述的宗旨，或是指探索学术文化演变之法则。学诚说：

"载笔之士，有志《春秋》之业，固将惟义之求，其事与文，所以藉为存义之资也……作史贵知其意，非同于掌故，仅求事文之末也。夫子曰：'我欲托之空言，不如见诸行事之深切著明也。'此则史氏之宗旨也。"

意思是，著述历史之义，要在记事行文的基础上，总结历史，表述思想，以达到一定的宗旨。学诚又说：

"笔削之义，不仅事具始末，文成规矩已也。以夫子'义则窃取'之旨观之，固将纲纪天人，推明大道，所以通古今之变，而成一家之言者。"

这里提出的"纲纪天人，推明大道，所以通古今之变，而成一家之言"，可谓"史义"之要旨。其高度概括，而言简意赅。据之推测，大意是说，著述历史，要对客观事实的演变探明法则，或揭示要点。

学诚对于"史义"，尽管一再强调，但无具体阐述。只是他谈到著述儒林、文苑列传之义时，透露了一点"史义"的大概。他说："儒林列传当明大道散著，师授渊源；文苑列传当明风会变迁、文人流别，此则所谓史家之书非徒记事，亦以明道也。如使儒林、文苑不能发明道要，但叙学人才士一二行事，已失古人命篇之义矣。"就是说，写作儒林、文苑列传，不只是写学者文人的行事，而主要是对学术文化"发明道要"，即写出学术文化的演变及传授渊源派别，俾使后人可以得到启发。这里说的"道"或"义"，并非指仁义之道、伦理之义，而是指学术文化之道、著作之义。

所谓"史德"，是指著述历史的写作态度，也就是讲求史学家的思想修养。刘知几曾提出过史学须有才、学、识"三长"，还谈到过修史的态度，只是《史通》中未有专论。学诚肯定刘氏的才、学、识之说，但又以为不够，于是提出"史德"论。他说：

"能具史识者，必知史德。德者何？谓著书者之心术也……盖欲为良史者，当慎辨于天人之际，尽其天而不益以人也。尽其天而不益以人，虽未能至，苟允知之，亦足以称著书者之心术矣。而文史之儒，竞言才、学、识，而不知辨心术，以议史德，乌乎可哉！"

意思是，著述历史要有史德，要做到"尽其天而不益以人"。这里的"天人之际"，实际上指的是历史著述过程中的主观和客观的关系问题。"天"是指客观的历史，"尽其天"是要求著述符合史实；"人"是指人们的主观意识，"不益以人"是要求人们对客观历史不掺杂主观偏见。

《文史通义》中的"文德"论，是与"史德"论一致的。学诚说，"文德"的要求是"必敬以恕"。所谓"敬"，就是"气摄而不纵""心平而气有摄，自能变化以适度"，即要求行文审慎而文如其事。所谓"恕"，是要求"能为古人设身而处地"，即要求论史必须设身处地地具体分析。也就是说，对待客观历史，既要尊重，又要具体分析。这是很有意思的见解，对"史德"论实是补充。

学诚自言，《史德》篇"与《原道》《原学》诸篇足相表里"。《原道》三篇探究道的本原，强调"道原于天"，道器合一，论道是"万事万物之所以然"，不以人的意志为转移。《原学》三篇探究学之根本，强调"下学而上达"，即事以达道。这与《史德》篇强调"当慎辨于天人之际，尽其天而不益以人"，可以互相发明，其中所谓"天""人"概念，基本上一致。

但应当指出，学诚不论是讲史学"经世""别识心裁"，还是讲"史义""史德"，都有其封建主义的思想烙印与"实用"意义。

第五讲　龚自珍的史学

　　龚自珍，一名巩祚，字瑟人，号定庵，浙江仁和（今杭州）人。生于乾隆五十七年（1792 年），卒于道光二十一年（1841 年），享年 50 岁。父、祖为士人，都做过官。母是女诗人，有诗作。外祖父段玉裁著有《说文解字注》《经韵楼集》等，是当时杰出的语言文字学家。龚氏天资聪颖，从小就受到传统的儒家教育、文学和经学的熏陶，曾向段玉裁学文字学，向刘逢禄学《公羊春秋》，有深厚的学术文化基础。但他面临社会种种矛盾，并不着意于皓首穷经之路，而慨然有经世之志。他的仕途并不顺利，道光时才成进士，因为官卑职微，思想不免苦闷，甚至一度学佛。但他始终面对现实，发表己见，讥切时政，力主改革，憧憬未来。后来被迫南归，暴疾逝世于江苏丹阳。他生时是乾隆盛世之末，清朝已由盛转衰，社会矛盾重重，死前一年爆发鸦片战争，死后一年即订立不平等的《南京条约》，帝国主义侵入，故他是生活于清朝衰落时期，中国近代的前夜。他的学术思想，正是这个时代社会矛盾的一种反映。

1. 提出"尊史"说

　　龚自珍针对乾隆以来"号为治经则道尊，治史则道绌"的观点，提出"尊史"说，写了一组"尊史"的文章，强调史学的重要性。其说的要点是：
　　首先，提出"经子皆史"说。他认为古代唯有史官掌握文化，说："周之世官，史之外无有语言焉，史之外无有文字焉，史之外无人伦品目焉。"故他认为"经子皆史"。先是说：

　　"夫六经者，周史之宗子也。《易》也者，卜筮之书也；《书》也者，记言之史也；《春秋》也者，记动之史也；《风》也者，史所采于民，而编之竹帛，付之司乐者也；《雅》《颂》也者，史所采于士大夫也；《礼》也者，一代之律令，史职藏于故府，而时诏王者也；小学也者，外史达之四方，瞽史谕之宾客之所为也……故曰：五经者，周史之大宗也。"

这个"五经皆史"说，是继承了前人的说法。接着，他又说："孔子殁，七十子不见用，衰世著书之徒，蜂出泉流。汉氏校录，撮为诸子，诸子也者，周史之小宗也。"并做了进一步的发挥：

老于祸福，熟于成败，絜万事之盈虚，窥至人之无竟，名曰任照之史，宜为道家祖。

综于天时，明于大政，考夏时之等，以定民天，名曰任天之史，宜为农家祖。

左执绳墨，右执规矩，笃信谦守，以待弹射，不使王枋弛，不使诸侯骄上，名曰任约剂之史，宜为法家祖。

博观群言，既迹其所终始，又迹其所出入，不蒙一物之讥，不受诸侯蹈抵，使干政不清，庶物奸生，名曰任名之史，宜为名家祖。

胪引群术，爱古聚道，谦让不敢删定，整齐以待能者，名曰任义之史，宜为杂家祖。

窥于道之大原，识于吉凶之端，明王事之贵因，一呼一吸，因事纳谏，比物假事，不辞矫诬之刑，史之任讳恶者，于材最为下也，宜为阴阳家祖。

近文章，眇语言，割荣以任简，养怒以积辨，名曰任喻之史，宜为纵横家祖。

抱大禹之训，矫周文之偏，守而不战，俭而不夺人，名曰任本之史，宜为墨家祖。

五庙以观怪，地天以观通，六合之际，无所不储，谓之任教之史，宜为小说家祖。

故曰诸子也者，周史之支孽小宗也。

照他所说，五经是史，诸子也是史。这种"经子皆史"说，不完全是空言而有一定的历史根据。中国古代，学在官府，由史官掌握学术文化。

周代的史官就是如此。当时及稍后产生的《易》《诗》《书》《礼》《春秋》等典籍，往往出自史官之手，或为史官所采集、收藏和使用。后来的诸子之学，按照《汉书·艺文志》的说法，是"六经之支与流裔"，都与古时王官有一定关系。在龚氏看来，古代的历史文化，只有"史"才能概括得了；"史"是古代历史文化的总称。故其尊史论乃泛史论，是总论历史文化的。现在看来，经、子类古代典籍对于研究古代历史与文化，无不具有重要的史料价值，从这个角度出发以其归属古代史学范畴也无不可；而且，人类社会以往发生的一切，无不属于历史范畴，无不统属于历史，故称昔日的历史文化为"史"也不无道理。

次之，认为"史"与人类前途和国家民族有一定关系。他说：

"灭人之国，必先去其史；隳人之枋，败人之纲纪，必先去其史；绝人之材，湮塞人之教，必先去其史；夷人之祖宗，必先去其史。"

这就是说，"史"对于国家存亡、民族兴衰、文化荣枯、人格善恶，都有重大关系，故对"史"不得不尊。

再次，强调史职的重要。基于上述两点，龚氏认为必须提高史家的思想和认识，曾说：

史之尊，非其职语言、司谤誉之谓，尊其心也。心何如而尊？善入。何者善入？天下山川形势，人心风气，土所宜，姓所贵，皆知之；国之祖宗之令，下逮吏胥之所守，皆知之。其于言礼，言兵，言政，言狱，言掌故，言文体，言人贤否，如其言家事，可谓入矣。又如何而尊？善出。何者善出……如优人在堂下，号咷舞歌，哀乐万千，堂上观者，肃然踞坐，昳睇而指点焉，可谓出矣……出乎史，入乎道。欲知大道，必先为史。

这是说，史职之重要，不在于记事和褒贬，而在于心志和识见。既要做到"善入"，熟悉人类社会的历史和文化，如数家珍；又要做到"善出"，对所掌握的历史与文化，尽善尽美地表述出来，使人如观活剧，如临其境。同时，还要求史职"入乎道"，于治史中究明世变之道，使人们都懂得"欲知大道，必先为史"。

2. 纵论历史变迁

龚氏在探讨世变、"通古今之故"时,往往对历史进行理性思考,表达了历史变化观和述往思来之志。

他曾谈到过关于人类社会的创造问题。他是这么说的:

> 天地,人所造,众人自造,非圣人所造。圣人也者,与众人对立,与众人为无尽。众人之宰,非道非极,自名曰我。我光造日月,我力造山川,我变造毛羽肖翘,我理造文字语言,我气造天地,我天地又造人,我分别造伦纪。众人也者,骈化而群生,无独始者。

意思是,天地万物和历史文化,都是"众人自造",是众人自身造就一切外部世界,而不是外在的神秘创造人类社会,也不是圣人创造历史。

他曾说过人类社会初级阶段的一些问题,如:

> 生民之故,上哉远矣,天谷没,地谷苗,始贵智贵力,有能以尺土出谷者,以为尺土主,有能以倍尺若十尺、伯尺出谷者,以为倍尺、十尺、伯尺主,号次主曰伯。帝若皇,其初尽农也,则周之主伯钦?古之辅相大臣尽农也,则周之庸次比耦之亚旅钦?土广而谷众,足以庀其子。力能有文质祭享报本之事,力能致其下之称名,名之曰礼,曰乐,曰刑法。儒者失其情,不究其本,乃曰天下大分,自上而下。吾则曰:先有下,而渐有上。下上以推之,而卒神其说于天。

意思是,上古生民进行农业生产,能者主持其事,分为等次,维持和发展之,于是产生相应的政治和文化。这个历史事实说明,历史文化的发生、发展,不像有的儒者所谓"天下大分,自上而下",而是"先有下,而渐有上"。所谓"天下大分"云云,乃"有君才有民"即君主神圣之意;而"先有下"之说,则是群众活动中产生英雄,然后才有君主和政治文化之意。龚氏此论,实是一种群众和英雄创造物质文化和精神文明，先有经济基础而后才有上层建筑之朴素的历史辩证法。

龚氏了解历史，有感于历史变化；曾师事于刘逢禄，学过《公羊春秋》。他谈论历史，据"公羊"三世说，略事改造，认为"通古今可以为三世"，从古至今的历史出现过治世、乱世、衰世，从而纵论历史变迁三期及师儒之学三世流变。第一期是治世，古时道、学、治三者合一，师儒能尽其史职：

王、若宰、若大夫、若民，相与以有成者，谓之治，谓之道。若士、若师儒，法则先王、先冢宰之书，以相讲究者，谓之学。师儒所谓学，有载之文者，亦谓之书。是道也，是学也，是治也，则一而已矣。乃若师儒有能兼通前代之法意，亦相戒语焉，则兼综之能也，博闻之资也。

这似是指春秋以前的历史时期。第二期是乱世，王政失，政教衰，诸子百家自鸣其学，但他们尚能肆其业，发为言，即还能尽其史职：

师儒之替也，源一而流百焉，其书又百其流焉，其言又百其书焉。各守所闻，各欲措之当世之君民，则政教之未失也。虽然，亦皆出于其本朝之先王……世之盛也，登于其朝，而习其揖让，闻其钟鼓。行于其野，经于其庠序，而肆其豆笾，契其文字……及其衰也，在朝者自昧其祖宗之遗法，而在庠序者犹得据所肄习以为言，抱残守缺，纂一家之言，犹是以保一邦，善一国。

这似是指自春秋始的历史时期。第三期是衰世，君主专制，官吏腐败，"日之将夕，悲风骤至"。此时的师儒是：

重于其君，君所以保民者则不知也；重于其民，民所以事君者则不知也。生不荷耰锄，长不习吏事，故书雅记，十窥三四，昭代功德，瞠目未睹。上不与君处，下不与民处……昧王霸之殊统，文质之异尚。其惑也，则且援古以刺今，嚣然有声气矣……（是故）王治不下究，民隐不上达，国有养士之资，士无报国之日，殆夫，殆夫！终必有受其患者，而非士之谓夫！

这种人，既不了解历史，又不认识现实，对国家无用，与人民隔阂，不仅是白痴，还是绊脚石。

这个古今三世和师儒流变说，其主观构筑历史的成分很重，难免唯心主义，但也有点儿历史根据，尤其是言现实的政治和士人，还是很深刻的，而且寓有论者呼吁救世的深意。

龚氏认为，乱世糟糕，势在必变。他说："自古及今，法无不改，势无不积，事例无不变迁，风气无不移易。"

这种古今大势就是事物无不变迁的言论，显然是历史变易思想。

由此，龚氏引申出"更法""改图"的主张。他说：

拘一祖之法，惮千夫之议，听其自陊，以俟踵兴者之改图尔！一祖之法无不敝，千夫之议无不靡，与其赠来者以劲改革，孰若自改革？抑思我祖所以兴，岂非革前代之败耶？前代所以兴，又非革前代之败耶？何莽然其不一姓耶？天何必不乐一姓耶？鬼何必不享一姓耶？奋之，奋之！将败则豫师来姓，又将败则豫师来姓！《易》曰："穷则变，变则通，通则久。"

意思是，历代更替，都是在改革中进行的，改革是必然的，要从历史变革中悟出改革之理，明白"穷变通久"是世变之道。

于此可见，顺势应变，"更法""改图"，乃龚氏探讨世变的结论，是他历史观的基本点。如果仅从他"万物之数括于三""一而立，再而反，三而如初"以及"初异中，中异终，终不异初"的文字表达进行推论，其三世说似乎应属于历史循环论，但就其论世世都在变，代代都在改，乱世更得"更法""改图"的基本论点分析，其三世说实应属于历史变迁论，是一种历史变易思想。

3. 复兴经世之学

龚氏论"出乎史，入乎道"，既尊史，也议政。其尊史与议政密不可分。从学术思想渊源来看，他的尊史论是在新的历史条件下，复兴明清之际的经世之学。

针对明朝文化专制和理学喧嚣，李贽主张经史相为表里，要使经史平起平坐，甚至有把经归于史的味道。是后，随着社会矛盾日益复杂和尖锐，思想领域显得活跃起来。明清之际，黄宗羲、顾炎武、王夫之等学术界大师，学术思想上的共同特点是经世致用，顾祖禹、唐甄等亦然。他们痛诋理学空谈和八股空言以至误国害民，将学术转向于匡时救世，一时形成学术界的主要潮流。在清初统治者加强封建专制和文化高压政策的情势下，史学的大量工作转向于历史文献学和考据史学，学术和社会现实完全脱节，乾隆时期此风尤甚；当时唯有章学诚提倡"史学经世"，然亦难以形成气候。

嘉道年间，清朝由盛转衰，社会痼疾频发，外患也将发生，危机四起，民生不宁。这时清朝思想文化专制也开始松弛，一些忧国忧民的有识之士，面向社会，主张经世之学，通古今，究弊病，欲有所作为。有些讲求事功的官吏，如陶澍、林则徐、贺长龄等也注意世务，注重于当时某些重大社会现实问题的研究和改图。龚氏交往的一些友人，如魏源、汤鹏、包世臣、李兆洛等也都提倡和致力于经世之学。

龚氏得风气之先，探讨"天地东西南北之学"，成为清朝嘉道时期复兴经世之学的先驱者和倡导者。他的"尊史"和一切议论，都是从时代需要出发，针对现实，而经世致用的。他批判封建黑暗和政治腐败，指出当时社会病已严重，无法自愈，必将大变。他说：

人有疥癣之疾，则终日抑搔之，其疮痛，则日夜抚摩之，犹惧未艾，手欲勿动不可得，而乃卧之以独木，缚之以长绳，俾四肢不可以屈伸，则虽甚痒且甚痛，而亦冥心息虑以置之耳。何也？无所措术故也。

律令者，吏胥之所守也；政道者，天子与百官之所图也……为天子者，训迪其百官，使之共治吾天下，但责之以治天下之效，不必问其若之何以为治……约束之，羁縻之，朝廷一二品之大臣，朝见而免冠，夕见而免冠，议处、察议之谕不绝于邸钞。部臣工于综核，吏部之议群臣，都察院之议吏部也，靡月不有。府州县官……大抵逆亿于所未然，而又绝不斟画其所已然……官司之命，且倒悬于吏胥之手。彼上下其手，以处乎群臣之不合乎吏胥者，以为例如是……夫聚大臣群臣而为吏，又使吏得以操切大臣群臣……犹不能以一日善其所为，而况以本无性情、本无学术之侪辈耶……使奉公守法畏罪而遽可为治，何以今之天下尚有几微之未及于古也？天下无巨细，一束之于不可破之例，则虽以总督之尊，而实不能以行一谋，专一事……

权不重则气不振，气不振则偷，偷则敝。权不重则民不畏，不畏则狎，狎则变。待其敝且变，而急思所以救之，恐异日之破坏条例，将有甚焉者矣！

这段话是说，社会之病严重，无法治疗，甚至束缚而使其越加病危，统治者无所举措，大臣照例办事，群臣忙于事务，吏胥也是按例，地方官亦然，天子则束之以例，如此腐朽必且变，如此条例必破坏。同时，他还据亲眼所见，描绘当时官吏贪污，剥削百姓，以及社会混乱现象，叹道："哀哉，谁为之而一至此极哉？"他以为官吏腐败，主要是"一人为刚，万夫为柔"的封建君主专制造成的。

龚氏一方面诅咒现实的黑暗，另一方面又憧憬未来的光明。他在《尊隐》一文中，以寓言式的语言，描写"夕时"的情景：京师失道，每况愈下，而山中或野鄙则是生机勃勃的另一番景象，祖宗和神灵都对京师的皇朝产生悲观，而期待于山中之民，然而统治者不思振作，但闻其鼾声。于是，"则山中之民，有大音声起，天地为之钟鼓，神人为之波涛矣！"就是说，山中之民乘时奋起，当朝统治者便至于末路，将出现另一朝新天地。龚氏对"山中之民"认识并不清楚，不能做进一步的描述；但他有预感，故做了预言。他有这样的诗句：

> 九州生气恃风雷，
> 万马齐喑究可哀。
> 我劝天公重抖擞，
> 不拘一格降人才！

他在期待着风雷将起，快降人才而创造新历史。

龚氏以其"尊史"和一切议论提倡学术方向和风尚，从历史文化、学术传统、时代需要的高度阐发了经世之学的质性和路向，不仅以"更法""改图"的政治主张，而且还以憧憬未来的光明展示历史必然之路和发展趋向，从而成为晚清学术思潮和政治思潮的先驱和代表。他说，"良史之忧忧天下"，自谓"但开风气不为师"。我们称许他是忧天下的开风气者，想必是很合适的。

第六讲　清皇朝的强化统治

清入关前2帝：努尔哈赤、皇太极；入关后10帝：顺治、康熙、雍正、乾隆、嘉庆、道光、咸丰、同治、光绪、宣统；慈禧虽非皇帝，却独断朝纲，也被列入。

清的崛起为封建社会注入了新的生机，它的衰落又导致了封建社会的瓦解。在这个特定的时代，在这12帝中，自然是有开国之君，有治世之帝，也有平庸之君，堕落之帝。

努尔哈赤（太祖），年号天命，1616年登基，在位11年；皇太极（太宗），年号天聪，1627年登基，在位10年；福临（世祖），年号顺治，1644年登基，在位18年。

到了玄烨（圣祖），年号康熙，1662年登基，在位61年；其后，胤禛（世宗），年号雍正，1723年登基，在位13年；弘历（高宗），年号乾隆，1736年登基，在位60年；永琰（仁宗），年号嘉庆，1796年登基，在位25年；旻宁（宣宗），年号道光，1821年登基，在位30年；奕詝（文宗），年号咸丰，1851年登基，在位11年；载淳（穆宗），年号同治，1862年登基，在位13年；载湉（德宗），年号光绪，1875年登基，在位34年；溥仪，年号宣统，1909年登基，在位3年。

1. 一统全国，加强治理

清自1683年统一全国，加强了它的封建统治。一直到1774年王伦起义，才发生了显著的变化。

清代各种制度，在入关之初，已粗具规模，到全国统一以后而逐渐完备起来。在官制方面，清设内阁、六部、都察院、大理寺等机构，都仿照明朝的制度而有所改变。内阁设大学士、协办大学士和学士，各有满人、汉人任职，而满人掌握实权。六部的尚书、侍郎和都察院的御史，也都各有满人、汉人任职。内阁和六部所属，还规定有蒙古人任职。清内阁的职位较明代为高，但还不是国家最高决策机构。最高决策机构，先是议政王大臣会议，后是军机处。议政王大臣会议是早在关外时就有的，全由满族贵族组成，负责筹划军国大事，奏请皇帝裁决。军机处初称军机房，设于1729年。1932年，始正式改称办理军机处，简称军机处。这是雍正皇帝为了削弱满族贵族势力，加强皇权，用以取代议政王大臣会议而设立的机构。军机处设有军机大臣，得以用面奉谕旨的名义发布命令，遇有重大军事，临时由朝廷特简大臣主持。强调满人在军事上的控制，满人在政治上的特殊地位，这是清代政治体制很大的特点。但清在维护满族贵族利益的同时，也照顾到汉族地主阶级和一些少数民族上层人物的利益。所以从实质来说，清是以满族贵族为主的各族统治者的联合政权。

地方行政区，总督是最高长官，辖一省或两三省。巡抚是省级长官，辖一省，地位较总督略次，但仍与总督平行。总督和巡抚都是以军职而兼理民政的。督、抚之下设布政使和按察使，分别管理行政和司法。省以下的行政机构有府、县，由知府、知县执掌政事。清初，总督全由满人担任，巡抚则满、汉各半，知府以下多用汉人。后来，汉人也有被任为总督的，巡抚中汉人的比重也逐渐增加。

清的地方基层，实行保甲制度。1757年颁布的保甲法规定：每十户为一牌，设有牌头。十牌为一甲，设甲长。十甲为一保，设保长。牌头和保、甲长均由当地地主或大家族的族长担任，负责监视管区内的人民。每户的户主姓名、职业，以及丁男人数，都写明在门牌上，有出入迁徙等事都要随时报告。自秦汉以什伍编制民户以来，历代都有在地方基层管制人民的规定，主要在于对劳动力的编制。清的保甲法，重点则在于所谓"防盗"，这是一个很重要的变化。

清的法典开始也沿用明律。1646年修成了《大清律》，康熙、雍正两代继续加以修订。1704年，乾隆皇帝时修成《大清律例》，有47卷，226门。除了以往封建皇朝法典中所具有的主要内容以外，还包含了民族压迫的内容。在判刑的规定上，对待满人跟其他各族人不同，而有换刑、减刑等特权。

监狱也有专为满人而设的，条件比一般的监狱要好些。

清选任官吏的办法在沿用明朝的科举制外，还有捐纳和特科。捐纳就是用捐钱、捐米的办法取得官职或提升。特科有博学鸿词科、经济特科、孝廉方正科等。博学鸿词科在1679年举行过一次，1706年又举行了一次，办法是由三品以上京官和地方督抚推荐学行兼优、文辞卓越的人参加考试，录取后授予官职。

在军制上，清入关之初，仍以满、蒙、汉八旗为主要兵力。同时，又在各省建立了用汉人编制起来的绿营，但也有满人担任官长。旗兵和绿营兵，分布京师及全国各地。旗兵，在入关后很快就腐朽了。从征讨吴三桂时起，绿营兵逐渐起重要作用。另有临时招募的军队，在战事结束后随即解散。清代的军队，在维护其对人民的统治上，比过去要更受到重视。

清对汉族地区的统治稳定以后，继续加强对边疆少数民族地区的统治。居住在西北的蒙古族，在明清之际分为漠南蒙古、漠北喀尔喀蒙古和漠西厄鲁特蒙古三大部。康熙年间，厄鲁特蒙古的准噶尔部势力日益强大。它合并了厄鲁特四部，威胁西藏地区，并进扰喀尔喀蒙古。1690年，准噶尔军队在其首领噶尔丹的统率下，东进至今内蒙古自治区的乌珠穆沁部地区，距古北口只有900里，使清廷大为震动。康熙皇帝亲率大军征讨，在乌兰布通（今内蒙古自治区赤峰市）一战，打败噶尔丹。1696年、1697年，康熙皇帝又两次亲征，噶尔丹势穷自杀。1717年，噶尔丹之侄策妄阿拉布坦率准噶尔部进入西藏，攻陷拉萨。清军于1720年远征西藏，驱逐策妄阿拉布坦，并扶植达赖六世在西藏的统治。1727年，清在西藏设立了两个驻藏大臣，加强了朝廷对西藏的统治。居住在天山南北的维吾尔族，康熙年间曾一度受噶尔丹的统治。噶尔丹失败后，宗教领袖霍集占等在天山南路集结兵力，进行割据活动。1758年，乾隆皇帝派兵西征。1759年，平定了天山南路，在喀什噶尔等地分驻参赞大臣、领队大臣、办事大臣，都统属于伊犁将军。对在西南地区居住的苗、瑶、彝等少数民族，清朝于1726年雍正皇帝在位期间，大规模地推行"改土归流"政策，废除原来由少数民族头人担任土司的世袭制度，设立了州县，由朝廷派官统治。清朝廷在边疆地区的这些措施，巩固了国防，稳定了当地的社会秩序。但当采取征讨行动的时候，总是给当地人民带来很多灾难。

康熙年间，清廷对沙俄扩张主义者的侵略进行了斗争。沙俄在明末清初，中国国内局势动乱的时候，已对黑龙江地区进行侵略活动。1650年，沙俄哥萨克人强占雅克萨，并筑阿勒巴金城堡。1658 年，沙俄又在尼布楚河河口筑涅尔琴斯克城堡，实行军事占领。康熙皇帝在国内已经统一后，于 1685 年命令反攻，在雅克萨打败俄军，拆毁阿勒巴金城堡。清军撤退后，俄军增兵，又在雅克萨筑城。第二年，清军再度反攻，又打败俄军。沙俄扩张主义者在形势对其不利的情况下，跟中国议和，于 1689 年订立《中俄尼布楚条约》。条约规定：双方以黑龙江上游的额尔古纳河、格尔必齐河及外兴安岭至海为界，河南岸及岭阳（包括库页岛在内）属中国，河北岸及岭阴属俄国。《尼布楚条约》从法律上肯定了中俄两国的东段边界，阻遏了沙俄贪得无厌的侵略野心，是中国在外交上的一次重大胜利。

自清统一全国以后，社会秩序相当稳定。1712 年宣布，以 1711 年的丁银额为准，此后无论人口如何增加，不再多征丁银，这叫作"盛世滋丁，永不加赋"。1716 年又在广东试行"摊丁入亩"的办法，1724 年在北京地区正式实行，后来逐步在全国推广。这个制度是把丁银全部摊入地亩中征收，实际上就是把人头税取消，而把原来的税额改作田亩税来征收。这样，没有土地的人就可以把原有的丁银负担免除掉。这对于社会秩序的安定，是有好处的。人民不再需要以隐匿人口和其他办法逃避丁银。官府向朝廷陈报的数字要比以前准确多了。1711 年，全国人口统计数是 2462 万。1774 年，增至 2 亿 2102 万。

大致说来，清强盛时期的行政效率要比明代好些。它不只大量沿袭了明制，也注意吸取明的失败教训。清对人民的剥削比明较为缓和。清帝没有宠任宦官和多年不上朝的事。清帝与军机处的关系，要比明帝与内阁的关系密切得多。在相当长的时间内，清还能保持一个相当强大的形象，是有原因的。但在这个形象的掩盖下，存在着种种矛盾。这些矛盾总有一天会冲破这个掩盖着的外表的。

2. 学术文化加强控制

对学术文化，清在其统治巩固以后，采取各种办法进行控制。

第一，继续提倡八股文、尊崇孔子和程朱，以限制人民的思想。康熙时，重刊《性理大全》、编印《朱子全书》和《性理精义》，并重用李光地、汤斌等所谓"理学名臣"。康熙帝于 1684 年亲到曲阜向孔子致祭。乾隆帝九次到曲阜朝拜。

第二，查禁对于清朝不利的书籍。

第三，兴文字狱。最著者，如 1711—1713 年的《南山集》案，因触犯忌讳，著者及被株连杀死者 100 余人，流放数百人。

第四，寓禁书于修书。雍正、乾隆时，官修两部大书。一部是 1725 年编成的《古今图书集成》。全书 1 万卷，收集了大量文献资料，分为 6 大类、32 门、6109 个子目。这是《永乐大典》以后最大型的类书。它按材料性质进行分类的编纂方法，比《永乐大典》按韵目的编纂方法有所改进。又一部，是《四库全书》，1772 年开始纂修，经 10 年成书。全书有 79000 卷，装订成 36000 余册，是中国最大的一部丛书。《古今图书集成》的编修，还只是要以文献资料的大量汇集来冲淡经世思想的流行，尚无寓禁于修的显著表现。而《四库全书》在编修过程中，则是通过普遍征书而进行对书籍的销毁，通过对书籍的收录而进行删削窜改。《四库全书》客观上保存了大量文献，但败坏了不少著作的原来面貌。修《四库全书》的重要目的就是寓禁于修。

但清在康熙以后的文化政策，并不能完全控制学术文化的发展。康熙、雍正时，颜元的弟子李塨继续宣传并发展了师说，与颜元齐名，称为颜李之学。李塨（1659—1733 年），字刚主，号恕谷，保定蠡县（今属河北省）人，著有《恕谷文集》。黄宗羲的弟子万斯同，指陈历代大事，著《历代史表》64 卷；探索宋季和明代兴亡史迹，著《宋季忠义录》16 卷，《明史稿》500 卷。万斯同治史，要"论其世，知其人，具见其表里"，这还是明清之际讲经世致用的遗意。其后，全祖望受万斯同的影响，研究南宋及南明史事，对明清之际的学者和特立独行的人物做了不少传记，见于所著《鲒埼集》，表现了他不满清朝统治的思想情感。万斯同（1638—1702 年），字季野。全祖望（1705—1755 年），字绍衣，人称谢山先生。两人都是浙江鄞县（今属宁波市鄞州区）人。

3. 文学领域的代表

在文学领域里，洪昇、孔尚任的剧本和吴敬梓、曹雪芹的小说都是优秀的代表作。

洪昇（1645—1704年），字昉思，浙江钱塘人。1688年著成《长生殿》传奇，剧本写安禄山叛乱后，在唐玄宗逃赴四川的途中，他的宠妃杨玉环为随驾军人所迫而死，后来唐玄宗思念杨玉环不已，终于感动天地，在天宫成为永不分离的仙侣。

孔尚任（1648—1718年），字聘之，山东曲阜人。所著《桃花扇》传奇，于1699年成书。剧本写明清之际秦淮歌姬李香君和著名文人侯方域相爱的故事，突出了李香君坚贞的爱情，突出了她面对封建势力的利诱威胁，毫不动摇的战斗性格。

这两部著作，通过爱情故事的发展，写出一代兴亡大事，展示社会矛盾的广阔图景，总结了历史教训，具有深刻的现实意义。《桃花扇》在思想内容和艺术水平上，比《长生殿》有更高的成就。

吴敬梓（1701—1754年），字敏轩，一字文木，安徽全椒人。所著《儒林外史》以讽刺科举制度为主题，描写科举制度如何吸引一般读书人疯狂地走向这条猎取功名富贵的道路，描写那些得到科名以及得不到科名的人的种种丑态，描写这种制度在社会上所造成的恶劣影响。它实际上揭露了清皇朝在它强盛的年代里已深深埋下了的腐朽的根子，有深刻的现实意义。书中并没有中心人物，但由于主题思想的鲜明，并不太使人感到结构上的松懈。书的语言洗练而富于形象性，讽刺的锋芒给人以真实而幽默的感受。这是一部有卓越成就的讽刺小说，在当时社会上已有很大影响，为以后中国讽刺小说的发展做了奠基的工程。

曹雪芹（约1715—1764年），名沾，雪芹是他的号，生于南京，后迁居北京。他家是满洲正白旗"包衣"。所著长篇小说《红楼梦》，是一部伟大的现实主义作品。小说以贾宝玉和林黛玉、薛宝钗之间的爱情、婚姻悲剧为主线，写出封建贵族贾府的衰落史。它揭露、批判这个封建家族的种种丑恶、肮脏的活动，不可克服的内在矛盾以及必然衰落的下场。它肯定贾宝玉、林黛玉反抗封建礼教的叛逆性格及他们建筑在共同理想上的爱情；惋惜他们终于不能逃出封建势力的牢笼。黛玉病死，宝玉被骗与宝钗结婚，而宝玉、宝钗都没有享受到婚后的幸福。它深刻地反映了作者的时代觉醒，它比较全面地觉察到时代的脉搏，觉察到当前社会必然覆灭的命运和陈旧势力拖住新生力量的悲剧场面。它继承并熔炼了过去文学艺术作品表现手法的优秀传统，以生动丰富的语言，在特定的气氛中塑造了大批人物的艺术形象。其中，正面人物如贾宝玉、林黛玉及晴雯、鸳鸯，反面人物如薛宝钗、王熙凤、贾政、袭人，既是某一类型人物的概括，又突出了各人的特点，随着他们的生活历程展示其性格发展的画卷。小说的艺术结构严密，气势瑰玮壮阔，登上了中国小说史上从未有过的高峰。书未写成，即被传抄，对于后来中国文学艺术的发展，在思想内容、艺术经验和故事题材上，在小说、戏曲、诗词、电影、美术等方面，长期起着显著的影响。

4. 学术领域，考据兴起

在学术领域里，受到清廷文化政策的影响，并为清廷所利用的，是经史考据学的兴起。康熙时，阎若璩和胡渭用考据的方法研究《尚书》和《禹贡》，做出成果。这是开始为考据而考据的学风，把清初经世致用的学风完全抛弃了。这种做法，不会触犯清廷的文网，并且是清廷所乐意奖励的。乾隆时，考据学发展为吴派和皖派。吴派以惠栋（1692—1758 年）为首。惠栋，字定宇，江苏吴县（今为江苏吴中区）人。皖派以戴震（1723—1777 年）为首。戴震，字东原，安徽休宁人。他是有唯物主义思想而坚决反对理学的。他说："以法杀人犹可救，以理杀人无可活。"但他的哲学成就为他的考据成就所掩盖，影响不如在考据方面之大。考据学在古籍的考订上，包括音韵、训诂、制度、校勘等方面，是有贡献的。但从社会思想的发展上看，比起清初来，这是一种倒退的现象。

第七讲 英明君主康熙帝

1662年年初，永历帝被俘，南明最后一个政权灭亡。这时清顺治皇帝已死，康熙皇帝已即位近一年了。

康熙帝，爱新觉罗·玄烨，为世祖妃佟佳氏于顺治十一年（1655年）所生，是世祖顺治帝八子中的第三子。8岁时即位登基。

玄烨，是中国历史上在位时间最长的皇帝，天资英武，雄才大略，成就了一代伟业，可谓亘古少见的英明君主。

1. 天聪好学，少年励志

玄烨的出世，得到了父母的百般疼爱。5岁起，天资聪颖的玄烨就开始读书识字，十分勤奋好学。8岁时，"学庸训诂，询之左右，求得大意而后愉快。日所读者，必使字字成诵，从来不肯自欺。及四子之书既已通贯，乃读尚书，于典谟训诂之中，体会古帝王孜孜求治意""读大易，观象玩占，实觉义理悦心""乐此不疲""好学不倦"，甚至读书至深夜，从不知倦怠。他17—18岁时，因读书过劳，以至咯血不休，日积月累，刻苦学习，知识渊博，通古达今。"帝王政治，圣贤心学，六经要旨，无不融会贯通"，亦非过誉之辞。

玄烨8岁丧父，13岁丧母，祖母对他倾注了心血，教他如何做人，怎样为政。正如玄烨自己所述，"朕自幼会学步能言时，即奉圣祖母慈训"。祖母对玄烨虽慈爱备至，但也处处从严要求。凡是饮食，一言一行，都得照宫廷传统规矩和礼仪，稍有疏忽，就受到责备。他在位60余年，"凡一切起居饮食，自有常度，未尝更改"。尤其是在政务方面，祖母时时给予指点，授以方略，使他学会处理各种复杂的难题。贤德的祖母对玄烨的影响十分深远，协助和推动他去完成一代天骄的时代伟业。康熙二十六年（1687 年）末，当祖母病危时，他日夜守护，深情地想起祖母的养育之恩，说："忆自弱龄，早失怙恃，趋承祖母膝下三十余年，鞠养教诲，以至有成。设无祖母太皇太后，断不能致有今日成立。罔极之恩，毕生难报。"

玄烨 6 岁那年，当顺治帝问及他今后的志向时，他竟脱口而出，"待长而效法皇父"。一个 6 岁的孩子，出语不凡，顺治帝不胜惊讶。两年后顺治帝驾崩，玄烨继位，时年 8 岁。当然，这是孝庄太后一心所为之结果。当时，顺治帝驾崩前，已命威望素著的索尼、苏克萨哈、遏必隆、鳌拜四位重臣，为辅政大臣，在玄烨亲政前的这段时期，扶持和辅佐他处理朝政。玄烨正式即帝位后，改年号为康熙，从此清朝的历史便进入了一个蓬勃发展的时代。

"唯愿天下平安，生民乐业，共享太平之福而已"，这是玄烨即位后的志向。

2. 少年天子智除鳌拜，集权于己

康熙帝即位之后，国内大规模的内战已接近尾声。

顺治十八年，吴三桂率军入缅甸，擒获南明最后一个皇帝永历帝朱由榔。次年，在昆明将永历等人处死，标志着明清战争的最后终结。随之而来的一个严重问题是，在同农民起义军和在南明政权的军事斗争中迅速发展起来的吴三桂、尚可喜、耿精忠等三藩势力，占据云贵、两广、福建等省，已构成威胁中央集权的隐患。此外，李自成、张献忠余部仍然活动于川鄂地区，并没有停止反清的武装斗争，以及郑成功为首的原明朝将吏还掌握着一支强大的军队，占据东南沿海，后入台湾，继续抗清。大规模的战争虽已基本结束，但是人心并非安定，清朝对全国的统治远不巩固坚实。经过明末农民战争和清入关后的统一战争，大江南北，黄河流域，农业生产都遭到严重的破坏。土地荒芜，人民逃亡，由于战争的残杀，使人口锐减，生产下降，国家征税，各省无不拖欠。这一切的现实政治与经济、军事斗争也必然反映到皇权统治集团中来。于是又引起皇帝与四大辅臣，主要是同鳌拜集团的斗争。解决和处理这些纷繁而复杂的问题，对于一个少年皇帝来说，却不是一件容易的事。另一方面，国际环境也趋于恶劣，早在清兵入关时，凶恶的沙俄殖民主义势力正向亚洲扩张，并已越过乌拉尔山，侵入到我国黑龙江沿岸，随处建立起军事据点，作为他们掠夺中国领土和继续扩大侵略的基地；在我国南方，西方殖民强盗纷至沓来。16世纪中叶，明朝中后期，葡萄牙捷足先登，最先侵占了我国澳门。然后，荷兰殖民者强占了台湾赤嵌。还有西班牙、英、法等殖民者不断向我东南沿海地区渗透。他们施以炮舰与传教士这两大武器，企图打开古老的中国大门，达到他们任意掠夺中国的罪恶目的。这一切不得不使清廷忧虑，康熙帝面对着内乱与外患严峻的现实，只能迎面攻之，果断处置。

玄烨即位，还没有能力处理国家政务。以索尼为首的四辅臣，实际掌握着国家的权力，代行皇帝的一切职权。

索尼等都是功勋卓著的朝廷元老。索尼，姓赫舍里氏，满洲正黄旗人，早在努尔哈赤时期，随其父归后金。父硕色、叔希福皆入文馆，为清开国元勋。到皇太极时，他已成为心腹之臣，办理蒙古事务，日值内院，深得信任。皇太极去世，诸王争嗣位，索尼坚持立皇子，有力地阻止了多尔衮欲谋帝位的企图。清入关后，多尔衮擅政，索尼遇事，却不附和，据理力争，为多尔衮所忌恨，最终把他赶出朝廷，发充到盛京（沈阳），看护皇太极的陵寝。直到多尔衮死后，顺治帝亲政，才把他召回京，恢复原爵位，擢升为内大臣，兼议政大臣，总管内务府。

苏克萨哈，姓纳喇氏，满洲正白旗人，也是在努尔哈赤初创业时来归，其父苏纳被招为额驸。他原属多尔衮部下，很受重用。但多尔衮一去世，他首先揭发其谋逆罪，被擢升为领侍卫内大臣，加太子太保。

鳌拜，姓瓜尔佳氏，满洲镶黄旗人。他从皇太极时起，就是一员骁将，积军功最多，赐号"巴图鲁"。清定鼎北京，南下川贵，他皆摧锋陷阵，屡建功勋，受赏独厚。因主立肃亲王豪格而受到多尔衮的排挤。顺治帝亲政，授议政大臣，领侍卫内大臣。

遏必隆，姓钮祜禄氏，与鳌拜同属一旗。父额亦都是努尔哈赤的五大臣之一，被招为额驸，其母为和硕公主。他出生在战争年代，以军功升至议政大臣、领侍卫内大臣，累加少傅兼太子太保。

索尼等 4 人都是历三朝或四朝的元老，而且同属皇帝自将的上三旗，他们在朝廷中的地位是无可争辩的。自然，顺治帝遗命以他们为辅政大臣确是很合适的人选。但更深的原因是，顺治帝特别是身居幕后的孝庄太后有鉴于同姓王贝勒如多尔衮等人独擅朝政，以及由此而产生的诸王争权，严重威胁着皇帝的权威，所以，宁肯遴选皇室以外的异姓大臣来辅佐幼主，有利于抑制诸王权势的增长。其次，索尼等 4 人在政治上都坚决地站在顺治及孝庄皇太后一边，同多尔衮进行过斗争，博得了他们的信任。当多尔衮一死，索尼等 4 人的权位扶摇直上，位至辅臣。索尼等 4 人受命之时，共同宣读誓词：

兹者先皇帝不以索尼、苏克萨哈、遏必隆、鳌拜等为庸劣，遗诏寄托，保翊幼主。索尼等誓协忠诚，共生死，辅佐政务。不私亲戚，不计怨仇，不听旁人及兄弟子侄教唆之言，不求无义之富贵，不私往来诸王贝勒等府受其馈遗，不结党羽，不受贿赂，唯以忠心仰报先皇帝大恩。若复各为身谋，有讳斯誓，上天亟罚，夺算凶诛。

誓词反映出索尼等 4 人忠君报国的共同心愿。

索尼等 4 人在 8 年执政中最初的两三年里，还遵循誓言，颇能和衷共济，对清政权的巩固与发展，都起到积极的作用。在军事上，他们继续扫荡南明残余势力和农民军余部力量，完成对全国的完全统一。随着战争的结束，形势日趋稳定，这就为恢复和发展生产创造了必要的条件。索尼等 4 人决策，通令各地安插流民，提倡垦荒，开奖励条例，显见成效，耕地面积稳步增长。还实行赈济蠲免，以纾民力。索尼等 4 人采取一系列恢复发展农业生产的措施，很快使残破的农业出现新的局面，"府库充溢，年谷屡登，人物繁盛"。索尼等 4 人在政治上的建树，遵照了顺治帝遗嘱，裁撤 13 衙门，以重建内务府而代之，从而便消除了阉宦乱政的可能性；整顿吏治，定考核，严奖罚，加强对各级官吏的监督。这对于扫除前明贪风的影响，提高办事效率，是一个良好的开端。这些进展，都是在索尼等 4 人通力合作的情况下取得的，并为康熙帝以后的亲政奠定了极好的基础。

但是，索尼等 4 人联合辅政的局面，并未维持很久，他们之间的矛盾和斗争，日趋公开和激化。按照顺治帝遗命，四朝元老索尼位列辅臣之首，本应发挥首脑的作用，但其年老多病，力不从心，无意揽权，管不了多少事。在4人中，逐渐专擅实权的是鳌拜。

鳌拜在平时，已表现出了居功自傲，盛气凌人。但受"顾命"之初，他尚能谨慎从事，履行誓词。然而，不出3年，他就暴露出骄横、专权的野心，处处越位抓权。首先，他与苏克萨哈不相容。苏克萨哈的资望，比其他3人为浅，但以额驸之子入侍禁庭，受到皇帝的特别恩宠，班行仅亚于索尼。苏克萨哈与鳌拜本是儿女亲家，却对其专横不服，"论事辄龃龉，寝以成隙"。在镶黄旗与正白旗圈换土地这个问题上，两人的矛盾势同水火。清兵入关后，一度争相圈占土地。本应按原定八旗方位进行分配，但摄政王多尔衮有意抬高他所属的正白旗地位，擅将蓟州、遵化、迁安等处应给镶黄旗之地拨给了正白旗，另把雄县、新安、河间、容城等处分给镶黄旗。尽管这一分配有违旗制，但事已过20年，"旗民相安久"，如果重新调换，势必引起旗与旗、旗与民之间的纷争，不利于大局的稳定。鳌拜属镶黄旗，有意压正白旗，便旧事重提，呈请户部，坚持两旗土地对换，正白旗土地不足，另拨民地补充。朝廷内外"皆言不便"。属正白旗的大学士兼户部尚书苏纳海说："地土分拨已久，且康熙三年奉有民间地土不许再圈之旨，不便更换，请将八旗移文驳回。"直隶总督朱昌祚、巡抚王登联也持反对意见。鳌拜大怒，即以此事，谋兴大狱，下刑部议罪，必欲置之于死地。那年，已13岁的康熙帝召4辅臣询问。属两黄旗的索尼、遏必隆对鳌拜"坚奏苏纳海等应置重典"一事不表示反对，而属正白旗的苏克萨哈沉默不语。康熙帝看出辅臣意见分歧，没有批准。专横的鳌拜根本不考虑康熙帝的意旨，还是假借皇帝的名义，把苏纳海、朱昌祚、王登联三人处死。在更换旗地一事，鳌拜与苏克萨哈结怨更深。索尼对苏早有厌恶之感，而对鳌拜专权亦有不满，毕竟同属两黄旗，根本利益一致。遏必隆与鳌拜同旗，结为一党，凡事附和。这就给鳌拜专权、排挤打击苏克萨哈开了方便之门。

康熙六年（1667年）六月，索尼因病去世。七月，康熙帝已14岁，举行了亲政大典。鳌拜却不愿归政皇帝，企图继续把持朝政，这就使他从同辅臣之间的矛盾逐渐转化成同康熙帝之间的直接矛盾和冲突。鳌拜后来更是肆无忌惮，竟以首辅大臣自居，"班行章奏，鳌拜皆列首"。此时，苏克萨哈处处予以抵制鳌拜，主张政务已归皇帝。鳌拜专权受阻，怀恨在心，对苏克萨哈动了杀机。苏克萨哈感到难与鳌拜共事，唯怕遭其暗算，遂产生引退之念，向康熙帝乞请辞职，允许他去守护先帝陵寝。鳌拜乘机诬陷，以其心怀不满，不愿归政皇上为大逆论，罗织罪状24款，拟处苏克萨哈及其长子内大臣查克旦磔刑，余子6人、孙1人、兄弟之子2人处斩，家产籍没，还拟处死其族人。康熙帝以为处分太过，"坚执不允所请"。鳌拜无臣礼，"攘臂上前，强奏累日"。康熙帝无奈，仅将苏克萨哈改判绞刑，余均从所议。

四辅臣已去其二，剩下遏必隆唯命是听，鳌拜则为所欲为。他在朝廷内外广树党羽，安插亲信，如内秘书院、兵部、吏部、户部、工部等首脑都是他的人，其弟、侄都占据要职，"文武各官尽出伊门下，内外用伊奸党"，从而完全控制了国家中枢机关。鳌拜把持了议政大臣会议和六部实权，任意行使康熙皇帝的权威。因此，任何人都没有勇气对他提出异议。凡朝中大事，鳌拜召集亲信，"在家中议定，然后施行"。即使康熙帝不同意，他也强行贯彻。鳌拜自行其是，即便在康熙帝面前，也"施威震众，高声喝问"。鳌拜如此擅权，已威胁到皇帝的绝对权威，因而引起了年轻的康熙帝和隐居宫闱的孝庄太后的不满和警惕。

当时，康熙帝虽然年少，但已颇有心计，时刻关注朝政，认真学习处理朝政。他对鳌拜的错误进行了力所能及的抵制和反驳。康熙帝自亲政之日起，便有意逐步摆脱鳌拜的控制，天天亲临乾清门听政理事，遇事直接召见满汉大臣商讨，使鳌拜的权势有所下降。

这时，康熙帝开始考虑如何除掉鳌拜一伙儿人。康熙帝忧虑鳌拜势大不得贸然行事。于是，他以弈棋为名，召见他的亲信侍卫索尼次子索额图进宫秘密策划。计议后，康熙帝下令简选侍卫、拜唐阿（执事人）身体强健的少年进宫做"布库之戏"（即扑击、摔跤），陪他娱乐。鳌拜对此并不防备，而康熙帝却在等待时机，捉拿鳌拜。康熙八年（1669年）五月二十六日，康熙帝召集众少年，问道："汝等皆朕股肱耆旧，然则畏朕欤，抑畏（鳌）拜也？"众少年同声回答："独畏皇上！"康熙帝便公布鳌拜罪恶，授计捉拿。当宣召鳌拜进宫时，鳌拜毫无防范，康熙帝指挥众少年"立命擒之"，随后迅速将鳌拜骨干分子擒获。和硕康亲王杰书等奉康熙帝之命，审查鳌拜及其党羽所犯事实，列出大罪30条，判处其死刑，籍没其家，其子纳穆福也被处死。康熙帝又亲自审问了鳌拜及其党羽，进一步核实了犯罪事实。鳌拜乞请再见皇上一面，康熙帝赐恩准见，"他请皇上看了搭救清太宗御驾时，在自己身上留下的伤疤"。康熙帝动了恻隐之心，念及他自皇太极以来一直为国家建树的功勋，不忍加诛，改死刑为革职拘禁，其家产籍没，子免死，同父一起终身禁锢。

不久，鳌拜死于囚所，康熙帝将其子释放。其他要犯也逐一做出处理：遏必隆被列罪12条，从宽处罚，将死刑改为革职夺爵。1年后，命以公爵宿卫内廷。康熙帝上面谕旨中提到的骨干人物如班布尔善等人及鳌拜弟、侄数人均处死。同时，给苏克萨哈平反昭雪，恢复原官职及世爵。年轻的康熙帝崭露头角，显示了一个政治家的至上风度和宽广胸怀，实现了归政于己。

3. 铲除三藩，收并台湾

自从鳌拜集团被废，康熙帝乾纲独断，自治国家。不久，吴三桂发动大规模的武装叛乱，刚刚安定下来的清朝，又一次陷入了内战的旋涡，这对于青年的康熙帝来讲，无疑又是一次命运攸关的大决战。

顺治初年，汉官吴三桂以平西王镇云贵，尚可喜以平南王治广东，耿精忠以靖南王辖福建，当时，并称"三藩"，此可谓当时军事与政治斗争的需要。东南沿海及两广、云贵是当时错综复杂的抗清斗争的主要地区，也唯有吴三桂等军事将领镇抚这些地区，方可长治久安。顺治帝一意依赖汉军守边，实则是执行皇太极的"以汉攻汉"政策。

建藩之初，顺治帝为鼓励他们忠心皇室，不惜赐予政治上种种特权，他们不断扩充各自的实力。福建"鱼盐之利为天下最"，耿精忠"横征盐课"，又利用海运之便，同荷兰及东南亚各地走私贸易，毫无顾忌。尚可喜在广州私设征收苛捐杂税的"总店"，从日常菜蔬、鸡豕，到铜、铁等矿物无不抽税，每年私收白银不下10余万两，总之，一切"利归王府"。人们不禁感叹："藩府之富几甲天下！"尚、耿两藩的势力虽迅速发展，但吴三桂享有比他们更多的特权。顺治十六年，皇帝命他总管云南军民的一切事宜，特谕吏、兵两部：凡云南文武官员举黜，皆听吴三桂裁定。康熙元年，索尼四辅臣又命吴三桂兼辖贵州，应允吴三桂所请，"贵州一切文武官员兵民事务，俱照云南例，著平西王管理"，于是，云贵两省真正成了吴三桂的独立王国，吴三桂还把大量的金钱一方面用于"收召人才，树立党羽"；一方面放高利贷给富商，称为"藩本"。吴三桂的实力远比耿、尚两藩更为雄厚。尽管如此，他们在其藩镇所得都窃为己有之外，还要从朝廷索取大量饷额和经费用于养兵和行政开支。"天下财赋，半耗于三藩"，实非虚言。三藩需求之巨大，不仅使各省为难，也使负责此项差使的户部疲于应付，整个财政为此时常陷入措手不及的困难境地。

在康熙帝即位之初，三藩已成割据之势。索尼四辅臣执政时期，对三藩采取笼络、包容之策，希图利用他们的力量对付南明、农民军余部，及土司的叛服无常和海上郑氏的抗清力量，因而听任三藩所为，更助长其势力的急速发展。三藩横行南疆，波及全国，这不能不与日益加强的中央集权和国家的统一严重抗衡。康熙帝亲政后，"以三藩及河务、漕运为三大事，夙夜廑念，曾书之宫中柱上"。他以敏锐的目光已发现"三藩势焰日炽"，已构成国家的心腹之患，亲政必须解决的三件大事之头等大事，即平"三藩"，并时刻思虑处置的时机与办法。

康熙十二年（1673年）三月，已洞悉朝廷意图的尚可喜首先提出撤藩，要求归老辽东。这就给康熙帝提供了解决三藩问题的一个难得良机。康熙帝趁势就势，立即批准，对他这一主动行动给予高度评价。吴三桂与耿精忠得此消息，心不自安。吴三桂之子吴应熊，在京师"希探上意，驰书于桂，令亦如尚、耿之请，从中画谋，弥缝可独留"。吴三桂依计而行，于七月也向朝廷请求撤藩，与此同时耿精忠也提出同样的请求。康熙帝当机立断，一概批准。除户部尚书米思翰、兵部尚书明珠等极少数人赞成康熙帝的决策外，大多数廷臣持反对意见，对吴三桂是否撤出产生了不同的意见。他们认为，吴三桂镇守云南以来，"地方安定，总无乱萌"，如将吴三桂迁移，还得派兵去镇守，耗费大，不免骚扰地方，不如令三桂继续留镇。康熙帝令议政王大臣会同户、兵两部，又扩大到九卿科道，几经讨论，始终没能取得一致意见，最后仍请康熙帝裁决。康熙帝力排众议，正式做出撤藩的决定。八月二十四日，康熙帝以手诏勅谕吴三桂，在肯定他的巨大功绩之后，笔锋一转："但念王年齿已高，师徒暴露，久驻遐荒，眷怀良切，近以地方底定，故允王所请。"康熙帝特别强调，撤藩之举，使吴三桂北来，"慰朕眷注，庶几日夕觐止，君臣偕乐，永保无疆之休"。并向吴三桂保证，迁移安插都已妥善，"王到日，即有宁宇"。康熙帝在这份手诏中，温语洋溢，关怀有加，丝毫看不出朝廷对吴三桂的疑忌，但他明确暗示，一经撤藩，可使君臣互不猜忌，吴三桂可保荣誉，共享太平之福。这应该是一个很好的解决办法，一旦吴三桂接受了，自然会避免一场内战的爆发。

狡猾的吴三桂申请撤藩并非出自真心实意，他只不过是故作姿态，试探朝廷是否慰留他继续镇守云南。但他没有料到康熙帝会如此迅速地批准他撤藩，及"命下，愕然气阻，其党愤愤不平"。吴三桂即与其党羽密谋起兵。他调集人马，断绝邮传，封锁消息，暗令境内只许入而不许出。

九月初，康熙帝派遣办理迁移事宜的礼部侍郎折尔肯、翰林院学士傅达礼到达云南。吴三桂表面上接受诏书，却一再迁延动身日期，加快叛乱的步伐。十一月二十一，吴三桂杀死云南巡抚朱国治，逼使云贵总督甘文焜自尽，折尔肯等被扣留，公开举兵叛清。他自称"天下都招讨兵马大元帅"，继而称周王，以明年为周王元年。消息传到北京，"举朝震惊"。大学士索额图请求处分主张撤藩的大臣。康熙帝说："此出自朕意，伊等何罪！"面对吴三桂公开叛乱，康熙帝迅即采取如下措施：

一、增派八旗精锐前往咽喉要地荆州固守，"以遏贼势"；

二、紧急通知广州与福州，两藩停撤，以孤立三桂；

三、将额驸、吴三桂之子吴应熊及家属暂行拘禁，其余散处各地的原属三桂官员一律赦免，使其"安心守职"，以利大局稳定；

四、削除吴三桂王爵，宣布有擒斩吴三桂之头者，即以其王爵封赏。

是时，20岁的康熙帝沉着镇静，以巨大的勇气和压倒一切的气概，独当平叛之任，为巩固国家的统一和挽救清政权免遭覆亡，进行着一场命运攸关的殊死搏斗。

当吴三桂率军北进时，各城镇非破即降。三桂"散布伪札，煽惑人心，各省兵民，相率背叛"。福建耿精忠举兵响应，攻略江西、浙江等地，而三桂军已进入湖南，其前锋已抵长江南岸，与荆州清军夹江对峙。仅1年，"逆贼得据大江之南"。接着，叛乱很快蔓延到四川、山西、陕西、甘肃诸省，连河北总兵蔡禄也反于彰德。塞外，又有察哈尔部布尔尼的叛乱。一时间，"东南西北，在在鼎沸"。然而，清朝廷并无充分准备。吴三桂发动叛乱，给清政权造成了一场空前的政治危机。吴三桂以反清复明为号召，一度煽惑广大汉人和明故将吏起来反对满族的清朝统治，因而给这场纷争染上了某种民族斗争的色彩。这一斗争已远远超出政治解决的范围，康熙帝没有别的选择，只能通过战争手段来消除这场政治危机。

至康熙十四年，吴三桂的战略进攻达到了顶峰。从全局来看已形成三大战场：耿精忠控制的福建、浙江、江西为东线；四川、陕西、山西、甘肃为西线，其中陕西提督王辅臣的叛变对京师威胁最大；湖南则为正面战场。康熙帝密切注视战局的变化，亲定了战略方针：清军以荆州为战略立足点，顶住投入湖南战场的吴军主力，对峙而不攻；先从两个侧翼入手，即解决耿精忠、王辅臣两股主要叛军。待除掉两顾之忧，再集中兵力同吴军决战。于是，战争进入相持阶段，在战场上互有胜负。康熙帝采取"剿抚"并用的方针，对吴三桂坚决打击，其余则视为胁从，在施以军事打击的同时，力主招抚。他亲自给王辅臣、耿精忠等人写信，晓以利害，并保证如"投诚自归"，"即赦免前罪，视之如初"。康熙十五年六月，王辅臣在兵败之后，向清军投降。陕西底定。十月，耿精忠投降；十二月，一度迫于形势而假投降的尚之信也公开反吴。康熙帝履行许诺，一律给予优待。康熙帝还号召参与叛乱的广大士兵，只要放下武器，也都给予赦免，安排生活。在这一政策的感召下，那些蒙受煽惑的士兵和将官纷纷投诚，每每以数百、数千，至万计，投入清军。吴军日趋分化、瓦解。

康熙帝采取的又一项重要决策是重用汉兵汉将。开始，他以皇族贵胄为各方面军的统帅，皆是清开国元勋的子孙，但他们大为逊色，畏缩不敢战，迟延不进，坐失时机，致使清军屡屡败退，城镇连失。鉴于这种情况，康熙帝急忙起用汉将，多次指示汉人中有才能的，"不拘资格"，保举荐用。如著名的"河西三将"即张勇、王进宝、赵良栋恢复陕甘、四川，破云南，捣吴三桂巢，皆赖其力，他们为平叛发挥了重大作用。

到了康熙十五年年底，"东西两巨寇（指耿与王辅臣）既降，乃得以全力办三桂"，清军逐渐转入战略反攻。在湖南战场，吴三桂军虽然还占据岳州、长沙等要镇，但吴三桂的日子越来越不好过。在他的统治区内，经济状况恶化，民穷财尽，军饷告乏，军心动摇，大批将吏投向清军。吴三桂已失耿、尚两藩之援，处境更加孤立。吴三桂"兵兴六年，地日蹙，援日寡，思窃号自娱"。于康熙十七年三月，他在衡州称帝，国号大周。到了八月，74岁的吴三桂得病暴亡。其孙吴世璠即位，改元洪化，但见势不妙，弃衡州，退居贵阳。这时，清军已进入湖南，在康熙帝决策和严令下，清军将长沙之敌包围，并从水陆两路攻取岳州。康熙帝指出："歼灭吴逆，荡平诸寇，在此一举。"他特别强调："今日之事，岳州最要，不可不速行攻取。"他甚至以御驾亲征相激励。康熙十八年一月，向岳州发起猛攻，"水陆围困，断其粮道"，迫使吴军弃城逃走。岳州一破，常德、长沙、衡州等相继而下。在清军的猛攻后，吴军全线崩溃，湖南、四川、贵州、广西都被清军收复。康熙帝遣三路大军，分别自湖南、四川、广西向云南进军。至康熙二十年十一月，三路大军终于打破昆明城，吴世璠服毒自杀，其党羽或死或被俘，一网打尽。这场历时 8 年的内战，终于以吴三桂的覆灭而告终。

康熙帝平定了吴三桂叛乱，废除"三藩"，使整个国家重新获得了统一。此时，康熙帝乘"平吴"之烈，抓住了时机，着手解决长期悬而未决的台湾问题。康熙帝采取了"既抚且剿"的方针，在铲除吴三桂后，又于康熙二十二年（1683 年）八月，准予郑氏政权投降，向来就是中国领土的台湾，从此彻底地并入清朝的版图。次年，康熙帝同意在台湾设一府三县，隶福建省，并派兵驻防。

4. 反击沙俄，力图和平

顺治元年（1644 年），当清兵进关夺取全国政权时，沙俄殖民者乘虚而入，窜到我国黑龙江沿岸。以瓦西里·波雅科夫的一支 133 人的侵略军，于 1643 年侵入到黑龙江北岸。两年后，哈巴洛夫的 70 余人的远征军，再次入侵我国黑龙江。此后，又有斯杰潘诺夫所率领的 370 余名侵略军，进一步扩大对我国的侵略。自沙俄首次入侵以来，10 年中沙俄派到黑龙江的侵略军，不下 1500 余人。他们执行沙俄的扩张政策，完全以掠夺土地、黄金及财物为目的，所到之处，烧杀淫掠，无恶不作。他们从黑龙江上游，窜至中下游，最严重的是已入侵到松花江与牡丹江会流处。当时，清朝正处于全力进行国内统一战争时期，而对于沙俄日益扩大的猖狂进犯，也只能动员当地的军民，全力抗击沙俄的入侵。

顺治十一年、十二年、十五年、十七年，清军曾在松花江口、呼玛尔诸处及古法坛村等地，大败过沙俄强盗。经过清军反复征剿，基本肃清了黑龙江中下游的俄军，但没有根除。沙俄以尼布楚、雅克萨等处为巢穴，筑城盘踞，不时地出没在上游地区。清军当时未能对沙俄的入侵有足够的认识，仅看作沙俄不法之徒的骚扰，其抗击沙俄的力量十分不足。黑龙江地处遥远，"饷不继"，多次征剿，皆因粮饷问题，被迫"中道而返，未获翦除"。直到康熙帝即位之初，这种情况仍没有根本的改变。但康熙帝注意到沙俄的侵略，"细访其土地形胜、道路远近及人物性情"，并为反击沙俄做好了思想准备，当注意力转向黑龙江问题时，却爆发了吴三桂的武装叛乱，康熙帝无力北顾，并把黑龙江、宁古塔（今宁安）等地的驻防清军南调，甚至"调兵一空"，全力用来对付吴三桂。这又给了沙俄可乘之机，继续阴谋扩大和加紧对中国北疆的侵略，策动当地少数民族头人根特木尔等的叛逃，来最终达到侵占中国领土的目的。

康熙六年起，康熙帝对沙俄采取了和平的外交方针，在10余年间一次又一次地派遣使臣前往尼布楚交涉，并给沙皇写信，阐述了清朝对中国领土主权的严正立场，呼吁沙俄停止侵略，交还逃人，和平地解决争端。康熙十五年，沙俄使臣尼果赖来华活动，康熙帝再次要求俄方"归还逋逃，严禁罗刹，毋扰边境，许贸易通好"。但是康熙帝的一切和平努力，沙俄根本不予理会，相反，继续扩大侵略，窜至黑龙江中游的精奇里江各处筑室盘踞。此时，康熙帝不再容忍，并愤慨地指出："向者罗刹无故犯边，收我逋逃，后渐越界而来，扰害索伦、赫哲、飞牙喀（又写作费雅喀）、奇勒尔诸地，不遑宁处，剽劫人口，抢掳村庄，攘夺貂皮，肆恶多端。是以屡遣人宣谕，复移文来使，罗刹竟不报命，反深入赫哲、飞牙喀一带，扰害益甚。"康熙帝着手积极备战，加强东北边防。康熙十五年，康熙帝决定把宁古塔将军衙门移至吉林乌拉（今吉林市），倚江畔，"建木为城"。调来新旧满洲八旗兵2000人，徙关内直隶各省的"流人"数千户来此定居，主要任务是建造战船，囤积粮草，并营建水师营，"日习水战，以备老羌（指沙俄）"。康熙帝显然是把吉林作为反击沙俄侵略的战略基地。

康熙二十一年（1681年）春，吴三桂刚被镇压，康熙帝长途跋涉，亲自"省观"吉林，"巡视边疆，远览形胜"，为反击沙俄做好动员，在军事方面进一步做好准备。康熙帝还接见了宁古塔将军巴海、副都统萨布素等高级将领，听取他们的报告，直接了解防务和沙俄入侵的最新事态，康熙帝下定决心向沙俄发起反击。当年五月初，康熙帝返回北京，他曾对廷臣们说："征剿罗刹似非甚紧要，而所关甚巨。罗刹扰我黑龙江、松花江一带三十余年，其所窃据距我朝发祥之地甚近，不速加翦除，恐边徼之民不获宁息。"他力排众议，当即做出征剿沙俄的决定。他先派遣副都统郎坦、彭春等率200余人的小股部队，前往黑龙江侦察敌情。行前，康熙帝密授机宜：此行以"扑鹿"为名，迷惑沙俄侵略军，使侦察得以顺利进行。其次，要详细考察黑龙江陆路远近，至额苏里水路里数。最重要的是直抵雅克萨城下，"勘其居址形势"。年底，郎坦等顺利完成侦察任务，向康熙帝报告说："攻取罗刹甚易，发兵三千足矣。"康熙帝深谋远虑，当即采取如下措施：调取乌拉、宁古塔兵1500人，并携带红衣大炮、鸟枪等，由宁古塔将军巴海、萨布素率领至黑龙江；在瑷珲、呼玛尔两处"建立木城"，与沙俄"对垒"；备足军粮，令科尔沁十旗和锡伯、乌拉地区官庄提供12000石粮食，足够3000人部队3年之用。

清军在驻地，即行屯田耕种，再由索伦人接济牛羊。为保证长期粮饷供应不断，康熙帝又指令开辟辽河、松花江与黑龙江的水陆联运。这就从根本上解决了运饷的困难，保证反侵略战争的最后胜利。从长远看，康熙帝的措置对开发东北也有重大意义。

康熙二十四年二月，萨布素提出攻取雅克萨的作战计划：预定四月水陆并进，沙俄不投降即攻城，如攻取不成，则遵旨"毁其田禾以归"。康熙帝批准了这个计划，又任命都统公彭春任统帅，增派副都统班达尔善、马喇及善使水师的建义侯林兴珠等参赞军务。从京师、东北及河北、山东、河南、山西等省调来八旗官兵，另从福建调来藤牌兵400人，共计兵力近3000人，先集结于瑷珲。康熙帝还考虑到前线与朝廷之间要保持军事畅达而迅速，特指示自齐齐哈尔（墨尔根）至雅克萨之间设立驿站，令杜尔伯特与扎赉特两旗派兵500人和量拨索伦兵分驻各驿站，负责传递军情。在康熙帝的精心筹划下，军事部署已是十分完备。四月二十八日，彭春、萨布素统率清军直取雅克萨，六月初沙俄遭到沉重打击，被迫出城投降，胜利的捷报已飞送京都。康熙帝当即指示："雅克萨虽经克取，防御断不可疏，应于何地驻兵弹压，此时即当定议。"经议，清军毁雅克萨城，分别撤至黑龙江城（瑷珲）、墨尔根两处筑城屯种。清军撤离雅克萨不久，沙俄派遣拜顿率援军已赶到尼布楚。七月初，他汇合托尔布津的残兵败卒共500余人，再次返回雅克萨据守。康熙二十五年（1686年）初，萨布素紧急上奏。二月，康熙帝明令，"速行扑剿"。五月末，萨布素率部攻击雅克萨城，沙俄军损失严重，头目托尔布津被击毙。清军继以围困沙俄军长达5个多月，至严冬沙俄军只剩下150余人。这时，沙俄被迫遣使来华求和。康熙帝下令清军解围，第二次反击沙俄之战以胜利告终。

康熙二十八年，根据双方达成的协议，双方使臣会于尼布楚谈判边界问题。康熙帝规定划界的原则，说："朕以为尼布楚、雅克萨、黑龙江上下，及通此江之一河一溪，皆我所属之地，不可少弃之于鄂罗斯。"清方代表索额图等坚持康熙帝的指示，顽强谈判，屡屡戳穿俄方诡计。康熙帝为促使和平尽快实现，在领土问题上做出了让步，终于在七月共同签署了《尼布楚条约》，确定了中俄东北一段的边界线。从此，我国东北地区获得了150余年的和平时期。

5. 亲征出塞，维护大统

正在清军反击沙俄强盗时，我国西北又遭准噶尔部的入掠，康熙帝采取一系列的政策和措施，平息噶尔丹，为安定北疆、巩固多民族的国家，做出了巨大的努力。

额鲁特四部蒙古之一的准噶尔部，游牧于伊犁河流域，在清兵进关全力对付南明和农民军时，无暇北顾，趁机"雄长西北"，对清朝"间通使，间为寇"。准噶尔部强大起来了，四出剽掠，搅乱草原的安宁，蒙古各部无不受其影响。噶尔丹夺取准部的统治权，就吞并了各部的大片领地，势力猛增，到康熙十七年，已控制了天山南北，远及青海与西藏。次年，噶尔丹自称"博硕克图汗"，并投靠沙俄，企图借沙俄的力量实现他的政治野心。沙俄在侵略黑龙江的同时，又侵入到喀尔喀蒙古地区，占领了我国贝加尔湖直至石勒喀河的广大领土，并插手蒙古内部的纷争，挑拨和引诱他们脱离清朝。康熙十三年以后的10年间，噶尔丹几乎年年派使者前往俄国，乞求军事援助。沙皇给予了噶尔丹鼓励和支持，噶尔丹更加大胆地在广阔的草原上采取军事行动，并把进攻的矛头指向了喀尔喀蒙古。

康熙二十六年九月，噶丹尔率三万铁骑，向喀尔喀发动了全面进攻，实际是向清朝宣战。仅1年多的时间，喀尔喀3部，即札萨克图汗、车臣汗、土谢图汗都被击败，它们的王公贵族和数十万牧民无法立足，尽弃财产南下，逃入漠南（今我国内蒙古地区）境内。这时，康熙帝派出的边界问题谈判团前往色楞格斯克，路经喀尔喀境，所见"喀尔喀国男妇驼马络绎南奔，不下万数，若有蹑其后者"。几天后，只见"南徙者蔽地而来，前后相，六十余里，马少驼多，挽驼者皆妇人"。由于缺乏饲料，"遗弃牛马死者相枕，臭闻数里"。噶尔丹吞并喀尔喀3部，破坏了清朝多民族统一的国家和领土的完整，康熙帝迅速做出了决策：安顿溃逃的喀尔喀部民，命尚书阿尔尼等调拨归化城、独石与张家口两处仓储粮食，赐给茶、布、牲畜10余万，进行紧急救济；指令科尔沁划出部分水草地，暂供其游牧。康熙帝向噶尔丹发出通告，令其西撤，归还侵地。康熙帝还召见在京的沙俄使臣，就此提出了严正的警告，但无论噶尔丹还是沙俄都拒不接受警告。继而，噶尔丹还以追喀尔喀为名侵入乌尔会河一带。康熙二十九年，噶尔丹率军两万，一直深入到距京师仅700里的乌兰布通。噶尔丹"其志不在小"，已暴露出窥视中原之意。

同年六月，康熙帝下诏亲征，以裕亲王福全为抚远大将军，率左翼军出古北口；以恭亲王常宁为安北大将军，率右翼军出喜峰口。当噶尔丹深入到乌兰布通时，康熙帝命右翼停止进兵，改命康亲王杰书等屯归化城，截其归路。八月初一，清军与噶尔丹军在乌兰布通展开决战，激战一整天，大破噶尔丹军数万人。噶尔丹卑词乞和，康熙帝不允，命令"速进兵，毋堕贼计。"果然，噶尔丹连夜北逃，清兵追赶不及。八月下旬，康熙帝趁噶尔丹败逃之际，加紧整顿喀尔喀各部，巩固清政府的管辖，以便孤立噶尔丹。康熙三十年，康熙帝决定在上都多伦诺尔举行会盟，传知喀尔喀各部及漠南蒙古49旗王公贵族齐聚会盟之地。在这里，康熙帝连续举行召见、宴会、会盟、阅兵、赏赐、裁决等非常庄严的仪式和步骤，显示了清朝作为中央政府的绝对权威。康熙帝宣布将喀尔喀各部与内蒙古49旗一例编设，共分34旗，"其号亦与四十九旗同"。康熙帝以此会盟的形式，恩威并施，迅速地安定了喀尔喀，并从体制上调正和明确了它的内部关系，也增强了对噶尔丹作战的力量。五月六日，会盟结束，康熙帝回到北京。

噶尔丹逃跑后，派人去莫斯科求救。沙皇答应："至青草出后，助鸟枪手一千及车装大炮，发至克鲁伦东方界上。"康熙帝仍在争取噶尔丹，康熙三十三年，约其来会盟，遭到拒绝，派去的使臣也被杀害。康熙帝知噶尔丹毫无悔改之意，便略施一计——密令科尔沁土谢图亲王等伪降噶尔丹，答应为内应，夹攻清军，以此引诱其出动。康熙三十四年，噶尔丹果然亲率 3 万骑兵，沿克鲁伦河而下，进至巴颜乌兰屯驻。康熙三十五年春，康熙帝再次统帅八旗劲旅出征。兵分 3 路，康熙帝自将中路，开赴瀚海以北，约期夹攻。行军 70 余日，士马馁困。康熙帝与将吏"同其菲菜，日唯一餐，恒饮浊水，甘受劳苦"。途中传来沙俄助兵的消息，有的将吏提出暂缓进军，大学士伊桑阿等力主请回师。康熙帝很生气地说："朕祭告天地宗庙出征，不见贼而返，何以对天下？且大军退，则贼尽锐往西路，西路军不其殆乎？"挥军疾趋克鲁伦河，康熙帝"手绘阵图，指示方略"。噶尔丹闻讯，登山遥望清军军容甚盛，见有御营黄幄龙纛，知道康熙帝亲征，顿时丧胆，急令拔营逃遁。次日，清军赶到克鲁伦河，对岸已不见一帐。康熙帝亲率前锋追赶 3 天，至拖诺山，也没追上叛军，便下令回师。此后，噶尔丹奔逃 5 昼夜，至昭莫多，却与清西路军遭遇。大将军费扬古分兵埋伏于周围树林，将噶尔丹引诱到伏击圈内，进行围歼。这一仗消灭叛军万余人，噶尔丹仅"引数骑逃去"。六月，康熙帝驾还京师。

噶尔丹昭莫多一战，全军覆没，一蹶不振。他在伊犁的老巢，已被他的侄儿所夺占。由于他的暴虐统治，新疆、青海部民都背叛了他。他到处流窜，无处安身。康熙帝还希望他悔过自新，特命理藩院自独石口至宁夏设驿馆，召其主动投顺，但他拒绝了康熙帝的宽宏政策。于是，康熙三十六年，康熙帝第 3 次亲征，给噶尔丹以最后的一击。噶尔丹残部不过 500 至 600 人，一听说清大兵将至，纷纷前去投降，还带路追捕噶尔丹。同时，他的侄儿策妄阿拉布坦拥劲兵，准备活捉他。噶尔丹众叛亲离，沙俄也抛弃了他，他惧怕被擒，便服毒自杀。历时 8 年的噶尔丹的武装进掠被彻底粉碎了。

康熙帝对平定后的准噶尔部，采取了非常宽大和笼络的政策。他继续坚持满蒙贵族联姻的传统做法，把宗室之女嫁给准噶尔王公贵族。噶尔丹之子色布腾巴尔珠尔被俘时是一个未成年的少年，康熙帝予以"恩养"，授为一等侍卫，康熙五十四年，将宗室觉罗长泰之女嫁给他，并授为"镇国公婿"。噶尔丹之侄孙丹津阿拉布坦于康熙四十一年来朝降清，康熙帝即优礼相待，封为多罗郡王。康熙帝的这些亲善措置，对准噶尔部起了安抚与稳定的作用，使他们同清朝保持着密切关系。

康熙帝晚年，噶尔丹之侄策妄阿拉布坦又兴兵作乱，侵入西藏，大肆抢掠。满汉大臣都以路远为由，不同意进兵西藏。而康熙帝断言道："朕意此时不进兵安藏，贼寇无所忌惮，或煽惑沿边诸番部，将作何处置耶？故特谕尔等，安藏大兵，决宜前进！"康熙五十九年八月，康熙帝令清军护送达赖七世进藏，大破叛军，西藏很快稳定下来。

康熙帝决策并统帅大军3次出塞，消灭了侵扰边境的乱军，进一步统一和巩固了我国多民族的国家，有力地捍卫了西北和北部边疆的领土完整。这是康熙帝创立的又一大业绩。康熙帝的英明与伟大，甚至不计"万乘之尊"，与将士同甘苦，勇于实践，可谓我国历代帝王的典范和楷模。

6. 开创盛世，万民景仰

康熙帝在位的六十一年，是"康乾盛世"的开创和呈现空前繁荣局面的年代，这标志着封建经济取得了全面的进展。康熙帝在经济领域的建树，为"盛世"确立了稳固而坚实的物质基础。

顺治时期，是在战争持续进行的情况下，对财政采取了某些应急措施，使经济状况有所好转。但是，明清（后金）长达近半个世纪的战争和明末农民战争，加之明末统治阶级横征暴敛，社会经济遭受到了极大的破坏。康熙帝即位初年，这种情况依然存在。时为少年的皇帝也感叹："民未获苏息，正赋之外复有加征，小民困苦，朕心实为不忍。"

康熙六年（1667年），14岁的康熙帝对吏部各部门发出指示，其中写道："民为邦本，必使家给人足，安生乐业，方可称太平之世。"以后，他不断阐述这一基本思想，显然，这是他追求的治国目标。封建经济的基本问题是土地。康熙八年，他亲政之始，便下达禁止圈地的命令："朕缵承丕业、义安天下，满汉军民原无异视。比年以来，复将民间房地圈给旗下，以致民生失业，深为可悯。自后圈占民间房地永行停止，其今年所已圈者，悉令给还。"这场公开掠夺民地的暴行，延续多年之后，终于被永久禁止。康熙帝这一措施颇得民心，社会也得到安定。

康熙即位后，鼓励垦荒的政策才提到了重要的议事日程上。康熙元年，下了一道严令：各省荒地"限自康熙二年始，五年垦完。六年秋，请旨遣官严查。各省垦过地亩，如荒芜尚多，督抚以下分别议处"。这以后。康熙帝又规定了具体条例，把垦荒和人口增加与否，作为考核各级官员升降奖罚的基本依据。康熙帝说得好："自古国家久安长治之谟，莫不以足民为首务，必使田野开辟，盖藏有余，而又取之不尽其力，然后民气和乐，聿成丰亨豫大之休。"康熙帝着力于"劝垦"，正是为国家的长治久安积蓄丰厚的物质财富。

康熙帝为了调动农民归乡、垦荒的积极性，一再放宽起科的年限。开始时，一般都定为垦荒 3 年起科；康熙十年又延至 4 年，再改为 6 年；十二年十一月，康熙帝又指示："嗣后各省开垦荒地，俱再加宽限，通计十年，方行起科。"随着经济状况的好转，起科年限又有所缩短，各省规定不尽相同，一般 3—5 年不等。到康熙帝后期，"国用已足"，对一些新垦荒田仍"不事加征"。垦荒政策贯彻康熙帝执政的始终。广大农民受到鼓励，并得到垦荒的实惠，生产的积极性随之而提高了。

康熙帝一直很重视兴修水利，认为兴修水利与发展农业生产息息相关，并将其视为自己执政的一件大事，直到去世，始终没有放松过对水利的整治。黄河、淮河等为害最大，连年决口。据统计，在康熙帝执政的最初十五年内，黄河决口达 69 次，平均每年决口 4.6 次。黄、淮每次决口都给中原产粮区和江南苏、松等富庶之区造成惨重的经济损失，直接危及清政府的财政收入，影响到局势的稳定。康熙十五年，康熙帝决心治黄，务求"一劳永逸之计"。康熙十六年，康熙帝选中才能卓著的治河专家安徽巡抚靳辅继任河道总督。在全力平吴叛乱、国家经济相当困难的情况下，康熙帝不为廷臣议论所左右，全力支持靳辅整治黄河的大修计划，拨给治河经费 250 余万两，此后，每年拨 300 余万两。在康熙帝的严督下，靳辅尽心主持河务，历六年之艰辛，使黄河、淮河尽复故道，水患顿消。康熙帝高兴地说："河道关系国计民生，最为紧要。今闻河流得归故道，深为可喜。以后益宜严愍，勿致疏防。"康熙二十三年十月，康熙帝南巡，首次阅河工，并召见靳辅，高度评价他治河的功绩，即兴赋诗一首，还嘱他大功告成时，将治河事写成书，赐书名《治河书》，以"垂之永久"。自这年始，至四十六年，康熙帝曾 6 次亲自视察河工，实地考察，指授治河方略，对治河起到了领导与指导的重大作用。治黄淮，兴水利，是康熙帝的一项重大成就。

康熙帝在执政 51 年时，总结了自己的治绩说："朕宵旰孜孜，勤求民瘼，永唯惠下实政，无如除赋蠲租。"蠲免钱粮，是他"轸念民生"的具体体现，也是他对自己颇为满意的一大"实政"。康熙四十四年，据大学士统计，自康熙元年以来的 44 年间，全国所免钱粮总数共 9000 余万两。至四十九年，据户部奏，蠲除之数"已逾万万"。特别是，就在这一年，康熙帝宣布：从明年即康熙五十年始，在 3 年以内，将全国各省钱粮"通免一周"。决定先蠲免直隶、奉天、浙江、福建、广东、广西、四川、云南、贵州九省钱粮。至于五十一年、五十二年"应蠲省份，至期候旨行"。康熙五十一年十月，已统计 3 年之内，"总蠲免天下地亩人才新征旧欠，共银三千二百六万四千六百九十七两有奇"。康熙帝在执政 50 年时说过："每思民为邦本，勤恤为先，政在养民，蠲租为急。"他把蠲免看成"古今第一仁政"。

　　康熙五十一年二月，康熙帝向全国宣布："滋生人丁，永不加赋。"即以五十年全国人丁数为准，"勿增勿减，永为定额。其后所生人丁，不必征收钱粮，编审时止将增出实数查明，另造清册题报。"康熙帝大胆取消新增人丁的人头税，这是历代所未曾有过的一桩带有根本性的大事。这一宣布，标志着当时的经济已达到高度繁荣的程度！康熙帝的这一重大政策的转变，还预示着解放生产力，促进人口与经济的迅速增长。至康熙帝晚年，全国耕地面积大幅度上升，人口也由数千万骤增至一亿数千万。

　　康熙帝是清入关后的第二代皇帝，在他刚刚从武力取天下转入和平建国时期，大力倡导汉族的传统文化，并率先示范，把自己所学与为政紧密地结合起来，孜孜求治，取得了先辈们所不曾有过的业绩；同时，又把自己造就成一个多才多艺的人才，这在中国历代皇帝中确属罕见。康熙帝重视文化，倡导并率先学习各种知识，除了学习中国典籍，他还以极大的热情学习西方科学知识，如几何学、静力学、天文学以及哲学、医学，无所不学。他在西方学者如南怀仁、徐日升等人的指导下，很快掌握了这些知识。他还有兴趣学习西方乐理，学会使用乐器。西方传教士引入的科学仪器，他都热衷于操作，亲自应用仪器测量高度、距离。在当时，他可以称得上是一位学贯中西的学者。当然，在他所学的知识中，他最重视的是儒学，他推崇程氏兄弟和朱熹的理学。他深入研究，不断阐发其微言大义，自成一家之言，成为理学的权威。他组织编纂如《朱子全书》《周易折中》

《性理精义》等书，亲自为序，阐明他的见解。

康熙帝崇儒重道，孜孜于圣贤之学，朝野上下，乃至思想文化界纷纷仿效，一时成为风气。深有造诣的经学家、理学家、思想家、史学家、科学家、文学家不断涌现出来，他们一系列的成就，标志着封建文化开始攀登上一个新的高峰，显示了空前昌盛的景象。康熙帝热心学习各种知识，包括西方科学知识，是他从一个帝王的立场出发，要使自己成为万民景仰的绝对权威，以驾驭群臣和人民，俯首听命。康熙帝把自己精心学到的儒家伦理应用于治道，取得了完全成功。他为政主张"见诸实行，不徒空谈"。他自己这样做的，也要求大小臣属这样去做。他认为唯有"实心行实政而已"。臣属每逢国家庆典对他称颂、上尊号，祝寿，这些都为康熙帝所拒绝。群臣准备为他庆 70 寿辰，这最后一次的请求也被康熙帝拒绝了。

康熙帝去世前，留下遗诏，曾说到他一生的辛苦："自御极以来……孜孜汲汲，小心谨慎，夙夜不遑，未尝少懈。数十年来，殚心竭力，有如一日，此岂'劳苦'二字所能该（概）括耶！"他总结了自己的一生，深感"为君者勤劬一生，了无休息之日"。短短几句话，是他 61 年勤政的写照。康熙帝曾对心腹之臣高士奇表露他的苦衷："朕于政事无论大小，从未草率。每在宫中默坐，即以天下事经营筹划于胸中。"这又反映他勤于思考，处事深思熟虑的严谨作风。

康熙六十一年（1722 年）十一月初七，康熙帝去世，年寿 69，葬于景陵。庙号"圣祖"，尊谥为"仁皇帝"。

第八讲 一代天骄雍正帝

雍正帝，名胤禛，康熙帝的第 4 个儿子，康熙十七年（1678 年）十月十三日出生。

胤禛 6 岁进尚书房，稍长，便跟随康熙帝四出巡幸，并奉命办理一些政事。19 岁，随从康熙帝征讨噶尔丹，掌管正红旗大营，又往遵化暂安奉殿祭祀孝庄文皇后。21 岁受封为贝勒。22 岁侍从康熙帝视察永定河工地，检验工程质量。25 岁，随同康熙帝巡幸五台山，次年侍从南巡江浙，对治理黄河、淮河工程进行验收。32 岁，始封为雍亲王。44 岁，正是康熙帝登基 60 周年大庆，他奉命往盛京祭告祖陵，回京参加贡士会试试卷复查事务，冬至时遵命代康熙帝南郊祭天。45 岁，清查京、通两仓，又秉命冬至祭天。胤禛的这些活动，对他来说有两重意义，一是多次随从巡幸、外出代办政务，足迹遍于中国主要地区，有机会取得有关民事的第一手资料；二是观察了康熙帝如何处理政事，考查了地方行政和吏治，锻炼了处理某些政事的能力，获得了一些从政的经验。这两个方面，对于雍正帝日后治理国事，都有极为可贵的实际意义。历史为证，雍正帝胤禛可谓一代天骄，即我国一位杰出的历史人物。

1. 储位纷争，终继皇位

康熙十四年（1675 年），允礽立为皇太子，后成一大政治势力，野心继位，便与父皇发生权力冲突。四十七年，康熙帝一气之下将其废黜。诸皇子乘机谋取储位，皇长子允禔率先行动，受到康熙帝的指责，后又支持皇八子允禩。允禩早与皇九子允禟、皇十四子允禵联结，以行仁义收揽人心，被朝臣举荐为皇储。康熙帝对允禩本有好感，但因他谋求储位转为不满，予以摈斥。

四十八年（1709 年），康熙帝为了平息诸子之争，再立允礽，同时封诸子为亲王、郡王、贝子，胤禛就是在这种情况下被封为雍亲王的。胤禛虽也参与了这场争斗，不过不为自己夺嫡，而是向康熙帝说允礽的好话，又同时与允禩保持联系。当康熙帝因废太子伤心而生病时，胤禛自愿留在父皇身边伺候，请医调治。胤禛八面玲珑，处处做好人，表现出政治上的早熟与圆滑。

再立后的允礽，为了巩固储位又重操非法活动，再次引起父皇不快，又于五十年（1711 年）第二次被废黜。此后，不断有朝臣为允礽复位奔忙，均遭康熙帝处罚。皇太子的空位，康熙帝却未令人替补，惹得诸皇子为之大动心机。

在诸皇子明争暗斗之中，胤禛表现的方式却多少与众不同。胤禛深知，此时谁活动有力，谁就可能谋得太子地位。他要想方设法取得父皇的宠爱；以废太子虐待昆季为戒，妥善处理好弟兄间的关系；要加意联络百官，尤其对康熙帝身边的大小臣僚多下功夫；大力培植雍邸人才，作为筹建江山的基干。胤禛采取两面派活动手法，外弛而内张，哄骗康熙帝、政敌和百官，取得效果，毫不让人。康熙帝命他参加一些政务活动，还屡次去他的花园，与家人团聚，又召见胤禛的儿子弘历（乾隆帝），带到宫中养育。胤禛建立了一个小集团，其中有理藩院尚书、步军统领隆科多、川陕总督年羹尧等人。

康熙帝晚年，储位久虚，但对允禵、胤禛有所偏重，看来两人之中必选一个。康熙六十一年（1722 年）十一月十三日，皇帝病故，胤禛宣布圣祖遗诏："雍亲王皇四子胤禛人品贵重，深肖朕躬，必能克承大统，著继朕登基，即皇帝位。"雍正帝胤禛继位不久，社会上便流传雍正帝篡改康熙帝遗诏的说法"圣祖皇帝原传十四阿哥允禵天下，皇上将'十'字改为'于'字"篡夺的位。康熙帝是否遗命允禵嗣统？这种传说确有令人生疑之点。清朝制度，称皇帝的儿子必冠以"皇"字，如称十四子必云"皇十四子"，若改遗诏"十"字为"于"字，则诏书文字应成为"皇于四子"，于文理不通，雍正帝怎能以此明目昭彰的做伪夺位呢？从现在的资料看，说康熙帝要传位雍正帝或允禵，都缺乏足够的证据。但是按照康熙帝遗愿胤禛合法继位的说法较为可信，45 岁的胤禛终于做了皇帝。

储位之争长达十几年，你死我活，把一部分贵胄、官僚、文人以及西洋传教士卷了进去，这预示着储位之争不会随着胤禛的继位而彻底结束，胤禛还必须把这一斗争继续进行下去，这无疑会直接影响到雍正年间的朝廷政治。

2. 兴利除弊，实心实政

雍正帝曾说："朕在藩邸四十余年，凡臣下之结党怀奸，夤缘请托，欺罔蒙蔽，阳奉阴违，假公济私，面从背非，种种恶劣之习，皆朕之深知灼见可以屈指而数者，较之古来以藩王而承入大统，如汉文帝辈，朕之见闻更过之。"雍正帝在康熙后期参与了储位斗争，也形成了他对社会政治的看法。他深知康熙后期的社会问题，如朋党斗争；吏治不清；依靠实行富民政策，加剧了贫富矛盾；西北用兵不停，需要继续解决与准噶尔部的矛盾；国帑空虚。他针对现实，结合自己的议想，提出了他的政治纲领。

雍正帝在即位的当月，谕令大学士、尚书、侍郎："政事中有应行应革能裨益国计民生者，尔等果能深知利弊，亦著各行密奏。"紧接着，在雍正元年（1723 年）元旦，给地方各级文武官员分别发布的上谕中，讲古代纯臣，皆"兴利除弊，以实心，行实政"，发出为国计民生进行兴利除弊的政治改革的号召。他的改革思想包含如下：

一、反对因循苟且。雍正帝针对"多一事不如少一事"的思想，主张"着意搜剔"，把攻击这是"多事"的人斥为"浅见无知辈"。他反对因循守旧，是为清除改革道路上的思想障碍。

二、整顿吏治，以利民生。雍正帝表明企图通过整顿吏治，达到富国裕民的目的。

三、反对朋党。雍正帝深知朋党的危害，各行其是，破坏朝政统一，损害君主权威。所以他说"朋党最为恶习"。表明他为澄清政治、医治痼疾的决心。

雍正帝政治思想的一个重要的核心内容是兴利除弊的改革思想。此外，他认为"有治人无治法"，以为好的君主和官吏就可以把政治办好，这是他的基本观念。他主张"为政务实"，即从实际出发，踏实地办事，这是他的思想灵魂。他主张施政严猛，要有雷厉风行的办事作风，这是他施政的策略思想。这一政纲，需要制定者有相应的施政智能和气魄，方有可能实现，雍正帝恰是这样的君主。

雍正帝具有刚毅的性格。他教导臣下："世间事，要当审择一是处，力行之，其余利害是非，概弗左盼右顾，一切扰乱阻挠，不为纤毫动摇。操此坚忍不拔之志以往，庶几有成。"他倡言要树立坚忍不拔之志，自己就是这样实践的。他强烈反对优柔寡断的性格和作风，主张办事不怕艰难，不怕阻挠，认准了就干。

雍正帝的刚毅果断，一并同他的急躁毛病连在一起。康熙帝批评自己幼年的"喜怒不定"，自以为他到成年改正了，其实并不彻底。康熙帝又将"戒急用忍"书写出来，作为座右铭。

雍正帝勤于政事，自云年富力强，可以"代理大学士所应为之事"，要把国家元首和行政首脑两重职务都兼起来。他治理朝政，自朝至暮，少有停息，大致上是白天会见臣下，议决和施行政事，晚上批览奏章，常至深夜。他特别认真，臣下题本的错字，重复汇报的内容，都在他精细审视下检示出来。因为勤政，加上一套有效的行政办法，所以他办事迅速，这也是他刚毅性格的表现。

雍正帝，一是较了解下情，也了解自己；二是建立在了解下情的基础上的改革政治的抱负，以及改革的内容、范围和深度；三是处理政事的实际能力。这是雍正帝的才能表现在政治上的三点，他的才能紧紧地与他的政治思想、政治实践联系在一起。

雍正帝的坚毅性格，使他勇于冲破反对势力的阻挠，坚定地实行他的改革政策。他的刚强果毅，产生雷厉风行的作风，办事迅速，讲求实效。他的急躁使他的果断不能完全建立在对客观事物深入认识的基础上，在有的问题上陷入盲目性，犯了轻举妄动的毛病。自信心有助于他坚强果敢，但自信太过，容易阻碍言路，影响政治的改革。雍正帝的性格与他的政治也有密不可分的关系。

雍正帝也有争得皇位后遗留的一系列问题，他不想放过政敌允禩等人，允禩等人也绝不甘心失败，所以双方的斗争在雍正帝继位后延续下来，只不过斗争的方式、性质有异于康熙朝罢了。

雍正帝于雍正二年（1724 年）对诸王文武大臣说："尔等大臣内但有一人，或明奏，或密奏，谓允禩贤于朕躬，为人足重，能有益于社稷国家，朕即让以此位，不少迟疑。"当皇帝的这番话，却被迫无奈，故作姿态，以此威迫众人的尊奉。雍正帝决定采取清除政敌、改革政治等措施，强化君权，树立自己的权威，克服初政的某种危机，巩固政权。

雍正帝对允禩、允禟集团采取分化瓦解、各个击破的方针，有计划、有步骤地打击，直至消灭政敌。康熙帝去世的第二天，雍正帝即封允禩为廉亲王，任命为总理事务大臣，先后让他掌管理藩院、工部事务，又任命允禩的支持者大学士马齐也为总理事务大臣，将允禩党人贝子苏努晋爵贝勒，将其子勒什亨委署领侍卫内大臣。雍正帝对这个集团的另一些成员则采取严厉的态度，一即位就征召允禵回京，削夺王爵，囚禁于遵化景陵，将允䄉驱逐到西大通（今青海大通县东南）抄家监禁。这就使该集团首领分散于各地，联合不到一起，完全丧失东山再起的条件和机会。雍正帝这样处置政敌恰到好处。

雍正帝的胜利主要是在政治上、组织上击败了政敌，而在思想领域，在舆论上，却没有达到这一目的。有人说他"凌逼弟辈"，惩处诸兄弟是"报复私怨"。翰林院检讨孙嘉淦为此上条陈，要求雍正帝"亲骨肉"。当时舆论较强烈，雍正帝不予反驳，只表示那是对他的人身攻击，并不追查造言人，对孙嘉淦还加以鼓励，提升他为国子监司业。事情还不局限于舆论，更有人利用为制造政治事件，这就是"曾静投书案"。曾静是汉族贫苦读书人，具有"尊华夏贱夷狄"的思想，希望恢复汉人的统治，改善穷苦人状况。他听说雍正帝失德诸事，认为这是可以利用的反对清朝的理由，乃于雍正六年（1728年）派弟子张熙到川陕总督岳钟琪处下书，策动他造反，为汉人复仇。他在书中宣布雍正帝十大罪状，即"谋父""逼母""弑兄""屠弟""贪财""好杀""酗酒""淫色""怀疑诛忠""好谀任佞"。把允禩党人散布的关于雍正帝继位的言论汇集起来，作为重型炮弹攻击雍正帝。这时雍正帝已度过初政权力不稳的阶段，力量也增强了，就利用曾静提出的问题，寻找攻击他失德的言论制造者，以便进行一场公开的辩论，挽回他的名声。经过追查，根源果然是允禩集团中的人。

雍正帝指出：允禩、允䄉的"奴隶太监，平日相助为虐者，多发遣黔粤烟瘴地方，故于经过之处，布散流言。而逆贼曾静等又素怀不臣之心，一经传闻，遂借以为蛊惑人心之具耳"。雍正帝决心挽回自己的被动局面，迭发上谕，再次宣布允禩集团罪状，讲解储位斗争以来的历史，极力为自己洗白。他就曾静所列罪状，逐条辩解。他深知那些指责中关键是继位问题，特别详加解说。因为关于他"失德"的说法已散布在民间，他就想让他的辩词也家喻户晓，于是把他关于曾静一案的上谕编辑在一起，附上曾静的口供，集成《大义觉迷录》，颁行各府州县，命地方官向民间宣讲。所以《大义觉迷录》成为雍正帝嗣位及初政的宣传品。

看来雍正帝通过曾静案，对储位和皇位斗争的是非做了一个总结，宣布思想上和舆论上的胜利，但是实际上并没有得到这个最终的效果。

3. 财政民政，整体改革

雍正帝将财政民政作为一个整体，统筹考虑，推进了改革的步伐。

首先，清查亏空。雍正帝深知贪官污吏的舞弊、钱粮短缺的严重，决心整饬吏治，清查钱粮，并在即位的第一个月就下达了清理命令，从中央到地方都在行动。户部查明了亏空 250 万两，雍正帝责令该部历任堂官、司官和部吏赔偿 150 万，另 100 万由户部逐年弥补。内务府官员李英贵等人冒支正项钱粮 100 余万两，雍正帝抄他们的家产来抵偿。地方上的清查在雍正元年就被革职查封家产的地方大员很多，其中有湖广布政使张圣弼、湖南按察使张安世、江苏巡抚吴存礼、布政使李世仁、江安粮道王舜。原山西巡抚苏克济被人告发贪赃 450 万两，雍正帝抄没其家产外，责令其家人赵七，帮助赔补 20 万两。严厉的清查，经过 3 年，取得相当效果，中央的清理基本结束，一些省区，如直隶、河南、山西等省弥补了亏空。有些省份虎头蛇尾，企图草草了结，雍正帝对此下令展限 3 年，务期彻底搞清，否则重治督抚之罪。

再则，实行耗羡归公及养廉银制度。康熙末年有人提出整治滥收火耗和改变它的用途的建议，认为耗羡，即抵补实际损耗后的盈余，除允许州县官动用一部分外，其余的归省里，用作公共事务。康熙帝不赞成，他认为征收火耗原是地方官的私事，若允许他部分归公用，就是中央政府承认此项征收是合法的，他本人将落个实行加派的罪名。雍正元年，山西巡抚诺岷请求将该省各州县耗羡银全部上缴布政司，一部分用作抵补无着落的亏欠，一部分给官员做养廉（以州县所收田赋加耗抵补实际损耗后的盈余，规定以一部分归州县官吏所有，名"养廉"）银。这是全面实行耗羡提解的办法，雍正帝当即批准实行，并在全国推广山西的做法。"耗羡提解"是要制止官吏乱征附加税，降低火耗率，以减轻税民负担。雍正帝对于耗羡率，只许减少，不许增多。他说，如地方官员"于应取之外，稍有加重者，朕必访闻，重治其罪"。耗羡归公后，各地火耗率与实行前相比发生了变化，大多数地区耗羡率降低在正额钱粮的1—2成之间，比原来的高耗羡率有了一定程度的降低，扭转了地方官狂征滥派的严重情况。此后，雍正帝规定它的用途为给官员的养廉银，弥补地方亏空，留作地方公用。在雍正朝，由于清查亏空和实行养廉银制度，官场确实较前清廉。

三则，实现摊丁入粮制度。清朝的徭役，无田穷民不堪负荷，有田有势的又勾结官吏规避，就此有的官员看到贫富差役不均，便提出了改革的办法，没有被康熙帝批准。雍正帝即位后就面临这个棘手的问题。

山东巡抚黄炳，他看到人丁逃亡日趋严重，雍正元年六月首先提出"摊丁入亩"倡议，一个月后直隶巡抚李维钧发出同样的呼声。雍正帝认为，"摊丁之议，关系甚重"，备后再办，因而始则责备黄炳"冒昧渎陈"，继而把李维钧奏折交户部讨论。户部同意李维钧的条陈，雍正帝仍不放心，又让九卿詹事科道共议，有人就摊丁提出异议，因田亩有大小好坏之别，怕摊得不均。雍正帝遂命李维钧详细规划具体办法，要做到对国课无损，于穷黎有益。李维钧遵命筹划，准备把地亩分为三等，丁银按地亩等级摊入，不至于好坏地负担不均。十一月，雍正帝认为他"筹度极当"，办法完善，就命他于下年开始实行，并命黄炳向直隶学习其具体办法，以便推行。这样，摊丁入粮的大事，经过半年的讨论，就定下来了，在全国次第实施。

四则，推行士民一体当差的政策。绅衿享有法定的豁免杂项差徭的权利，还谋求种种非法特权。雍正帝痛斥那些"荡检踰闲不顾名节"士人的种种不法罪行：他们"出入官署，包揽词讼"，勾结地方官，分享政府的司法权；"武断乡曲，欺压平民"，称霸乡里；"抗违钱粮，藐视国法"；"代民纳课，私润身家"，即揽纳钱粮，加以侵吞。绅衿合法和非法的权利，造成平民与绅衿的对立，他们的不法行为，同政府的法令和权力也发生冲突。他们腐蚀各级官员，是产生吏治败坏的一种社会因素。封建国家要保持它的机器的正常运转及统治的稳定，就必须与不法绅衿做斗争。雍正帝看到问题的症结，于雍正二年二月，下令革除标志绅衿特权的"儒户""宦户"名目，不许他们借此营私不法。为此，雍正帝颁行了一系列的具体政策。

雍正元年，河南巩县（今为巩义市）知县张可标发布告示，令"生员与百姓一体当差"，次年，豫抚田文镜把这种办法推广到全省。严禁绅衿包揽钱粮；严禁绅衿驾词兴讼；严禁生员罢考。

五则，制定主佃关系法令。绅衿不法，虐待佃户尤甚，雍正帝在处理主佃关系上，也注意打击不法绅衿。雍正五年，田文镜上疏，请将苛虐佃户的乡绅按照违制例议处，衿监吏员则革去职衔。雍正帝提出，他只考虑绅衿欺凌佃户，却没有顾及佃农拖欠地租及欺瞒田主的问题，命再议论。于是定出田主凌虐佃户及佃户欺瞒田主之例，规定秀才监生"私置板棍，擅责佃户"，"革去衣顶职衔"，并"杖八十"。至雍正十二年加以改定，律文是："凡不法绅衿，私置板棍，擅责佃户，勘实，乡绅照违制律议处，衿监吏员革去衣顶职衔，照律治罪……如将佃户妇女占为婢妾，皆革去衣顶职衔，按律治罪。至于奸顽佃户，拖欠租课，欺瞒田主者，照律治罪，所欠之租，照数追给田土。"雍正帝以法律的形式不允许地主非法虐待农民，对其特权有所抑制，给予农民的人身以某种保护，这与以前之比，确是一个很大的进步。

雍正帝在整理财政的同时，对行政机构、管理制度也做了一些重大的改革。

其一，确定秘密立储制度。清代原无行之有效的立储法，清太宗、世祖继位都曾发生过争权的斗争，圣祖时储位几度反复，后致虚悬，别无良策。雍正元年八月十七日，雍正帝在乾清宫召见总理事务王大臣、满汉文武大臣，宣布他的秘密立储法。他就立储的原因为"今为宗社久安着想，故应早为之计"；立储方法是把指定储君的诏书，藏于匣内，将匣子置于顺治帝书写的"正大光明"匾额之后，待皇帝晏驾后始得启动，以便预定的新君继位。这储君本人不知，诸臣不晓，一概保密。宣布完后，得到诸王大臣拥护，秘密建储制度就这样确立了，这是中国历史上空前绝后的立储方法。

其二，完善与推行奏折制度。奏折是官文书制度，是清代皇权政治发展的产物。它始出现于康熙年间，但在奏者范围、传递方法、疏奏内容及朱批等方面，都还没有制度化，雍正帝对此做出了明确规定。

关于奏折的撰写人，明确规定中央部院侍郎以上和翰林科道各官，地方督抚提镇及藩臬学政，中央派出的盐政、关差、织造等，有的道员、知府、同知、副将等中级官员，由帝特许，亦可撰写。

为了保证奏折的内容不致泄漏，雍正帝订立了一套保密制度。撰写人须亲自书写，一般不许他人代笔，写就不得外传，否则治罪。由宫中制作皮匣，配备锁钥，发给具奏官员，专门用作储藏和传递奏折。督抚以上大员的折子，派专人送到大内乾清门，交内奏事处，直达御前，而不像题本交通政司转呈。一般官员的折子，亦差专人送到雍正帝指定的亲信大臣处，由他们代呈，代交人当然无权知道折子的内容。雍正帝阅毕，做了朱批，折子由原渠道发回。

雍正朝的许多重大政事，如前述的摊丁入亩政策，就是在雍正帝与黄炳、李维钧等疆吏、中央九卿间通过奏折反复筹商而最后定下来的。奏折被用来讨论政事、决定政策，就使它有了新的生命力。自雍正帝把奏折制度化以后，地方官有机要事务都撰拟奏折，经过皇帝朱批，认可了，才写题本做正式报告。这样题本就成了官样文章，价值大大降低。奏折代替了原来题本的作用。官员上奏折的也越来越多，使它成为主要的官方文书。这一制度坚持到了清末。

其三，设立军机处。雍正五年，准备对准噶尔部用兵，雍正七年正式出兵。与此相配合，雍正帝设立军机处，协助他处理军务。军机处设有军机大臣，雍正帝从大学士、尚书、侍郎以及亲贵中指定充任，如怡亲王允祥、大学士张廷玉、户部尚书蒋廷锡、大学士鄂尔泰等，都是以亲重大臣兼任军机大臣。还有军机章京，由内阁、翰林院、六部、理藩院等衙门官员中选充。这些人都是兼职，他们的升转仍在原衙门进行。因此，军机处设立之初，"无专官"。军机处没有正式衙署，有值班房，在隆宗门内，靠近雍正帝寝宫养心殿，以便于军机大臣被召见议事。无专官，无衙署，就使军机处成为一种特殊的机构。

军机处的主要职责是：遵奉谕旨，写成文字，并予转发。雍正帝每天召见军机大臣，有时一天召见数次，像在西北用兵紧张之时，张廷玉"内直自朝至暮""间有待至一二鼓"，以备随时应召。召见时，雍正帝指示各项事件应如何办理，有时向军机大臣询问情况，听取他们的意见，以做出裁决。军机大臣根据旨意，草拟文书。上谕形成后，不经过内阁，由军机处直接发给有关官员。军机处主要是做文字工作，雍正朝的军机大臣，不过是传旨办事，对制定政策起的作用不大，军机处只不过是皇帝的秘书班子，它只能忠实执行皇帝的命令，不可能形成危害皇权的势力。

雍正帝创立军机处，把它和奏折制度相结合，即以朱批谕旨答复臣下奏折，召见军机大臣授以政事机宜，天下庶务总归他一人处理。设立军机处，就有了固定助手，可以及时处理政事，所以他的权力比较集中，是真正集权力于一人，总理天下庶务。

4. 尊崇儒家，奴化行为

雍正帝说："圣人之道，其为福于群黎也甚溥，而为益于帝王也甚宏，宜乎尊崇之典与天地共悠久也。"别的帝王只讲孔学对臣民的意义，他则坦白承认它对帝王的绝大好处，所以极力推崇它。对于雍正帝本身就学兼儒、佛、道，希望臣民安分守己，都统一在儒家思想之下，于是利用教育制度和移风易俗的措施，进行教化。他实行向孔子顶礼膜拜和奴化教育的方针。

雍正帝到孔庙祭奠，亲自下跪，别人认为他礼仪太过，他却说只有这样，才能心安理得。雍正五年，将孔子诞辰的中祀礼，改为大祀，与康熙帝诞辰礼相同。雍正帝尊崇儒家思想，通过学校教育和科举的途径进行宣传。雍正帝取士，第一重视四书文。雍正十年敕谕负责科举的礼部："制科以四书文取士，所以觇士子实学，且和其声以鸣国家之盛也"。他认为只有四书文才是检验士子真才实学的根据，故而加以提倡。后来乾隆帝也力行倡导，致使官方以四书文为唯一的正经学问，其他的则成了"杂学""杂作"。其实以朱注为标准的四书文取士的办法，只能窒息人才，培养忠实于帝王的奴才。雍正帝还重视在科举中加试《孝经》。顺治时乡试第二场有《孝经》试题，康熙时罢废，雍正帝为讲求孝道，把它恢复了。童生复试，本来有"小学"试题，雍正帝把它取消，改从《孝经》出试题。其实《孝经》可出之题甚少，臣下提出这个问题，雍正帝拒不考虑，因为他认为通过科举进行孝道教育最重要。

雍正帝加强思想统治，大兴文字狱。汪景祺，浙江钱塘举人，投到年羹尧幕下，著有《读书堂西征随笔》，内有讥笑康熙帝书法，非议康熙帝谥号和雍正年号的内容，还有《功臣不可为论》一文为功臣说话。年羹尧案发，汪景祺著作被抄出，雍正帝将他按大不敬律处斩。侍讲钱名世，与年羹尧是乡试同年，作诗盛赞年羹尧平青海的功绩，年案发生，雍正帝说他是儒门中好钻营的无耻文人，亲书"名教罪人"四字以诛其心，并命臣工作诗以讽刺他，还叫他把这些诗收集起来，编成《名教罪人》一书。有的官员诗作讥刺无力，雍正帝还处罚了他们。

雍正七年（1729 年），发往西北军营效力的前工部主事陆生枏，著《通鉴论》17 篇，论述封建、建储、兵制、君臣关系、无为而治等问题，涉及当朝朋党之争等敏感问题。雍正帝说他"借托古人之事几，诬引古人之言论，以泄一己不平之怨怒"，下令将其在军前正法。也在军前效力的监察御史谢济世，借着批注《大学》，"毁谤程朱"，对理学提出责难，雍正帝命在处死陆生枏时用其陪绑，以示惩戒。

大搞祥瑞，是中国历史上许多帝王所喜好的活动，但也为一些君主所厌恶。雍正帝属于前一种人。他醉心于祥瑞，地方官投其所好，报告祯瑞的层出不穷，五花八门，名堂繁多，诸如嘉禾、瑞茧、蓍草、瑞芝、瑞麟、凤鸟、甘露、卿云、五星连珠、黄河清，应有尽有。地方官一报告，雍正帝就叫宣诸史馆，有时还要讲一讲天人感应极其快捷的道理，表彰一些人，告诫一些人。他这样讲求祥瑞，并非他真信那些怪诞之说，这从"卿云现"一事中表现得最清楚。

雍正帝青年时代就喜欢阅读佛家典籍，与僧侣往还，并著《集云百问》论佛旨，自号"破尘居士""圆明居士"。即位初期自比"释主"，用比丘文觉密参帷幄，引起朝臣的反对。雍正帝否认缁衣参政，但对释氏有节制。到晚年，在宫中做法会，亲自收门徒。他大修古刹名寺，给僧人赐封号，支持禅宗中的一派，著作《拣魔辨异录》，参与佛教内部宗派的斗争，又搞了《御选语录》一书，阐扬其佛学观点。雍正帝与道士也频繁接触，宫中养着娄近垣、贾士芳、张太虚等人，但因一时恼怒，又把一度称为"异人"的贾士芳处死。雍正帝看中佛老，是他认识到儒、佛、道三教学说中的一致性："三教之觉民于海内也，理同出于一源，道并行而不悖"。即都是教育老百姓如何做人，如何安分守常。他是把儒、释、道三方面统一用为统治臣民思想的工具，以强化他的封建专制主义思想统治，同时，因为用沙门做谋主，也必须提高兰若的地位。但他不是佞佛，他要左右僧侣，而不允许佛教驾驭他。雍正帝身为天子，是俗民的最高统治者，又以宣讲佛教宗旨的权威解释人自居，大量干预佛家内部事务，有类于精神教主。他身兼俗王与法王的双重地位，使他的统治成为政权与神权的紧密结合而变得更加神圣。

雍正帝谕百官："国家欲安黎庶，莫先于厚风俗；厚风俗，莫要于崇节俭。《周礼》一书，上下有等，财用有度，所以防僭越，禁奢侈也。"他认为崇尚节俭，才能使官民各守本分，尊重名器，无有僭越，因而社会安定，黎民乐业。而要做到崇朴素去奢华，在于采取必要的措施，形成良好的社会风气。他根据这种认识，倡导移风易俗，维护既定的服色、婚姻、丧葬法规，并对它们的不完善或不实用的部分加以改定。雍正元年，他禁止官民服使用五爪龙图案的纱缎衣物。雍正五年，更定王公百官衿士朝服顶戴制度，比前朝的详细得多。在婚丧方面，规定官民婚嫁彩礼、鼓乐数目，禁止出殡设宴演戏，禁用金银殉葬。娱乐方面，不许官员私设戏班，禁止盐商挟妓嬉游，不准旗人沉湎梨园，斗鸡赌博，甚至民间祈神赛会，也以靡费和男女混杂有碍风俗而一度禁止。此外，他还孜孜不倦地搞了一些"教化"活动，推行他的愚民政策。

雍正帝把康熙帝的"圣谕十六条"，敷衍成《圣谕广训》一书，全面系统而又通俗地宣扬三纲五常，令百姓甘当顺民，为使民人知晓，规定在军民中宣讲。民间定于每月初一、十五两日进行，届期，城里的官民齐集学宫的明伦堂，听主讲者宣读。农村由乡约主持、宣讲后，对村民进行善恶两类的登记，以惩恶扬善。《圣谕广训》不过万言，每次讲一条，八个月也就讲完了。雍正帝反复要求宣讲，也只能流于形式。曾静案后，雍正帝又命地方官宣讲《大义觉迷录》，若不用心，则予治罪。乾隆帝继位后不但不让宣讲，反把这本书作为禁书。雍正帝提倡拾金不昧，也搞得煞有介事。河南一个农民拾到170两银子，交还失主，河南巡抚田文镜赏他50两银子，并挂匾额，雍正帝又赏100两，还给他七品顶戴。他得的实惠已远远超过拾物。雍正帝以此鼓励、倡导民风淳朴，是真正的祥瑞。以重赏诱人不拾遗金，不可避免出现作弊现象。于是报拾金不昧的很多，其中有不少是虚假的。所以雍正朝的道不拾遗，多系雍正君臣的渲染与粉饰。

5. 改土归流，建制边疆

雍正帝积极经营边疆少数民族地区，坚决镇压极少数民族上层分子的叛乱，改革民族地区的建制，在处理民族事务方面也贯彻了改革的精神。

康熙年间，统治青海地区的和硕特固始汗的子孙受清朝的封爵，其中罗卜藏丹津于康熙末年随同抚远大将军允禵进军西藏，驱逐准噶尔势力，袭封亲王。雍正元年，他令诸首领放弃清朝封爵，在取得喇嘛教圣地塔尔寺大喇嘛支持后发动叛乱，进攻西宁，一时聚众 20 余万。在他的影响下，青海、四川、甘肃的藏人也跟着暴乱。雍正帝命川陕总督年羹尧为抚远大将军统兵进剿，以四川提督岳钟琪为奋威将军，参赞军务。年羹尧经过周密的部署，在西宁地区大败叛军。雍正二年二月，岳钟琪追击残敌于柴达木，一举获胜。雍正帝论功行赏，封年、岳为公爵，批准年羹尧提出的处理善后 13 条事宜。雍正帝向青海派驻办事大臣，处理蒙藏民事务，把西宁卫改为西宁府，下置西宁县、碾伯县、大通卫，使青海这一重要地区直接隶属于中央政府，又把藏人活动地区的甘肃凉州卫改为凉州府，增设武威县，改镇番卫、永昌卫、古浪所为县。这一措施有利于稳定青海及其附近地区的少数民族。

雍正五年，阿尔布巴叛乱，阴谋投奔准噶尔，颇罗鼐自动起兵平叛。雍正帝闻讯，指示"当趁此机，先将西藏事宜料理清楚，以为边防久远之计"，即派左都御史查郎阿率军 15000 名进藏平乱，诛杀首逆分子，后留兵 2000 人，分驻前后藏。设立驻藏大臣，正副 2 人，分统驻藏部队。驻藏大臣是固定职务，不便频繁更换，又怕内地官员入藏生活不适应，遂定 3 年轮换一次的办法。这时的驻藏大臣主要任务是管理清军，稳定藏中局势，但它却开了这一制度的先河。

雍正帝在处理西藏事件中一直把西藏与准噶尔联在一起考虑，他说："准噶尔事一日不靖，西藏事一日不妥；西藏料理不能妥协，众蒙古心怀疑二。此二处实为国家隐忧，社稷民生忧戚系焉。"在他看来，西藏和准噶尔对清朝都是至关重要的，准噶尔安宁，西藏则不会生事；西藏不平静，也会引起蒙古的骚动。造成这些关系的因素是喇嘛教，他又说："蒙古之人，尊信佛教，唯言是从，故欲约束蒙古，则喇嘛之教亦不轻弃。"要用好喇嘛教，就不能不注意西藏问题。雍正帝在料理西藏事务时兼及准噶尔问题，具有全局观念，西藏局势稳定，以便他专力对准部用兵。雍正帝于雍正五年筹划对准部战争，准备钱粮，训练士卒，制订作战方案。雍正七年，用岳钟琪为宁远大将军，出西路，傅尔丹为靖边大将军，出北路，进军征伐。但前线连吃败仗，雍正帝囚禁岳钟琪，屡换北路军营将帅。到后来，双方都打不下去了，开始谈判。雍正帝消灭对方的目的没有达到，究其原因，雍正帝、岳钟琪、傅尔丹等轻敌骄满是重要因素；统兵将领的浮躁无力，雍正帝频频更易主将，屡换屡不得人，调度乖方，其失败是必然的。

"改土归流"是雍正帝对南疆土司制的一项重大改革。雍正二年，他就深感土司的作恶与土司制的弊端。雍正帝在给四川等地的督抚上谕中说："朕闻各处土司鲜知法纪，所属土民，每年科派，较之有司征收正供，不啻倍蓰，甚至取其牛马，夺其子女，生杀任情，土民受其鱼肉，敢怒而不敢言。"要求他们加强对土司的管理，但他并没有行之有效的方法，说了也不起作用。到雍正四年九月，管云贵总督事鄂尔泰上奏折，建言改土归流，并拟定了实施方针："计擒为上策，兵剿为下策。令自投献为上策，勒令投献为下策。"对于投献者，"但收其田赋，稽其户口，仍量予相赠，授以职衔冠带终身，以示鼓励。"就是说改流的策略，既要用兵，又不专恃武力，争取波及面小，尽量减少阻力，以便迅速实现安定。雍正帝早就欣赏鄂尔泰的才能，按照他的"有治人无治法"的思想，相信鄂尔泰能办好这件事情，所以边看奏折，边批"好"字，最后批道："朕心中嘉悦，竟至于感矣！有何可谕，勉之！"全部批准了他的建议，勉励他努力实行。为提高鄂尔泰的威望与事权，实授他云贵总督，又加兵部尚书衔。广西与贵州接壤，改流事务较多，雍正帝特将广西从两广总督属下划出，归鄂尔泰管辖，使他成为云贵广西三省总督。此外还调整了川滇边界不合理的行政区划。西南地方行政的这些改革，为鄂尔泰推行改土归流政策做了组织准备。

雍正八年（1730 年），在雍正帝的指导下，鄂尔泰、张广泗、哈元生等督抚提镇努力推行改流政策，云贵地区基本完成了改土归流。湘、鄂、川的改流准备得较充分，到雍正末年、乾隆初年亦告完成。整个改流的地区以贵州涉及的最广泛，它新设的州县竟相当于原有州县的面积。改流的内容包括取消世袭土司，设置府厅州县，派遣流官，增添镇营，改革赋役制度，兴办学校等项。雍正末年，贵州古州地区发生破坏改土归流的叛乱，雍正帝派兵镇压，到乾隆初年获得成功，巩固了改流的成果。

总而言之，雍正帝颇有才华，可以预料到清朝前进道路上的障碍，可以意识到社会发展之需求。雍正帝从实际出发，提出了社会改革的内容，并以实践，在一定的程度上调节和缓和了社会矛盾，促使那个时代有个比较清明的政治，使得国力强盛和多民族国家的巩固和统一，发展了康熙朝政治中的清明成分，并为乾隆时期的鼎盛准备了更为充分的条件，促进了清代社会的持续发展。雍正帝奋发有为，对于历史的发展，做出了一定的贡献，可谓历史上为数不多的杰出帝王。

第九讲　全盛初衰乾隆帝

清朝统一中国后的第四代皇帝为清高宗爱新觉罗·弘历，因年号乾隆，人们称他为"乾隆皇帝"。他在位 60 年，继康熙、雍正之后，为加强封建专制统治，发展经济和文化，巩固国家统一都做出了努力，从而使清朝的统治发展到了全盛期；同时他在晚年又直接导致了清朝的衰退……他是一位对中国封建社会的历史进程发挥过重要作用和占有重要地位的历史人物。

弘历是雍正帝胤禛的第五子，曾因得到康熙帝的宠爱，而使其父在争夺储位的斗争中处于颇为有利的地位，因而雍正帝即位之初，便把年仅 13 岁的弘历作为自己心目中的储君。不久，雍正帝对康熙以来的建储方式进行改革，决定秘密建储。

雍正元年八月，雍正帝亲书弘历之名并存藏于乾清宫"正大光明"匾额之上。这样，弘历便由一个普通的皇子上升为密定的储君。弘历 9 岁时入学读书。除原来教师福敏之外，还选派了朱轼、徐元梦、张廷玉、嵇曾筠、蔡世远等著名文臣，辅导弘历学习文化知识和儒家经典，又以宗室重臣允禄、允禧等教其使用火器和弓马骑射。同时，还让他代行祭天、祭祖以提高他在全国臣民心目中的地位。

弘历在雍正帝的精心与快速培养下，仅在短短的几年之中，便兼通满、汉文，遍习文武。为了进一步培养弘历的从政能力，雍正十一年，雍正帝封他为宝亲王，让他参与处理平定准噶尔叛乱和平定贵州苗民起义等重要政治军事事务。弘历受到了全面而又严格的教育和训练，表现出色，深得朝廷上下的一致信任。

雍正十三年（1735 年）八月，雍正帝突然去世，依照程序，宣读雍正帝建储密旨和有关手续，弘历顺利地登上了皇帝宝座，改年号为"乾隆"。

1. 乾隆初政，拨正反乱

自清军入关至康熙、雍正朝，清朝的统治正处于向上发展的时期。然而，由于受到历史条件的限制，康熙、雍正在处理统治阶级内部关系和制定的一些具体的政治、经济政策上，也存在着许多不足。这一切都影响着统治阶级内部的一致，不利于政治、经济的进一步发展。因此，乾隆帝即位之初，便集中力量纠正着前两朝，特别是雍正朝的一些弊政，并于此施政的过程中，施展着自己的才干，以便有所作为。

皇室内部关系失调，是当时统治阶级内部颇为突出的一个问题。早在康熙末年，就围绕着皇室争夺储位这一中心问题，各立门户，自树党羽，明争暗斗，矛盾不断尖锐化。雍正帝即位后，对政敌大肆镇压，或者监禁，或者流放，或者杀戮，更为甚者，并残害致死，又祸及他们的子子孙孙，削除宗籍，这一切使得皇室内部的斗争，更加激烈，皇室内部的结怨，也就越来越多。乾隆帝即位后，为了调整皇室内部关系失调的局面，收揽人心，缓和统治集团内部的矛盾，他首先将雍正帝长期监禁的政敌释放出狱，恢复爵位……乾隆帝的这些措施，在一定程度上缓和了原来十分尖锐的矛盾，为保持统治阶级各阶层人员的一致性，奠定了良好的基础。

在调整皇室内部关系的同时，乾隆帝还对雍正朝年羹尧、隆科多两案的遗留问题进行了妥善处理。乾隆帝即位后，便即恢复年羹尧"冒滥军功案"内革职的文武官员的职务，其后，对于此案牵连所及的各起文字狱的人员也分别放回原籍。乾隆帝敢于纠正前朝的乱政，不仅缓和了一个时期中最高统治者和广大官吏、知识分子之间的紧张关系，也赢得了他们的好感和支持，无疑稳定了政局，有利于今后的统治。除此之外，乾隆帝还对雍正朝以来形成的中央政府和地方缙绅之间颇为紧张的关系进行了调整。乾隆帝放宽了雍正朝为惩治不法绅衿而制定的各项限制措施，对生员欠粮、包讼等不法事的处分分别改宽改缓。不久，又把举贡生员的杂色差徭一并豁免。这些措施，比较雍正帝的限制政策应是一个倒退，但退一步是为了进两步，在当时却收到了稳固其统治基础的效果。

乾隆帝一方面调整统治阶级内部各种关系，提高自己的统治实力，另一方面又采取步骤，加紧纠正或放弃雍正帝时所推行的一些错误的政策和措施。乾隆帝以极大的勇气，调整和纠正了雍正朝在实施政策的过程的某些失误，当然他也继承和发展了雍正时所有积极意义的政策，这就使得乾隆朝的政治和经济在康熙、雍正两朝的基础上继续向前推进并有所发展，对清的统治全盛局面的出现，可以说是一个极为良好的开端。

2. 百务俱兴，建设制度

乾隆帝纠正了前朝的一些弊政，使得他的统治得到了初步的巩固，同时还采取了多种措施，强化以封建君主为中心的专制统治。这些措施虽多是创自前朝，但经过乾隆帝的发展，又进一步制度化，促使政治安定、经济发展、文化繁荣，使得大清的统治，又进入了一个最为兴盛的时期。

奏折制是乾隆帝在位期间确立的一项重要制度。以前官员报给皇帝的奏章，基本上依照明朝旧例，分题本、奏本两种，前者报公事，用官印，后者报私事，不用印。在手续上皆经内阁转呈才能到达皇帝手中。乾隆帝即位后，对前朝拥有奏折权的官员予以承认，至乾隆十三年（1748年），正式下令停止使用奏本。这样，奏折最终取代了奏本，成为与题本并行的一种最重要的上行文书。乾隆帝同雍正帝一样，严禁各地官员对上奏内容及皇帝批示互相泄漏。如乾隆八年规定："嗣后凡密奏事件，未经发出之先，即上司属员，概不得互相计议参酌。如有漏泄通同，一经发觉，按其情事轻重，分别治罪。"这些新规定，不但进一步削弱了内阁的权力，而且也使皇帝对各地情况的了解经常化，对于皇权的加强有着重要的意义。

乾隆帝还重建军机处并极大地加强其权力。乾隆帝即位之初，曾一度将此作为前朝弊政之一而予以裁除，但不久又因实际需要而于乾隆二年十一月将此机构重新恢复，并在原来的基础上进一步增大了权力，扩大了军机大臣人数，任命鄂尔泰、张廷玉、讷亲、海望、纳延泰、班第6人为军机大臣，军机章京也由原来的10人扩充至16人，满汉各半。此后，随着其权力的加大和处理事务的增多，人数相应又有所增加。在对人员编制不断充实的同时，军机处处理事务也日益增多，权力愈加扩大，各项制度也不断趋于健全。以其处理事务而言，雍正时的军机处，不过是西北用兵时"筹办军务"的临时机构，乾隆时期，则扩大到"内而六部卿寺，暨九门提督，内务府太监之敬事房，外而十五省、东北奉天、吉林、黑龙江将军所属，西南至伊犁、叶尔羌将军、办事大臣所属，迄至四裔诸属国，有事无不综汇"。其职责几乎无所不包，如帮助皇帝撰写上谕、处理奏折，审核内阁、翰林院所拟诏旨，议大政、谳大狱，为皇帝准备政事的参考资料，参与科举考试，奉派出京查办事件，陪同皇帝出巡、记录和积累有关档案等事务性工作，还对从中央到地方的各级文武官员的使用、任免提出草案，供皇帝本人选择等。军机处所承担的职权，已使它超出内阁之上而成为全国政事的中枢。为保证其所负担的各项职责能顺利得到贯彻，乾隆帝还为它制定了各种具体的规章制度。乾隆十四年，将雍正时铸造的"办理军机事务"的六字军机处印信改为"办理军机事务印信"，规定印信平时由内奏事处的夸兰达太监收存，用印时，由值班军机章京以镌有"军机处"三字的金锭将之请出，用毕立即交还。为严格保密，军机处中的听差皆拣选十五岁以下不识字的幼童充任，而在军机处值庐，还有专派的御史往复稽查，不准任何人窥探。如有地方督抚官员通过各种方式向军机章京刺探情况，必严加处理。尽管军机处在国家政治生活中发挥着如此重要的作用，但乾隆帝却始终未设专官，未立衙署。其职权范围虽广，但不过是仅供"传述缮撰""而不能稍有赞画于其间"的一个皇帝私人的秘书班子而已。因此，军机处权力的加大，仅仅是皇帝个人权力的加大。通过军机处的重建，乾隆帝不但将传统的议政王大臣会议的旧有权力剥夺殆尽，使其名存实亡，而且也使明朝以来的内阁形同虚设。与奏折制度一样，军机处的重建及其机构、制度的健全，都进一步强化了乾隆帝的君主集权。

坚持雍正以来的秘密建储制度，并从理论上加以阐释，是乾隆帝加强君主专制统治的另一个重要措施。雍正帝初创这一制度，并没有从理论上加以说明，它还不被统治阶级中的多数人所理解。随着乾隆帝的儿子们的渐次成人及其统治经验的不断丰富，他越来越认识到明立太子的害处和秘密建储的好处，这才开始进行反复的阐释。乾隆帝指出"储贰一建，其弊丛生，不特金壬依附，易启嫌隙，而名分早定，日久必致流于骄佚而不自知""有太子然后有门户""盖一立太子，众见神器有属，幻起百端。弟兄既多猜嫌，宵小且从而揣测，其懦者逢迎以陷于非，其强者设机媒孽以诬其过，往往酿成祸变，遂致父子之间，慈孝两亏，家国大计，转滋罅隙"。因此，他认为"建储册立，非国家之福，召乱起衅，多由于此"。而秘密建储可以避免上述弊端。他说，这样做是为了"不肯显露端倪，使群情有所窥伺，此正朕善于维持爱护之深心也"。但是，朝廷和地方的一些官员不赞成这一办法，不断上疏，建言立储。乾隆帝对他们严加斥责，甚至说他们是"离间父子、惑断国家之人"。他断然表示，以后再及此事，"朕必将伊立行正法，断不宽贷"。这样，制止了朝野思想的混乱，制度得以确立起来。这一制度，对于因皇室人员争位而招致国家动乱，起到了抑制的作用。在乾隆帝即位已满60周年之际，他又在秘密建储的基础上适时地举行内禅，既避免了历史上屡屡出现的最高权力过渡之际宗室干政、大臣擅权、政柄旁落的重演，也避免了父子、兄弟之间骨肉相残的悲剧的再现，使得最高权力的过渡得以顺利地进行。乾隆帝坚持秘密建储，找到了皇位继承的一个好办法，这比他的祖父康熙帝的确是高明得多。

打击朋党、改善官吏队伍状况，也是乾隆帝加强君主专制的一个重要方面。乾隆帝即位之初，辅政大臣鄂尔泰和张廷玉在朝廷各有一帮势力，他们以民族、同乡、血缘、登仕途径等关系而各结为门户。如张廷玉原籍安徽桐城，于是，桐城张氏一族赖其势力而登仕的有张廷璐等19人，与其联姻的桐城姚氏，有姚孔振等13人在仕。同样，鄂尔泰在满洲贵族中也有较多的追随者。如果任其发展，对乾隆帝加强自己的君主专制统治将十分不利。乾隆十四年十一月，张廷玉以原官致仕时，乾隆帝曾特颁谕旨，许其身后配享太庙，但很快因他未曾亲自谢恩而收回成命，还削去其伯爵爵位。乾隆二十年，他又制造了"坚磨生诗抄案"，将鄂尔泰的两个亲信胡中藻和鄂昌处死，借此机会将鄂尔泰的牌位也撤出贤良祠，以为大臣植党之戒。与此同时，他还有计划地改变旧有官吏队伍的组成成分。这一工作不仅对原有官吏的升转乾纲独断，丝毫不假手于人，而且在遴选新任官吏时，也注意选拔与上层官僚关系不深的出身寒微之士。乾隆初年，他接连开博学鸿词科、经学特科等，其用意即在于此。经过一段时期的调整，形成了以君主为核心的一支官吏队伍，对全国臣民的控制大大加强了。

除了上述各项措施之外，乾隆帝还汲取历朝统治的经验教训，在即位之初就对太监中的不法分子进行惩治，而后又对包括自己儿子在内的宗室的不法行为严加处罚。乾隆帝将此两项政策贯彻始终，都未构成对皇权的威胁。这些措施，对于他皇权的极度扩张，也都起过重要的保证作用。

为了维护君主在全国臣民面前至高无上的地位，乾隆帝还继康熙、雍正之后大兴文字狱，对各级官吏、士子和百姓的思想进行严密控制。著名的有乾隆十六年的王肇基"献诗案"、乾隆四十二年的王锡侯"字贯案"、乾隆四十六年的程明諲代作"寿文案"等。因文字狱而被处死或受到株连被判处各种刑罚的更是不胜计数。在文字狱发展到高潮期间，又有民间的告密诬陷以泄私愤，经办官吏往往断章取义，穿凿附会，以扩大案情，都大大地加重了对人民和社会的危害程度。以至求学的士子、坊肆的书贾、种田的百姓，甚至供职的官吏，全国上下都人人自危，整个社会处于"万马齐暗"的政治局面之中，而乾隆帝本人的权势却因此而发展到了自秦始皇统一中国以来，整个中国封建社会的最高峰。

3. 控制西北，巩固统一

加强对边疆地区的控制，以巩固国家的统一，这是乾隆帝一生中的重要实践活动。他继康熙、雍正两朝之后，对西北用兵，平定西藏，抗击廓尔喀入侵，坚持对西南少数民族地区实行改土归流，这些军事活动将西北、西南地区少数民族的割据政权削除净尽，使得清朝中央政府直接控制的版图超越了历史上的任何一个皇朝。而乾隆帝制定的各种措施，将中央政府对边疆少数民族地区的有效管理提高到了一个新的水平。乾隆帝的这些活动，对于进一步开展国内各民族之间经济、文化的交流，对于国家的统一和进一步巩固，都做出了重要的贡献。

乾隆十五年（1750 年）后，准部上层贵族发生了争夺汗位的内讧。最初，喇嘛达尔札联合其他贵族杀死策妄多尔济、纳木札尔而夺得汗位。不久，喇嘛达尔札又被达瓦齐和阿睦尔撒纳推翻，汗位又被达瓦齐夺去，接着达瓦齐又因争权夺利和阿睦尔撒纳以兵戎相见。准部上层贵族争夺汗位的斗争，使得本部和附近各部的广大牧民与中下贵族深受其害。为了摆脱战争灾难，萨喇尔、三车凌等先后率部内迁。乾隆十九年，在争夺汗位斗争中失败的阿睦尔撒纳也率领两万余人投降清朝，达瓦齐政权已经处于众叛亲离的境地。在这种情况下，乾隆帝为实现康熙、雍正两朝的"筹办未竟之绪"，对西北地区准部的分裂势力展开了新的军事打击。这次战争，分为平定达瓦齐和平定阿睦尔撒纳叛乱两个阶段。乾隆二十年春，乾隆帝调动大军，分北、西两路进军西北。由于达瓦齐政权已不得人心，清军"兵行数千里，无一抗者"，不过三个来月，便攻下西北重镇伊犁，将达瓦齐擒获。清政府此次出师取得了重大的胜利。

然而，正当清政府处理善后事宜的时候，一度投降清政府的阿睦尔撒纳为了实现自己"四部总台吉，专制西域"的野心，竟置国家与民族利益于不顾，于乾隆二十年九月，又悍然发动了大规模的武装叛乱。由于此时大部分清军已经撤走，除少数据点外，北疆大部分地区又很快沦陷。在阿睦尔撒纳的煽动下，喀尔喀蒙古的个别上层贵族如青滚杂布等也揭起叛旗，武装反清。乾隆帝不能坐视叛乱继续蔓延和扩大，便于乾隆二十二年（1757年）再度出兵西北。在清军的打击下，阿睦尔撒纳政权土崩瓦解，阿睦尔撒纳被迫逃亡俄罗斯，此后不久患痘病死去。西北地区重新处于清朝中央政权的控制之下。

在准部上层贵族的叛乱被平定下去之后，从乾隆二十二年至二十四年，乾隆又进行了平定天山南路维吾尔族宗教首领大小和卓木武装叛乱的军事活动。维吾尔族是世居我国新疆地区天山南路的一个少数民族。清初，准部贵族称雄西北，维吾尔族广大人民和其他西北各部一样处于准部贵族的统治之下。广大维吾尔族人民要向准部贵族交纳为数甚巨的各种贡赋，他们的宗教首领阿布都什特、玛罕木特及其二子波罗尼特、霍集占兄弟，还相继被噶尔丹、策妄阿拉布坦、噶尔丹策零等长期拘禁于伊犁。阿睦尔撒纳发动叛乱期间，为了争取维吾尔族贵族的支持，对其政策有所改变。他释放波罗尼特返回维吾尔族本部，还诱使留居伊犁的霍集占率领准噶尔本部的回教徒也参加了叛乱。清政府平定阿睦尔撒纳武装叛乱的胜利，使广大维吾尔族人民最终摆脱了准部贵族的统治和压迫，在乾隆帝派遣使者商讨和平统一南疆的问题时，包括波罗尼特在内的许多维吾尔族有识之士都表示："安集回地各城人民，听候大皇帝谕旨。"这反映了广大维吾尔族人民的共同愿望。然而，刚从伊犁逃归的霍集占却妄图借此实现其割据的野心，在他的唆使下，前来商议和平统一事宜的清朝使臣被杀害，南疆形势急转直下，一场新的武装叛乱又爆发了。

乾隆二十三年（1758年）乾隆帝派遣靖逆将军雅尔哈善等率满汉官军，由吐鲁番进攻维吾尔部北方门户库车，并在大败霍集占援军之后攻克该城。不久，又派遣战功卓著的将军兆惠率军挺进南疆，攻打叛军的主要据点叶尔羌城。乾隆二十四年春，定边右副将军富德又率军南下，清军遂分两路进攻叛军据点叶尔羌、喀尔喀什两城，在清军的强大攻势下，霍集占兄弟率领残部突围而出，西逃至巴达克山，被当地首领擒杀。大小和卓木掀起的武装叛乱最后被平定下去。

准噶尔部和维吾尔部叛乱的平定，使得清朝政府直接控制的领土极大地得到扩展。为了加强对这些地区的管理，乾隆二十七年，清政府于惠远城设伊犁将军，作为"总统新疆南北两路事务"的最高军政长官。在伊犁将军之下，在乌鲁木齐设都统，统辖乌鲁木齐、古城、巴里坤及吐鲁番等地驻军；在塔尔巴哈台设参赞大臣，统辖塔城的驻军；在南疆喀尔喀什、叶尔羌、英吉沙尔、和阗、乌什、阿克苏、库车、辟展等城设"办事大臣"或"领队大臣"，对当地实行军事统治。这些措施，进一步加强了中央政府对新疆地区的管理，对维护国家统一和领土完整发挥了重要的作用。

清政府平定准部上层贵族武装叛乱的胜利，解除了长期以来准部上层贵族对相邻各部的压迫。作为这一事件的一个直接后果，是乾隆三十六年发生的土尔扈特部重返祖国。土尔扈特部是我国厄鲁特蒙古四部之一，17世纪20年代以前，该部一直与其他三部共居于我国的西北地区。明朝崇祯初年，该部因无法忍受准噶尔部的压迫而在首领和鄂尔勒克的率领下离开故地，几经辗转之后，迁居于伏尔加河下游一带。在旅居国外一个多世纪的漫长岁月里，土尔扈特人饱受沙俄的压迫和欺凌。他们虽然身处异域，却无时无刻不在思念自己的祖国，不顾山险路长，一直与中央政府保持着密切的联系。而清政府也对远在异域的土尔扈特人表示关切。清军平定准部上层贵族的武装叛乱不久，即乾隆三十五年十一月，土尔扈特部渥巴锡汗便率领部民17万口，不顾沙俄的重重阻挠，毅然踏上归途。经过8个月的长途跋涉，克服了给养缺乏、疾病流行等难以想象的困难，终于在乾隆三十六年六月进入中国境内，从而实现了他们长期以来要求返回祖国的愿望。

乾隆帝对土尔扈特部的归来十分重视，专派陕西巡抚文绶前赴巴里坤等地，购办牛羊、衣物，接济他们的生活。不久，又指令伊犁将军舒赫德负责"分地安居，使就米谷而资耕牧"。张家口都统常青负责解送当地牧群"驱往供馈"；陕甘总督吴达善负责"发帑运茶，市羊及裘"。在安排好他们的生活之后，乾隆帝又在热河避暑山庄附近接见渥巴锡等土尔扈特部首领，分别赐封为卓哩克图汗、亲王、郡王、贝勒、贝子、辅国公、台吉等，使其"管理所属，咸务生理，延及子孙，永荷安全之福"。这是一件盛大的喜事，乾隆帝欣然命笔，亲撰《土尔扈特全部归顺记》《优恤土尔扈特部众记》《御制土尔扈特部纪略》等重要文章，记载土尔扈特部归回祖国的艰难历程。土尔扈特部重返祖国是乾隆帝经营西北边疆所取得的一项重要成就，这在当时及以后都有着深远的历史意义。

4. 管辖西藏，安定政局

加强对西藏地区的管辖，也是乾隆帝在位期间巩固西南边疆的一项重大政治实践活动。入关之初，以达赖喇嘛为首的西藏地方政府即已归服清朝中央政府的统治。康、雍时期，清朝政府先后平定准部贵族策妄阿拉布坦对西藏的侵犯，委任西藏地方政府，设立驻藏大臣等，加强对西藏地区的管辖。在康、雍两朝的基础上，乾隆帝又通过出兵平定西藏叛乱，抗击廓尔喀入侵，对其政治、宗教等方面的旧有制度进行改革，而使清朝中央政府对西藏的控制进一步得到了巩固。

乾隆十五年（1750年），西藏发生了以郡王珠尔墨特那木札勒为首的地方贵族割据势力的武装叛乱。在叛乱中，珠尔墨特那木札勒被驻藏大臣处死，但是两位驻藏大臣傅清、拉布敦也同时遇害。以达赖喇嘛为首的广大僧俗和入藏清兵联合作战，这次叛乱很快即被镇压下去。然而，这次叛乱却表明：让西藏个别贵族拥有过大的权势，很不利于西藏政局的安定和中央政府对西藏的统治。乾隆意识到这一点，便于乾隆十六年，在平叛斗争胜利后，立即废除了旧有的藏王制度，并成立了由4名噶隆组成的西藏地方政府噶厦。不久，又制定《西藏善后章程》，提高了达赖喇嘛和驻藏大臣的权力，还决定在西藏长期驻军1500名，这就从政治上和军事上都加强了中央政府对西藏地区的管理。

中央政府对西藏地区的管理虽然有所加强，但由于西藏统治集团内部矛盾错综复杂，西藏政局仍不平静。至乾隆五十二年和五十六年，又先后两次遭到廓尔喀的入侵。尤其是后一次，廓尔喀侵略军在西藏上层贵族沙玛尔巴的勾引下，竟深入到西藏内地日喀则一带地方烧杀抢掠，给广大藏族人民带来了极大的灾难。乾隆帝即派遣大将军福康安率军入藏，将侵略军全部驱逐出境。次年，即乾隆五十七年（1792年），经乾隆帝批准的《钦定西藏章程》颁布实施，对西藏地区的政治、宗教、军事和外交进行了全面的整顿和改革。在政治事务上，该章程规定，驻藏大臣在处理藏内事务方面与达赖、班禅的地位平等，拥有监督管理和任免西藏各级官员的极其广泛的权力。在宗教事务上，对以往达赖、班禅和各地活佛圆寂后，由巫师作法指定这一弊端百出的"呼毕勒罕制度"加以改革，改行在驻藏大臣的监视下，以金瓶（金奔巴）掣签的办法，并规定呼毕勒罕的"坐床"典礼，必须在驻藏大臣的主持下进行。在军事上，为了加强西南地区的边防，《章程》规定建立西藏地方常备军，额数3000人，分驻于各重要地区，由驻藏大臣统辖。在外交事务上，规定由驻藏大臣主持对外交涉，禁止噶隆以下的地方官员与外国私下联系。这些措施，都进一步加强了清朝中央政府对西藏地区的管辖，同时也限制了地方割据势力的发展，有助于西南边防的巩固和西藏地区政局的安定。

5. 西南地区，结束争乱

在西南地区，乾隆帝继续执行雍正朝以来改土归流的政策。他的主要活动，是在乾隆十二年至十四年及乾隆三十六年至乾隆四十一年，两次平定大、小金川土司的武装反抗。大、小金川两土司位于四川西北大渡河的上游，是我国藏族人民的聚居地之一。清初，两金川土司头目先后接受清朝的统治，而清朝也对他们传统的世袭统治制度予以承认。乾隆初年，大金川日益强盛，该土司头目莎罗奔不断侵扰相邻各部，兴兵攻打小金川，劫持了土司泽旺及其印信。不久，又出兵攻掠革布什札、明正两土司。为了惩治大金川对邻部的侵犯，乾隆十二年，乾隆帝调动30000大军，分两路进攻大金川。然而，由于当地山势险峻、气候恶劣和将领指挥失宜及间谍混入等许多原因，直到乾隆十三年夏秋，清军仍然没有取得什么进展。乾隆帝势同骑虎，又增兵、增饷，特派大学士傅恒前往该地指挥作战。傅恒至军后，采取了岳钟琪选锐深入的作战方略。乾隆十四年二月，清军进逼莎罗奔老巢勒乌围，莎罗奔被迫乞降。但是，各土司之间的武装冲突仍然经常发生。为制止各土司之间的武装冲突，乾隆三十一年，四川总督阿尔泰采取了使大、小金川和各土司之间相互联姻的措施。这一措施暂时制止了各土司之间的相互攻掠，但却为大、小金川及相邻土司的联合反清准备了条件。乾隆三十六年，大、小金川土司索诺木、僧格桑分别攻掠附近土司，乾隆帝决定再度出兵。清军取各个击破之策，先尽全力攻打小金川。乾隆三十七年年底，攻克其主要巢穴美诺，僧格桑逃往大金川。乾隆三十八年春，清军转向进攻大金川。指挥作战的温福腐朽无能，是年夏天，在索诺木的反攻下，清军遭到严重失败，连同前已攻克的小金川也一并丧失。乾隆帝又任命阿桂为定西将军，调集军队，重新组织进攻。是年冬，再克小金川，而后，又师出三路，进攻大金川。经过两年的战斗，至乾隆四十年底，始将大金川最后平定。这时，乾隆帝决心彻底推行改土归流的政策，在小金川旧地设美诺厅（后改名懋功厅），在大金川旧地设阿尔古厅，皆隶属于四川省，还分别在其险要地区设兵镇守，从此，这一地区最终结束了混乱相争的局面。

乾隆帝平定边疆地区少数民族上层分子的叛乱，维护了国家的统一。乾隆三十一年至三十四年，乾隆五十三年至五十四年，乾隆帝还曾先后对缅甸和安南两国用兵。就战争性质而言，这两次用兵，都是不正义的战争，给中国和缅甸、安南的人民带来了灾难。

清初以来，经过历朝特别是乾隆皇帝对边疆地区的经营，到 18 世纪后半叶，我国形成了历史上空前统一的局面。在北起恰克图，南至南海诸岛，西起巴尔喀什湖，东至库页岛极其辽阔的土地上，居住着以汉族为主体的几十个民族的人民。为了维护国家的统一，以乾隆皇帝为代表的清朝统治者坚持"修其教而不易其俗，齐其政而不易其宜"的原则，对少数民族的宗教信仰和生活方式表示尊重，对其上层贵族则授以爵位和与之联姻，多方笼络。这些政策取得了极大的成功，他在位 60 余年，各少数民族地区基本上保持了长期安定的局面，这些都有利于全国各地包括边疆地区经济文化的发展，并推动清朝迅速走向全盛。

6. 访求遗书，编纂四库

乾隆帝继汉、隋之后，通过大规模的访求遗书活动，而使当时的国家藏书量得到极大的增长，还通过组织全国学者编纂《四库全书》，而对古典文献进行了一次规模空前的整理。

乾隆皇帝即位之初，即开始组织学者修史，编撰各种书籍。著名的有《国朝宫史》《续三通》《清三通》《通鉴辑览》《大清一统志》等，总数不下数十种。为了充实国家藏书，还于乾隆六年正月颁布谕旨，征求"业在名山而未登天府"的名家著作。乾隆中期以后，他又以组织编纂《四库全书》为中心，进行了一场更大规模的系统整理和总结中国古代文化的活动。

乾隆帝决意对社会上全部现存文献进行整理，首先广征图书，不断颁布求书谕旨，指示地方各级行政官员必须将求书作为一件大事来抓，同时，他还为征求遗书制定了具体政策——"在坊肆者，或量为给价"；家藏者"不妨缮录副本，仍将原书给还""一切善为经理，毋使吏胥藉端滋扰"。他意识到广大臣工百姓因惧怕文字获罪，亲自反复进行解释，还以皇帝题词、赏赐图书、《总目》留名等手段奖励藏家献出家藏秘籍。至乾隆三十八年（1773 年）九月，从全国各地征求的图书已逾万种。他还组织许多学者从内府所藏的《永乐大典》中辑出佚书五百多种，为这一时期古典文献的全面整理开拓了一个新领域。

乾隆三十八年初，乾隆帝决定在对全部现存文献进行整理的基础上，编纂一部巨型丛书《四库全书》和一部大型目录书《四库全书总目》。这是一项巨大的工程，为了保证这一工作的顺利进行，乾隆三十八年二月，根据乾隆帝的指示，"四库全书馆"正式成立。许多知名学者先后被征召入馆，分别担任纂修、校理等职，以整理古典文献为主要内容的编修《四库全书》的工作便开始了。

根据乾隆帝的历次指示，在两书纂修的过程中，各纂修官分别对各地征集到的同一种书籍的不同版本进行校勘，并就作者、成书时代、内容异同、版本优劣诸方面进行考证，将其校勘、考证成果以另纸粘于该书每卷之末。同时，还仿汉朝刘向校书的旧例为每书撰写一篇提要，内容包括作者的时代爵里、本人事迹以及该书版本、卷次、内容价值等，并以该书的价值为据，拟出应刻、应抄、应存目三种意见，候旨决定。经乾隆皇帝同意后，其中，应刻、应抄两部分书籍皆交缮书处组织人员按已定规格进行抄录，收入《四库全书》，所有应刻、应抄、应存目三部分书籍提要，则均按类例汇为《四库全书总目》。

为了解决这两部书籍卷帙浩繁、不易翻阅的难点，在两书编修开始不久，乾隆三十八年五月和乾隆三十九年七月，乾隆帝又分别指示在两书基础上另编《四库全书荟要》《四库全书简明目录》两书。前者为《四库全书》"撷其精华"，后者则略去《四库全书总目》中的总序、各类小序和存目部分书籍的提要，仅对《四库全书》所收之书各做简单介绍。乾隆四十一年九月，又将收入《四库全书》的各书校勘记录也另行抄出，汇为《四库全书考证》一书，付聚珍版刊刻，以广流传，从而更加丰富了这次文献整理活动的内容。

乾隆帝还对这批文献的收藏和流传极为重视。为了达到防火、防潮、防蠹、长期保存图书的目的，四库全书馆开馆不久，即派专人赴宁波了解已有200多年藏书历史的范氏天一阁的建筑情况，并依其式样在紫禁城、盛京故宫、圆明园、热河避暑山庄等处分别建造了文渊、文溯、文源、文津等内廷四阁。其后不久，又以江浙为人文渊薮之地，在扬州、镇江、杭州等处建立南三阁，续抄三部《四库全书》存储其间，以便文士及研究者"就近观摩誊录"。不仅如此，乾隆帝还指示，另抄《四库全书》副本一部，贮于北京翰林院，供愿读中秘书的词馆诸臣和北方文士抄阅。此外，再辟紫禁城御花园后的摛藻堂、圆明园之味腴书屋储放《四库全书荟要》。

在乾隆帝的直接统领下，乾隆四十三年《四库全书荟要》首先告成，乾隆四十六年至五十二年，八部《四库全书》亦先后抄写完毕，并陆续入贮各阁。而《四库全书总目》和《四库全书简明目录》等书也在经过反复修改之后由武英殿刊出。总计《四库全书》八部，每部79309卷，分装36300余册，6752函；《四库全书荟要》两部，每部19930卷，分装成11200余册，2001函，分别储存于政治中心的华北和文化发达的江浙等地。这就是说，在十几年的时间里，国家藏书量便增加了70万卷，30多万册。《四库全书》，集中全国优秀人才，投放大量资财，终于告成，这是我国古代文化发展史上的空前壮举。编修《四库全书》，是乾隆帝亲自主持的一次空前规模的文化整理活动，这一活动把清代的学术研究及文化事业推向繁荣的顶峰。

至此，不得不提的是在乾隆帝主持纂修《四库全书》的过程中，还寓禁于征，通过征求民间遗书、查缴禁书等活动，对全部现存文献进行了一次总审查，使许多极有价值的古典文献尤其是有关明清之际的不少历史著作遭到查禁、销毁之厄运。据有人估计，在《四库全书》纂修期间，因为各种罪名而遭销毁的图书约 3000 种，几乎与《四库全书》的收书量大致相等，损失是惨重的，这是自秦始皇焚书坑儒以来中国古代文化的又一次浩劫。一些图书即使侥幸未被销毁，也因为不符合乾隆帝规定的"为天地立心，为生民立道，为往圣继绝学，为万世开太平"的封建道德标准而被判为"存目类"，有目无书，不收入《四库全书》，甚至有的连"存目类"也不予登录。一些图书虽因影响较大而不得不收，但也因忌讳多端而对其中内容加以抽毁和篡改，使许多珍贵古籍或遭肢解，或者严重失真。对这一点，历史是不能原谅的。

7. 挥霍浪费，败坏成风

乾隆帝即位之初，为了光大祖业，巩固统治，他励精图治，建树繁多。在以后的几十年里，国家安定，经济繁荣，国库充实，国家巩固和强盛，但是，乾隆帝的腐朽本性也充分暴露出来了。这在乾隆帝的生活上表现得尤其突出。他骄奢淫逸，挥霍无度，在他的纵容和影响下，奢靡之风日长，吏治也日趋败坏，贪污公行。兼之土地兼并日益剧烈，自然灾害频繁发生，广大农民的生活更加恶化，不满情绪不断增长。因此，乾隆中期以后，清朝的统治虽已达到全盛的顶点，但在其背后，却隐藏着深刻的社会危机。以致在嘉庆元年（1796 年）乾隆帝刚刚举行内禅之后不久，便爆发了大规模的农民起义，清的统治也自此而迅速转向衰落。

乾隆帝多次巡幸各地，游山玩水，靡费特甚。他大兴土木，任意挥霍，耗费了大量的国帑。据统计，从乾隆六年到嘉庆三年，乾隆帝先后巡幸各地近百次之多。他巡幸热河避暑山庄 52 次，巡幸江南 6 次，巡幸五台山 5 次，告祭曲阜 5 次，东巡盛京 4 次。而且每次巡幸，大摆排场，兴师动众，随从众多，给所过地区的广大人民带来了深重的灾难。以巡幸江南为例，凡每次南巡，犹如迁都一样，不仅从行的后妃、王公和文武百官不可胜数，单警卫扈从的士兵就动辄数千人。为迎接乾隆帝南巡，运河两岸的地方官员更是大事铺张。在乾隆帝到来之前，他们征调民伕修葺、打扫行宫并在皇帝所经之处黄土垫道，清水泼街，张灯悬彩，高设香案；乾隆帝到来之际，他们身穿朝服率领属下官员及地方上的耆民老妇、绅衿生监跪伏道左迎候圣驾。同时，各地富商大贾也不惜巨资，费尽心机，争奇斗艳，以求博得皇上的欢心。乾隆帝本人也于沿途所经之处大搞排场，摆阔气，赏银两、赐酒食不绝于途。乾隆帝巡幸各地，不但给所经地区的人民以极大的骚扰，而且也耗费了大量的内帑。在京师和热河，乾隆帝大兴土木，先后将圆明园原有的28景扩建为40景，将热河避暑山庄原来的36景扩建为72景，并在圆明园之外另建长春园、绮春园等风景名胜，在避暑山庄之外另建大型寺庙多处。这些浩大的工程，耗去巨额资财，大大加重了人民的负担。除此之外，每逢皇太后和乾隆帝本人的"万寿节"，以及皇室人员的婚丧嫁娶之日，也是大事铺张，任意挥霍。乾隆十六年十一月是乾隆帝的母亲孝圣宪皇后的60寿辰。事先，在他的授意下，"中外臣僚纷集京师"。届期，乾隆帝将其母亲从西郊接回大内举行庆典。为了使其赏心悦目，从西华门到西直门外十几里长的街道上，各省分段布置了豪华的街景和文娱节目。他在广东省的所属地段使用了无数孔雀尾建造了一所两三丈长的翡翠亭。湖北省在其负责地段用琉璃砖建造了一所"重檐三层"的黄鹤楼。浙江又别出心裁，竟用无数面镜子建造了一所水榭，人入其中，化身千亿，极为壮观。其后，如60、80寿辰时，"京师巨典繁盛，俱不减于辛未（乾隆十六年）"。特别是乾隆五十五年八月，恰好逢乾隆帝本人80大寿，权臣和珅等人亲自操办，"务极侈大，内外宫殿，大小仪物，无不新办。自燕京至圆明园，楼台饰以金珠翡翠，假山亦设寺院人物，动其机括，则门窗开阖，人物活动"。营办费用已远远超过以前各次庆典活动。不仅如此，乾隆五十年，他还踵乃祖康熙帝故事，征召年过60岁的在职、致仕官员3000人。赐宴乾清宫，称为"千叟宴"。凡此种种，不仅耗费了巨额资金，使国家库藏日益空虚，而且由于在巡幸和节庆期间各级官员的纳贿送礼，也加速了整个统治阶级的没落和腐朽。

乾隆帝本人的生活腐化奢侈，对朝廷政局和整个统治阶级都产生了很恶劣的影响。其直接后果是和珅专权和吏治的败坏。和珅原是内务府銮仪卫中一个地位较低的拜唐阿，但是靠着巧言令色，善于机变，扶摇直上，直至位居军机大臣、尚书和授大学士，前后专权达24年之久。在他秉政期间，他利用乾隆帝年老昏愦，喜谀厌谏的思想，报喜不报忧，一方面积极经营，扩大权势，"内而公卿，外而藩阃，皆出其门"；一方面凭借自己的权势索取贿赂，"纳赂谄附者，多得清要；中立不倚者，如非抵罪，亦必潦倒"。从中搜刮到了骇人听闻的巨额财富，而乾隆后期的政治亦因此而达到了非常腐朽的地步。

吏治败坏是乾隆后期一个非常严重的问题。乾隆初年，承雍正帝大力整顿吏治之后不久，政治尚为清明，一般官吏也不敢公然贪污和为非作歹。但到乾隆中期以后，在乾隆帝本人生活极为奢侈及和珅专权的影响下，贪风复起，并发展到了不可遏止的地步。乾隆三十三年发生的两淮盐政高恒、普福和盐运使卢见曾贪污盐引案，乾隆四十六年发生的前甘肃布政使王亶望等合伙贪污捐纳监生所交赈灾银两案，乾隆四十七年发生的山东巡抚国泰、布政使于易简亏空国库案，乾隆四十九年和乾隆五十一年先后发生的江西巡抚郝硕、闽浙总督伍拉纳、福建巡抚浦霖等勒索属员巨额银两案，及乾隆五十七年发生的浙江巡抚福崧索贿、侵吞公款等案，都是吏治败坏的典型事例。对于各案要犯，乾隆帝虽然皆处以极严厉的刑罚，但是贪风并未因此而有所收敛。相反，贪风的恶性发展使得各级官吏严重不纯，为政素质普遍降低。吏治一坏，直接导致了乾隆后期统治走向下坡路。

朝廷上下，一方面吏治败坏，贪污成风；另一方面，不少官僚、商人和地主还乘势兼并土地，贫富两极分化日益严重。加上接连不断的水、旱等自然灾害，广大农民的生活陷入困苦之中。平常年景，农民还可以靠租佃地主土地勉强度日，一遇灾荒，生活无法维持，或者卖妻鬻子，或者流离道路，甚至出现饿殍盈道、人相食的惨景。这些都表明清政府正面临着极为深刻的社会危机。就在乾隆帝大力宣扬自己的"文治武功"，并醉心于幻觉中的太平盛世的时候，继乾隆前期一些地区的人民聚众结社、进行抗租、抗粮斗争之后，从乾隆中期开始，各地农民的反清活动由结社、抗租、抗粮已发展到武装斗争，此起彼伏，呈现日益扩大之势。如乾隆三十九年山东临清地区爆发了王伦领导的清水教农民起义；乾隆四十六年和四十八年甘肃循化地区先后爆发了苏四十三、田五等人领导的撒拉族、回族人民起义；乾隆五十一年至五十二年台湾爆发了林爽文领导的天地会农民大起义；乾隆五十九年湖南、贵州等地爆发了石三保、石柳邓等人领导的苗民起义和嘉庆元年爆发了川陕楚白莲教大起义。在各地农民连绵不断的起义的沉重打击下，深深地震惊了太上皇乾隆帝和新君嘉庆帝。嘉庆四年（1799 年）正月初三，临御天下 60 年并又当了 3 年太上皇的乾隆帝满怀惊恐而又焦虑的心情，以手遥指西南而逝世，终年 89 岁。葬裕陵，庙号高宗。

第十讲　反清起义与清皇朝的衰落

在清统一全国后，人民的反抗活动并未终止。在民间有长期历史的白莲教等秘密结社也一直存在着。

1. 朱一贵、王伦的起义

1721 年，福建长泰人朱一贵在台湾发动起义，队伍发展到 30 万人，斗争半年，被镇压下去。这次起义没有发展成为反清的高潮。

半个世纪后，1774 年，白莲教一个支派的首领王伦在山东寿张（今阳谷县南部和范县北部）起义，打下了寿张、堂邑（今冠县东部和聊城西部）、阳谷，占据了临清旧城。临清是大运河必经的要地，关系到粮食和各种物资的北运。清廷急派钦差大臣调兵围剿。王伦在临清旧城被围，寡不敌众，登楼自焚。此后，经历了乾隆皇帝晚期和嘉庆皇帝、道光皇帝在位时期，起义连续不断。

王伦起义，清朝乾隆三十九年（1774 年）山东寿张县（今山东阳谷东南）县民王伦领导的农民起义。又因在临清州进行的，故又为"临清起义"。

王伦于乾隆十六年，秘密地加入了白莲教的一个支派——清水教。乾隆三十六年，他自为教主，应用"运气"，给人治病，又教授拳术等，以此在兖州、东昌（今山东聊城）等地，收一些贫苦农民和游民为教徒。乾隆三十九年，山东庄稼歉收，地方官又妄行加征，官逼民反。王伦就用清水教谶言，组织教徒，原定十月起义，后因走漏风声，不得不提前，就于八月二十八日起义，王伦率众千人，头裹白巾，手持大刀、长枪，攻入寿张县城，杀死知县，九月二日攻下阳谷，九月四日又据堂邑。

起义军杀富济贫，"将库存银两搜劫，释放监犯，收入伙内"。深得民众拥戴，争入义军，军威大震。在击败清军竞州总兵惟一和山东巡抚徐绩的围剿后，起义军北上直逼临清要地，清王朝极为恼火。此时山东的绿营怯懦无能，总兵惟一"素以勇略自夸"，被起义军打得丢盔卸甲，都不足以镇压农民的起义。之后，乾隆派大学士舒赫德为钦差大臣，特选禁卫军 1000 人，由额附拉旺多尔济、都御史阿思哈率领，赶赴临清。九月下旬，清军大队密集，起义军被包围在临清旧城。乾隆又命直隶总督周元理、河道总督姚立德等派兵前往"助剿"。起义军英勇抗击，终因寡不敌众，导致失败。此后，王伦见大势已去，举火自焚。

王伦起义，虽然规模不大，历时不到 1 个月，但却是在清王朝前期鼎盛之时爆发的，这对清王朝来说，震动很大，预示着清王朝盛极而衰，更大规模的农民起义风暴即将到来。

2. 甘肃回民新派的奋起

1761 年，甘肃回民马明新创立新教派。从此，伊斯兰教有新旧教派的分歧。清官府乘机进行挑拨，袒护一派，压制一派。1781 年，官府把新派领袖马明新关入兰州监狱。回族和撒拉族人民群情激愤，在循化厅（今青海省循化县撒拉族自治区）回民苏四十三和韩二的领导下，攻占河州（今甘肃省临夏市），并向兰州进军。清廷命杀马明新，派将军阿桂率领京师的精兵，并调四川及阿拉善的军队，对起义军围攻。苏四十三和许多起义群众壮烈牺牲。信奉新教派的回族、撒拉族群众并没有为武力镇压所屈服，在田五的领导下，继续宣传新派的教义，并于 1783 年在伏羌（今甘肃省甘谷县）重举义旗。清廷又派阿桂率京师队伍镇压。田五不幸阵亡，张文庆、马四娃继续带领义军，攻下通渭、靖远等县。1784 年，起义又一次失败。

3. 林爽文的台湾天地会

1786 年，福建漳州人林爽文在台湾领导起义。林爽文是台湾彰化县天地会首领。天地会，又称三合会，是康熙年间成立的民间秘密组织，以反清为目的，在南方各省进行活动。它的成员比较复杂，主要是劳苦农民。林爽文提出了"安民心""保农业"的口号，以反对清官府的严重剥削。在攻下彰化后，林爽文自称顺天盟主大元帅。另一漳州人庄大田在凤山（今高雄县）起义后，攻下凤山，北上同林爽文围攻台湾府城（今台南市）。清廷调集沿海 7 省的水陆军赶去镇压。1788 年年初，林爽文被俘，起义失败。

4. 贵州苗民首领石柳邓

1795 年，贵州铜仁府（今贵州省铜仁市）苗民首领石柳邓，为反抗人身奴役和官府的残酷压榨，在大寨营发动苗民起义。接着，湖南永绥厅（今湖南省花垣县）黄瓜寨苗民石三保、乾州厅（今湖南省吉首市）平陇寨苗民吴八月等，都率领苗民群众纷起响应。起义军很快控制了湖南、贵州、四川的广大地区，杀死前去镇压的清朝云贵总督福康安。清廷一面调动云南、贵州、湖南、广东等省的几十万大军赶去镇压，一面进行分化瓦解。石柳邓战败牺牲，吴八月和石三保被俘。但苗民起义军始终不屈，他们在 1799年再次在湖南、贵州各地同时起义，一直坚持斗争到 1806 年。

5. 白莲教徒的多方起义

1796 年，白莲教徒起义。聂杰人等起于枝江，女领袖王聪儿和姚之富等起于襄阳。四川的达州、东乡、太平、巴州、通江纷起响应。荆襄一带的流民、棚户，长江的盐民和川东的逃兵，都纷纷参加起义。起义军转战河南、陕西、四川各地，使赶来镇压的清军疲于奔命。后来清廷利用地方上的地主武装，配合作战，又从各省调来几十万军队进行围剿。1798 年，王聪儿、姚之富率领的一支起义军在郧西山区被清军包围。王聪儿、姚之富突围不成，跳崖牺牲。1799 年，原在四川东乡起义的一支队伍被迫退入甘肃，转战于秦州、岷州等地，在首领冷天禄阵亡后，部众溃散。清廷对于其余的起义军采用坚壁清野的办法，即修筑堡寨，把乡民全部驱赶入寨，切断起义军跟群众的联系，使起义军陷入困境。1801 年，原在四川达州起义的一支队伍，在跟清军激战中首领徐天德阵亡，余部分散成几个小队到各地活动。1804 年，起义军全部被镇压。白莲教徒起义坚持斗争达 9 年之久。清廷为了镇压起义，抽调了十几个省的军队，军费开支达银二万万两以上。

天理教是白莲教的一个支派，很早就在直隶、山东、山西、河南等地传播。教徒大多数是贫苦农民，也有奴仆、雇工、小贩等。天理教的首领林清，长期在北京附近的大兴县（今为北京市大兴区）传教。他通过治病和组织穷人互助，团结了许多人。同时，李文成在河南滑县一带传教。林清、李文成与山东、直隶等地的教徒约定，在 1813 年阴历九月十五同时起义。起义消息在河南滑县泄漏，李文成被捕入狱。李妻张氏领导教徒提前起义，于九月初七攻入滑县，杀死知县，救出李文成，并攻占了河南浚县。山东定陶、金乡，直隶长垣（今属河南省）等地的教徒纷起响应。林清没有得到提前起义的消息，于九月十五率 200 多名教徒进入北京，分头从东华门、西华门攻进皇宫。清廷急忙调来火器营镇压。起义军失败，林清被捕后牺牲。河南的起义军被清军围困，李文成和部分教徒纵火自焚。李妻张氏继续坚守滑县，三次率队夜袭清军。1814 年初，滑县城被清军攻破后，张氏挥刀巷战，力竭自杀。

6. 曹顺组织先天教起义

1835 年，曹顺在山西赵城（今山西省洪洞县）发动起义。曹顺是山东曹县人，后来到赵城参加了民间秘密组织先天教，1834 年担任教主，即组织农民，制造武器。第二年，进攻赵城，杀死县令，并分路进攻霍州、临汾等地。因力量分散，被清军各个击破，起义失败。

7. 乾隆皇朝晚期的衰落

乾隆晚期以后的反清起义，次数很多。面对这些起义，清廷是一面派军镇压，一面推行、整顿保甲法以加强对人民的控制。但同时，乾隆皇帝照旧过着腐化享乐的生活。乾隆皇帝即位后，曾多次南巡，1780年和1784年照旧南巡。康熙时在承德兴建离宫，乾隆时继续进行，在1790年最后完成避暑山庄72所。这都是搜刮了大量民脂民膏而建成的。正像过去处于统一皇朝腐朽阶段的情况一样，官吏们以各种手段索纳贿赂，地主们贪婪地剥夺农民，积累财富。乾隆晚期的军机大臣和珅，拥有田地8000多项，赤金84000两，银元宝55000多个，窖藏银100万两，珍宝值银800万两，绸缎、皮张等值银100万两，人参600斤。还开设了银号40座，当铺75座。乾隆晚期以后，地方官吏的贪污是半公开的，其中尤以治河督办是最能贪污的肥缺。1811年，嘉庆皇帝曾指出，每年河工用银达3000余万两，其中的一多半是被贪污掉的。有的河督为了报请巨款，甚至故意毁坏堤防，造成险情，以便从中渔利。

官吏的层层贪污，减少了朝廷的财政收入，再加上为了镇压人民起义而开支巨额军费，使得朝廷的财政十分困窘。乾隆晚期，每年赋税收入，除去官兵的俸饷和各项经费外，只剩银200余万两。到了嘉庆末年，只有5个省的钱粮能按照定额缴纳给国库。国库总收入无法与庞大的开支平衡。为了解决财政上的困难，清廷不断地增加苛捐杂税，还扩大捐纳制度。除了允许捐钱买官以外，还允许捐钱买出身虚衔。如监生，不授现职，但能因此抬高社会身份，增加其横行乡里的便利。从1816年至1830年，清廷从捐纳监生一项，得银2270多万两。财源增加了，清廷的浪费也增加了，仍是入不敷出。而且许多项应归国库的收入，大部分被各级官吏层层贪污中饱去了。当时有人指出：州县官想要得到千金，下面经手人就能乘机得万金；督抚想要得万金，州县官就能乘机得十万金。财政上无可挽救的困难和极为严重的贪污想象，说明清皇朝的统治已极为腐朽。

第十一讲　从嘉庆帝到宣统帝

1. 嘉庆帝将和珅一党一网打尽

永琰（初名），乾隆二十五年（1760 年）11 月 13 日出生，又名颙琰，乾隆帝第 15 子，乾隆五十四年，封永琰为嘉亲王。乾隆帝曾接连两次建储，但指定之人，均已早逝。乾隆帝晚年，第 3 次立储，就为永琰。

乾隆帝于乾隆六十年（1795 年）禅位颙琰。最初 4 年，乾隆帝仍以太上皇名义掌朝；嘉庆四年（1799 年）乾隆去世，颙琰开始亲政，是为嘉庆帝，时已 39 岁。嘉庆帝任期内，可提起的显著政绩不多，比较值得一提的，就是在他亲政仅仅 5 天的时候，立即逮捕了乾隆朝大权臣和珅，迅即下诏宣布和珅的 20 大罪，赐和珅自尽，并充公和珅的全部家产；亲政的第 15 天，就将和珅一党全部打倒。当时，朝廷岁入 7000 万，而和珅以 20 年之阁臣，其所蓄当朝廷 15 年岁入半额之强。故有"和珅跌倒，嘉庆吃饱"之喻。嘉庆帝当时对朝廷上下的贪污状况深恶痛绝。

当年，翰林院侍讲梁同书"恭录嘉庆七年御制骂廷臣诗"："满朝文武著锦袍，闾阎与朕无分毫；一杯美酒千人血，数碗肥羹万姓膏。人泪落时天泪落，笑声高处哭声高；牛羊付与豺狼牧，负尽皇恩为尔曹。"虽然如此，但嘉庆帝却拿不出治理贪污的办法，他也只能针对和珅一人一党，而不可能扩大扫荡贪污的层级，因此朝廷治理贪污的收效，十分有限，更无以改变朝廷全面性的腐化。

嘉庆三年（1799 年），白莲教首领王三槐在北京受审时的供词提到"官逼民反"，嘉庆帝得知后，感到很大的震动。嘉庆八年（1803 年），爆发了陈德在紫禁城门口行刺嘉庆案。嘉庆十八年（1813 年），发生了天理教民攻入皇宫事件。终了嘉庆一朝，贪污问题不仅没有得以解决，反倒更加严重。这时期还爆发了白莲教、天理教等农民抗争，社会冲突激化，鸦片流入中国、八旗的生计问题、钱粮的亏空、河道漕运的难题，清朝国势日非。清朝倾全部的军事、财政力量，全力平定叛乱。嘉庆在天理教起义平定后，颁布"罪己诏"，当然不会有任何收效，这个时期可谓"嘉道中衰"。

嘉庆二十五年秋，嘉庆帝木兰秋狝（秋季打猎），在到达热河避暑山庄的次日，即 1820 年 9 月 2 日，因天气暑热，旅途劳顿，猝死。庙号仁宗，谥"受天兴运敷化绥猷崇文经武光裕孝恭勤俭端敏英哲睿皇帝"。

2. 道光帝与第一个不平等条约

道光帝（1782—1850 年），旻宁，原名绵宁。道光帝于 1820—1850 年在位，正值清朝衰落。道光帝为挽救清朝颓势，做了一些努力，如整顿吏治、整理盐政、通海运、平定张格尔叛乱、严禁鸦片，起到了一定积极作用。他本人力行节俭，勤于政务，但作为一个帝王，他的资质不高，加之社会弊端积重难返，清王朝在道光帝的统治时期，只能进一步衰落下去，与西方的差距也就越来越大。1842 年清朝在鸦片战争中失败，签订了丧权辱国的《南京条约》。此后的 10 年，道光帝苟安姑息，得过且过，没有振兴王朝的举措。道光三十年（1850 年）一月，死于圆明园，终年 69 岁。庙号宣宗，谥"效天符运立中体正至文圣武智勇仁慈俭勤孝敏成皇帝"。

《南京条约》是中国近代史上与外国签订的第一个不平等条约。道光二十二年（1842 年），清朝在与英国的第一次鸦片战争中战败。清政府代表在泊于南京下关江面的英军旗舰康华丽号（也译作皋华丽号）上，与英国签署了《江宁条约》，又称《中英南京条约》。

3. 咸丰帝与英法俄《北京条约》

咸丰帝（1850—1861 年在位）：奕詝，1831 年（道光十一年）7 月 17 日生于北京圆明园，道光帝第 4 子。道光二十六年，道光帝用立储缄藏。

道光三十年一月，道光帝不豫，宣召大臣示朱笔，立其为皇太子。宣宗逝世后，咸丰帝即位，颁诏覃恩，以第二年为咸丰元年。

咸丰帝在位期间，内外交困，太平天国起义，又遭遇英法联军侵略中国，咸丰帝依靠湘军，抑制住了太平天国起义的进一步扩张。对英法联军，他也派兵抵抗，最后失败了，并以签订丧权辱国的《北京条约》告终。

1861 年 8 月 22 日，咸丰帝在承德病故，在位 11 年。卒谥"协天翊运执中垂谟懋德振武圣孝渊恭端仁宽敏庄俭显皇帝"，庙号文宗。

《北京条约》是 1860 年英法联军攻进北京后，英、法、俄强迫清政府，分别签订的结束第二次鸦片战争的不平等条约。其中，《中英北京条约》原称《中英续增条约》，由清钦差大臣奕䜣与英国全权代表额尔金于咸丰十年（1860 年）10 月 24 日在北京签订，共 9 款。这个条约除确认《中英天津条约》仍属有效外，又增加了扩大侵略的条款：开天津为商埠；准许英国招募华工出国；割让九龙司地方一区给英国；《中英天津条约》中规定的赔款增加为 800 万两。签约后，英国即表示扶助清政府镇压太平天国革命，并支持洋务派奕䜣当政。

《中法北京条约》原称《中法续增条约》，由清钦差大臣奕䜣与法国全权代表葛罗于 1860 年（咸丰十年）10 月 25 日在北京签订，共 10 款。这个条约除确认《中法天津条约》仍属有效外，又增加了扩大侵略的条款：开天津为商埠；准许法国招募华工出国；将以前被充公的天主教产赔还，法方在中文约本上私自增加"并任法国传教士在各省租买田地，建造自便"；《中法天津条约》中规定的赔款增加为 800 万两。签约后，法国即表示扶助清政府镇压太平天国革命，并支持洋务派奕䜣当政。

《中俄北京条约》即《中俄续增条约》，1860 年（咸丰十年）11 月 14 日沙俄利用英法侵华联军攻占北京的军事压力，强迫清政府签订的不平等条约。由清钦差大臣奕䜣与俄国驻华公使伊格那提也夫在北京签订，共 15 款。主要内容：将乌苏里江以东（包括库页岛在内）约 40 万平方公里的中国领土，强行划归俄国；规定中俄西段疆界，自沙宾达巴哈起经斋桑卓尔、特穆尔图卓尔（今伊塞克湖）至浩罕边界，"顺山岭、大河之流及现在中国常驻卡伦等处"为界，根据这一规定，于 1864 年签订了《中俄勘分西北界约记》，将巴尔喀什湖以东、以南和斋桑卓尔南北 44 万多平方公里的中国领土，割给俄国；开放喀什噶尔（今喀什市）为商埠；俄国在库伦（今蒙古国首都乌兰巴托）、喀什噶尔设立领事馆。

4. 同治帝19岁崩于皇宫养心殿

载淳，年号"同治"。咸丰六年三月二十三日生于北京紫禁城储秀宫。为清文宗咸丰帝长子，母为孝钦显皇后叶赫纳拉氏。

当年，由于慈禧太后贪恋权力，她以同治帝"典学未成"为由，拖延同治帝亲政时间。直到同治十一年九月十五日（1872年10月16日），才为自己17岁的儿子载淳举行了大婚典礼。同治帝的婚姻是个大问题，找谁做皇后，两宫皇太后意见不一：慈安太后提议以侍讲崇绮之女阿鲁特氏为皇后，慈禧太后主张以侍郎凤秀之女富察氏为皇后。同治帝本人喜欢前者，同治帝的惠陵便以阿鲁特氏为皇后，富察氏为慧妃。同治十二年，同治帝亲政，只有1年多。这一年他干了什么事呢？

首先说外事。第一，他处理了一些外交事务。六月十三日，他在紫光阁接见日本特派大使。之后，俄国、美国、英国、荷兰等国公使向他递交了国书。第二，这年十二月，应越南国王要求，同治帝派遣两广总督瑞麟帮助越南抗法。第三，由于台湾高山族人误杀漂流到台湾的琉球人，日本以此为借口侵略台湾。第二年三月二十九日，同治帝派福建船政大臣沈葆桢赴台湾部署防务，少年同治帝想抵御日本侵略。后来通过谈判，订立《北京专款》，日本撤出台湾，清政府赔偿白银50万两。要是说同治帝在外交方面还算做了点儿事的话，那么内政方面他就什么成绩都没有。要说有，那就是他制造了麻烦。

同治十二年九月，同治帝以方便太后颐养为名，实为自便，降旨兴修颐和园。修颐和园需银1000万两，木材一项，径7寸至4尺多，长1丈5到4丈8的楠柏陈黄松木要3000根。因为镇压太平天国，各省款项支绌，当时西北左宗棠又正镇压回民起义，捐输和厘金全用在上面了，清政府的财力根本不允许再拿出这么多钱来修园。木材需从四川采集，但道光初年以来已经砍伐得差不多了，无从购觅，况且运输艰难万分。十月二日，御史沈淮上疏请求缓修，师傅李鸿藻与翰林院侍讲学士李文田也都上疏劝谏，同治不听。十三年一月十九日，正式开工。钱出自捐款 40 多万，木材由人到福州买进口的。十二日，同治帝亲自视察工地，此后又于四月九日、五月十一日视察工地。赞成修园的也有，那就是与慈禧太后同族的两广总督瑞麟，而越来越多的大臣反对同治这一做法。三月二十四日，奕䜣、奕谟、景寿等共同上疏劝谏，仍不听。七月十六日，开始忍耐并出了 2 万两报效银的恭亲王也上《敬陈先烈请皇上及时定志用济艰危折》，附议此折的还有 10 多名御前大臣与军机大臣。该折提出了一系列大政要事，要求停工。同治读了折子上几行字，便勃然大怒，说了好些低水平的话："我停工何如？尔等尚有何哓舌？"奕䜣又提出一些问题，同治帝大怒，说："如此位让尔何如？"奕䜣又提到同治"微行"一事。所谓"微行"是指他便装到宫外寻秦楼楚馆。同治帝开始矢口否认，待奕䜣说出时间、地点和人证，才无话可说。同治帝对奕䜣怀恨在心，写了一道朱谕，革掉他一切职务。九月二日又改为只将他降为郡王，仍在军机大臣上行走。三日又下朱谕，革去悖王奕谅、醇亲王奕谟、科尔沁博多勒噶台亲王伯讷彦谟诂、额驸景寿、贝勒奕劻、军机大臣奕䜣、文祥、沈桂芬、李鸿藻等 10 人的职务。慈禧太后尽管与奕䜣有矛盾，但她还不想现在马上就把奕䜣完全排斥掉。她立即叫同治帝取消这个上谕，说："十年以来，无恭王何以有今日？皇上少未更事，昨谕著即撤销。"同治这才立即发出上谕，恢复了奕䜣世袭罔替的亲王衔，奕谅、奕谟的官职也得以恢复。

同治帝在位 13 年（1861—1874 年），于同治十三年十二月五日崩于皇宫养心殿，终年 19 岁。葬于河北省遵化清东陵之惠陵。庙号穆宗。谥号"继天开运受中居正保大定功圣智诚孝信敏恭宽明肃毅皇帝"。

5. 光绪帝的不幸与"百日维新"

1875 年，同治皇帝死，载湉继位，年号光绪。

1898 年 6 月 11 日，光绪皇帝宣布变法，任命康有为参赞新政，并任命谭嗣同、刘光第、杨锐、林旭在军机处帮助主持变法事务。从 6 月 11 日到 9 月 21 日的 103 天中，改良派通过光绪皇帝颁布了一系列变法维新的命令，称为"百日维新"。变法的主要内容有：设立农工商总局，保护和奖励工商业；

设矿务铁路总局，修筑铁路，开采矿产；改革行政机构，裁减不必要的官员；改革科举制度，废除八股文；设立学堂，学习西学；准许自由创立报馆和学会，提倡上书议事；奖励新发明。这些措施根本没有提到设议院、立宪法，没有能引起实质性的政权变动，但对原有的制度做了一些改革，也有利于民族资本主义的进一步发展。9月21日，慈禧太后发动政变，囚禁了光绪皇帝，搜捕改良派重要人物，维新运动失败了。

光绪帝，名载湉，生于1871年（同治十年）8月14日。4岁继承皇位，因在位年号为光绪，被称光绪帝。

同治帝病死，其生母慈禧太后在悲痛之中关注的是自己的统治地位，继续得以垂帘听政。慈禧太后认为，如从溥字辈挑选1人为帝，她就被尊为太皇太后，相差两辈的关系会直接影响她对清朝统治大权的操纵。载湉是同治帝载淳的七叔醇亲王奕譞之子，却作为载淳的同辈接替了皇位，这是慈禧太后在权欲的促使下做出的最后决定。

选择载湉为帝位继承人，为了掩人耳目，慈禧太后在"懿旨"中称立载湉为嗣皇帝乃不得已之举，表示"俟嗣皇帝生有皇子，即承继大行皇帝为帝"。此时载湉只有4岁，待他有子再承接同治帝的帝位，至少要有十几年的时间。慈禧太后立载湉为帝，以便达到继续垂帘听政的目的。于是，1875年（光绪元年）2月25日，在紫禁城太和殿为载湉举行了登基典礼。载湉虽成了皇帝，慈禧太后又以皇帝年幼为名再度垂帘听政，从而继续操纵政局，重操着同治帝即位时的做法。

到了光绪十二年（1886年），载湉虚龄16岁时，即已为成人，已具备了"披阅章奏，论断古今，剖决是非"的能力。在告别幼帝生涯之时，光绪帝所面临的第一个现实问题就是能否顺利地亲政。当时，十分明显，慈禧太后在那里坐着，实难亲政。光绪十二年六月十日，慈禧太后在"懿旨"中重申了当初立载湉为帝，太后再度垂帘听政，实为"一时权宜"之举，保证"一俟嗣皇帝典学有成，即行归政"之意，并宣布"著钦天监选择吉期，于明年举行亲政典礼"。表面看来，慈禧太后许了光绪"亲政"的诺言，而实际上慈禧太后纯属无可奈何。光绪帝亲政后，她仍然要以一种新的方式操纵清廷大权。这年十月，礼亲王世铎就训政的细则奏报了慈禧太后允准，在训政的细则中，明确写道："凡遇召见引见，皇太后升座训政"，就此一条，实质上万事都要听慈禧太后的，都要按慈禧太后的去做，这从根本上与慈禧太后垂帘听政，并没有丝毫的区别。光绪十三年一月十五日，清廷为光绪帝举行了亲政仪式，这意味着光绪帝亲政的开始，但却是慈禧太后归政于光绪帝，而铺平了能够长期对光绪帝加以控制的另一条曲径，慈禧太后最终还是达到了控制光绪帝，从而操纵清廷大权的目的。

在慈禧太后训政两年之后，光绪十五年一月二十六日在清宫隆重举行了光绪帝的大婚典礼。此时，慈禧太后没有打破幼帝一经大婚便要亲理朝政的祖宗之法，只好搬出皇宫到颐和园去"颐养天年"。但这并不意味着她已甘心地去让光绪帝行使皇权，而是在归政前后搞了一连串的活动，以便对亲政后的光绪帝加以控制，继续操纵清廷大权。光绪十四年十月，择定由慈禧太后的侄女叶赫那拉氏为光绪帝的皇后，以此对光绪帝施加影响。为加强对朝廷的控制，她在文武官员的安排任命上多用对其效忠之人，以至于光绪帝亲政之时，所面对的几乎都是太后听政与训政时期的重臣。为便于把握光绪帝的动向，她决定将光绪帝读书的书房由毓庆宫改在颐和园附近的西苑，要求光绪帝每日到颐和园向她请安，亲政后的光绪帝必须将朝中大事向她"禀白而后行"。光绪帝的亲政历程，由酝酿到开始，经过了两年半多的时间，但是已经长大成人的光绪帝，渐渐成熟了，尽管慈禧太后不断以各种方式钳制着他，然而作为一个年轻的皇帝，总还是要施展一下自己的政治抱负。这使得光绪帝与慈禧太后之间的矛盾与冲突，已经是不可避免的了。

光绪帝亲政后，慈禧太后仍旧干预朝政，部分臣属对此不满，并表示出对光绪帝的同情和支持。光绪帝也为冲破慈禧太后旧臣们的钳制局面，相继提拔了志锐、文廷式等少数官员，也总算有了一点儿政治势力，不能不说光绪帝对慈禧太后的独专朝政有着潜在的威胁。年轻的光绪帝经其师翁同龢多年的指点，已具备了掌理朝政的能力。

到甲午年（光绪二十年，1894年），帝、后之间就如何对待日本的侵略，公然出现了帝党与后党之争。后党即以慈禧太后为中心的一派政治势力，而帝党则是指以光绪帝为中心的另一派政治势力。慈禧太后多年操纵政局，不仅在王公中培植了醇亲王奕譞、礼亲王世铎等亲信，而且重用孙毓汶、徐用仪等人控制军机处，委任徐桐主管吏部，指使李莲英控驭紫禁城的深宫内院，并对封疆大吏中颇有实力的李鸿章加意笼络，形成后党势力。

帝党的形成晚于后党，势力明显弱于后党，主要成员是光绪帝的师傅翁同龢，还有礼部侍郎志锐、侍读学士文廷式、翰林张謇、工部主事沈曾植等人。在甲午年面对日本的军事挑衅，慈禧太后及后党倾向于主和，光绪帝及帝党倾向于主战。

日本自明治维新后，在发展资本主义的同时走上了军国主义的道路，对外积极推行侵略扩张政策，加紧制订了侵略中国、称霸亚洲的所谓大陆政策。光绪二十年（1894年）春，朝鲜发生东学党领导的农民起义，由于历史上形成的中朝之间的宗藩关系，朝鲜政府请求清廷出兵帮助镇压农民起义。日本以保护侨民为借口，乘机出兵朝鲜，屡向中国驻军进行挑衅，中日战争迫在眉睫，如何对待？慈禧太后主张对日妥协，而且光绪二十年十月十日又是慈禧太后的六旬庆辰，修建颐和园的工程正在进行着。慈禧太后唯恐因战争会影响她的"万寿庆典"，一心主和。后党附和她的思路，由军机大臣等人操纵，在直隶总督李鸿章的执行下，摆出主和姿态。光绪帝及帝党成员则从大清帝国的民族利益出发，认识到日本进行战争挑衅的严重性，痛感"我中国从此无安枕之日"，积极筹备抗战，表示出主战的愿望。光绪帝多次下诏令直隶总督兼北洋大臣李鸿章筹备战守，并命南洋各督抚大臣预为筹备，反对李鸿章恳求列强出面调停的做法。为了打破由世铎、孙毓汶、徐用仪控制下的军机处一再向清廷封锁有关中日战端消息的局面，光绪帝于六月十三日下令派翁同龢和礼部尚书李鸿藻参与军机处事宜，与诸军机大臣会商中日朝鲜争端。军机处乃直接辅佐皇帝的政务机构，为处理军国大事的中枢部门，非军机大臣不得参与军机处事宜。翁同龢、李鸿藻是奉特旨与会，非同寻常。在会上，翁、李二人提出备战御敌的方策，得到认可。

第二天，与会诸臣联衔向光绪帝递上《复陈会议朝鲜事宜折》，折中采纳了翁、李的主战见解。对此，光绪帝大为赞同，于六月十六日再次下诏令李鸿章抓紧军事部署。李鸿章只好调派卫汝贵所部开往平壤，租用英轮"高升号"运兵增援驻牙山的清军。但在此之前，日本早已做好了发动战争的准备，正当"高升号"轮船于六月二十三日在北洋海军"济远""广乙"舰护卫下运兵行至丰岛海面时，蓄谋已久的日本海军突然发动袭击，击沉"高升号"轮船，悍然挑起中日甲午战争。

面对日本侵略战争的事实，朝野上下要求主战御敌的呼声日趋高涨，光绪帝也毅然决定对日宣战。光绪二十年七月一日（1894 年 8 月 1 日），清廷发布对日宣战的"上谕"，指出日本"不守公法，任意鸱张，专行诡计，衅开自彼，公论昭然"，决定"著李鸿章严饬派出各军迅速进剿，厚集雄师，陆续进发""并著沿江沿海各将军督抚及统兵大臣，整饬戎行，遇有倭人轮船入各口，即行迎头痛击"。自此，光绪帝的主战御侮愿望总算通过这份宣战书的颁布得以实现。许多帝党官员也希望"中国果能因此振刷精神，以图自强，亦未始非靖边强国之一转机也"。光绪帝期待着战况能向有利于中国的方向进展，于是，他于光绪二十年七月二日、三日接连旨令李鸿章迅速电催各军"星夜前进，直抵汉城（韩国首尔的旧称）""一俟诸军齐到，即可合力驱逐倭寇，以解汉城之围"，希望能痛击侵朝日军。四日，卫汝贵和马玉崑率部始至平壤。随后，左宝贵部与丰升阿部也赶到平壤。各军期待着从平壤进军汉城。但李鸿章却在电文中指示卫汝贵称"平壤要地，宜会商何军留守，方可前进"，主张以防守为主。对此，光绪帝表示不满，又在十六日谕令李鸿章"电饬各统将，筹商妥协，迅速进兵"。十七日，李鸿章请总理衙门代奏，强调目前只能坚扎平壤，待后路布置妥当再"相机进取"。

光绪二十年七月下旬，叶志超率部抵平壤，光绪帝根据李鸿章的提议，命叶志超总统平壤各军。叶志超是一个畏敌怯战的胆小鬼，他借口"各军马步有未到齐者"，请求继续"筹调添募"，军队按兵不动。八月五日，光绪帝再次谕令李鸿章称："朕为军情至急，听夕焦急。该大臣慎毋稍涉大意，致有疏虞，自干咎戾也。"这次李鸿章未敢怠慢，电催叶志超出兵，叶志超也感到再不出兵无法向皇帝交代，随即先派骑兵一哨出探，方知日军已向平壤逼来。六月十六日，日军向平壤发起总攻，叶志超率部望风而逃，而马玉崑、左宝贵则分别在船桥里、玄武门率部同日军进行了血战，终因寡不敌众，平壤陷于日军之手。在日军进攻平壤的第二天，李鸿章调派的援军分乘 5 艘运兵船，由北洋海军提督丁汝昌率 12 艘主力战舰护送，驶至鸭绿江口。当晚 10 营援军登岸，次日丁汝昌率航队返航。当北洋舰队行驶于鸭绿江口大东沟附近的黄海海面时，与日本联合舰队展开了一场激烈的海战，是为黄海海战。海战中，邓世昌不畏牺牲誓与舰船同存亡的英勇表现感动了光绪帝，他亲赐挽联曰："此日漫挥天下泪，有公足壮海军威。"就黄海海战的结局而言，中日双方舰船均有所创，并且是日本舰队先退出了战场，表明这是一次未分胜负的海战。但这次海战后，李鸿章却极力主张"避战保船"，从而丧失了制海权，导致北洋舰队最终被日本舰队困扼于山东威海刘公岛基地而全军覆没。光绪帝在朝鲜战场抗击日军的计划和壮海军之威的愿望，也只能成为泡影。

甲午战争爆发后，清廷为招募军队、添购兵船积极筹款。翁同龢为了筹款，四处奔波，费尽心思。他在光绪帝的支持下，根据文廷式、安维峻等人多次上奏要求慈禧太后停办"万寿庆典"筹备的各折，于八月十四日以户部名义上奏请求停止为祝寿所搞的庆典工程，以节省经费。光绪帝不仅对此折大加称赞，而且又授意志锐、高燮曾等人上奏呼吁移祝寿工程之费为战费。慈禧太后在舆论压力之下，只好宣布停办各点景、戏台，简化庆典活动，祝寿地点由颐和园改在宫中受贺。这算是光绪帝有生以来第一次迫使慈禧太后做出的让步。慈禧太后虽在无奈之中同意了移颐和园工程之费以做军费，但她实在不满，声称"今日令吾不欢者，吾将使其终生不欢"，开始寻找报复的机会。

当日军攻占平壤，又将战火烧到鸭绿江边时，慈禧太后感到惶恐不安，把求和的希望再次寄托到列强的出面调停，于是主张由李鸿章出面与俄国公使喀西尼交谈，因俄使不愿出面调停，慈禧太后联俄制日求和的计划未能实现。接着，她又鼓动恭亲王奕䜣与英使联系，寄希望于英国的调停。本来在甲午战争爆发后，帝党官员纷纷要求光绪帝起用已被闲置十年之久的恭亲王奕䜣。光绪帝采纳了这个建议，于九月一日任命奕䜣为总理衙门和海军衙门的总理大臣，希望他能以老臣的资历对战局做些指导。不料这位在"甲申朝局之变"中被慈禧太后罢黜的恭亲王，竟在复出后又站到了慈禧太后的一边，实令光绪帝恼火。但光绪帝仍想利用奕䜣与慈禧太后长期政争的矛盾，又于十月五日任命奕䜣为新成立的督办军务处的首脑。光绪帝还在同日任用翁同龢为军机大臣，试图以此来改变军机处由后党操纵的局面。光绪帝的主战与慈禧太后的求和固然形成鲜明的对比，但他对奕䜣的重用却是一个失误。奕䜣在督办军务处仅两天后，就去商请英、法、德、美公使以赔偿兵费等为条件由列强出面调停。

在日军逼近鸭绿江之际，光绪帝强调加强鸭绿江防线，在给李鸿章的谕令中称："著李鸿章统筹进止机宜，妥为调度，朝廷不为遥制。"李鸿章在掌握统筹进止之权后，并未做积极的防守，以致日军在九月二十六日强渡鸭绿江，接着连陷九连城、安东、凤凰城、金州、旅顺等地。

光绪帝在十月二十七日旅顺失守后，"责李鸿章调度乖方，褫职留任"。于此光绪帝调两江总督刘坤一到山海关前线，负责指挥战事，试图用湘军取代淮军以改变不利状况。但湘军的战况依然不佳，到光绪二十一年（1895年）春，日军又接连攻占了山海关外的海城、营口、田台庄等要地，几乎控制了辽东半岛。

光绪二十年十二月二十五日，日军又在山东荣成湾登岸，从后路包抄威海。光绪帝连发谕令，要北洋舰队和陆军"奋力冲击""切勿再失事机，致以战舰资敌"。但早已在李鸿章"避战保船"方针下躲在刘公岛基地的北洋舰队不仅无法控制制海权，还遭到日军在威海后路的合力夹击，日本舰队最终于光绪二十一年一月二十三日侵入威海卫港，北洋舰队的覆灭，结束了威海卫之战。

日本军队向威海卫进攻之日，正是清廷遣使赴日求和之时。还在奕诉要求各国公使出面调停的时候，他派出总理衙门大臣张荫桓去天津同李鸿章密商直接派员赴日求和问题。李鸿章建议由天津海关税务司德璀琳前往日本，结果日本以德璀琳不是清廷钦派大员为借口拒绝接待。慈禧太后又同奕诉商定，由张荫桓作为全权代表赴日。一月六日，张荫桓一行抵达日本广岛。日本为全歼北洋海军，不愿在此时议和，便以张荫桓等人全权不足为由不予开议，日方表示只有奕诉或李鸿章亲自赴日，才能作为谈判对手。在日军占领刘公岛的当天，慈禧太后决定派李鸿章为全权议和代表赴日谈判，李鸿章在旅顺失陷时所受的处分也予以撤销。慈禧太后做了这些安排之后，自己便抱病不出，把怎样议和的烂摊子甩给光绪帝。李鸿章于一月二十八日来京后，与枢臣讨论了议和中的有关问题。李鸿章起初表白"割地之说不敢承担"，想把割地的责任推给朝廷。翁同龢认为"但得办到不割地，则多偿当努力"，这代表了光绪帝的意见。后党成员孙毓汶、徐用仪便称"必欲以割地为了局"。帝、后党之间在割地的问题上，分歧更加明显。

后来，李鸿章以如议和不成，日本将"照旧进兵，直犯近畿"相要挟，加以英、俄等国也胁迫清廷尽快议和，光绪帝只好做出妥协，命奕诉代传口谕，授李鸿章"以商让土地之权"，又"令其斟酌重轻，与倭磋磨定议"。三月二十三日，李鸿章在日本抱着"宗社为重，边徼为轻"的宗旨，与日方草签了《马关条约》。由于该约内容苛刻，光绪帝以割地太多为由，表示对该约"不允"，拒绝签字用宝。此时，爱国官员的谏诤和举人的上书活动风起云涌，光绪帝怀着通过迁都而与日本周旋的想法到颐和园请求慈禧后接受这唯一可行之策，结果遭到拒绝。四月八日，军机大臣孙毓汶拿着李鸿章从天津送来的和约稿本与奕䜣等人共同逼迫光绪帝签字，慈禧太后在这时也指令必须批准和约，光绪帝"绕殿急步约时许，乃顿足流涕"，被迫在《马关条约》上签了字，第二天"和约用宝"。

在甲午战争中力主抗击日本侵略的光绪帝，因战败而吞下了苦果。然而，他并没有因此消沉下去，却是以"不愿做亡国之君"的姿态迎合了正在兴起的维新变法运动。

光绪二十一年四月八日（1895年5月2日），光绪帝被迫接受了《马关条约》，并在该条约上签了字。当天，康有为联络了在京参加会试的1300余名举人在"拒和、迁都、变法"为主要内容的上清朝皇帝书上联名签字，并正式呈递都察院，要求上达光绪帝。这就是有名的"公车上书"。都察院以《马关条约》已用宝为名，拒绝接受这份上书。但上书的内容却被广泛传抄和刊印，流传极广，影响深远，此便拉开了维新变法运动的序幕。

康有为接着又撰写了上清帝第三书，呈递都察院。五月十一日，这份上书送到了光绪帝的手中。此时，正在为甲午丧师痛感不安、为签约用宝深怀内疚的光绪帝，急切需要的是怎样雪耻自强之方，康有为的这份上书中详细陈述了"富国""养民""教民""练兵"等实施变法的具体内容，所申明的必须"及时变法""求人才而慎左右，通下情而图自强，以雪国耻，而保疆圉"的剀切之言，引起了光绪帝的共鸣，对上书"览而喜之"，立即命令再抄录副本四件，其中一件呈送慈禧太后，一件留存军机待日后发交各省督抚讨论，一件存放乾清宫南窗小箧，一件存勤政殿以备随时"览观"。这是光绪帝同维新派的代表人物康有为在思想上接触的开始。

二十余天后，康有为又写下呈光绪帝第四书，先后请都察院、工部等衙门代递，均遭到拒绝，康有为与光绪帝之间的沟通道路并不畅通。这使得康有为认识到"变法本原，非自京师始，非自王公大臣始不可"。于是，他把帝党官员视为靠山，同翁同龢联系密切。翁同龢早在光绪十四年康有为第一次向清帝上书时就闻知了他的名字，当光绪二十一年的会试期间，翁同龢作为朝考阅卷大臣，对康有为加意赏拔，使其考中进士。出闱后，康有为拜访了翁同龢，反复向翁同龢讲述了变法的重要性，希望光绪帝能够"力任变法，推见贤才"。翁同龢感到康有为对宫中情况不甚了解，便对他说："与君虽新见，然相知十年，实如故人，姑为子言，宜密之。上实无权，太后极猜忌，上有点心赏近支王公大臣，太后亦剖看，视有密诏否？自经文芸阁召见后，即不许上见小臣，即吾之见客，亦有人窥门三巡数之者。"临别时，康有为送给翁同龢两本他自己所写的有关俄国、日本变法的书籍《俄彼得变政记》《日本变政考》。不久，康有为又引荐梁启超、谭嗣同、黄遵宪等人结识了翁同龢。翁同龢则将帝党官员文廷式、李盛铎、陈炽等人介绍给康有为等维新志士。这样，维新派与帝党的结合，对于维新运动的不断高涨起到了促进作用。

这一年夏季，《万国公报》（后改名《中外纪闻》）的创刊和强学会的成立，有力地扩大了变法的宣传，壮大了维新派的力量。光绪帝能够对康有为等维新志士进一步加深了解并逐步确立变法的信心，与帝党官员起到的纽带作用是分不开的。他第一次展读康有为的上书时，翁同龢在场向他介绍了康有为的才华。随后"备以康之言达皇上，又日以万国之故，西法之良"来"辅导皇上"，使光绪帝眼界大开。

光绪二十三年（1897年）冬，在德国强占胶州之际，康有为又呈上清帝第五书，痛陈中国面临被列强瓜分的危局，要求光绪帝立即变法图存。这次上书又遭顽固大臣阻挠，光绪帝未能见到。恰在此时，曾三次读过康有为上皇帝书的给事中高燮曾上奏为康氏的遭遇鸣不平，请求光绪帝亲自召见他，委以重任。这是清朝官员第一次正式在奏折中向光绪帝举荐康有为。翁同龢也鼓励光绪帝传旨召见康有为。光绪帝采纳了这些建议，不料却遭到奕䜣的反对，理由是本朝成例，非四品以上官不能召见，康有为是一个小臣，只能由大臣问话后传语。光绪二十四年一月三日，康有为被请到总理衙门西花厅问话。参与问话的翁同龢把康有为在问话时所陈言的有关变法重要性、内容及步骤向光绪帝汇报后，光绪帝命令臣属今后对康有为递上的条陈，要即日进呈，不得阻拦或积压。于是，康有为在问话后的第五天，向光绪帝上第六书，提出了下诏定国是的要求，强调中国变法"莫如取鉴日本之维新"，要义有三点：一曰大誓群臣以革旧维新，二曰开制度局于宫中，三曰设待诏所。光绪帝读了这份上书后颇以为然，坚定了变法的决心。二月二十日，康有为第七次向光绪帝上书，要求光绪帝以俄国彼得大帝为榜样，以君权厉行变法。三月二十七日，康有为等人组织了保国会，由御史李盛铎领首。守旧大臣攻击该会"名为保国，势必乱国"，甚至要追究入会之人。光绪帝则指出："会为保国，岂不甚善！"有力地打击了顽固势力的气焰，支持了维新派。

光绪二十四年（1898 年）春夏之交，光绪帝既受到康有为等人力言变法图存主张的影响，又目睹这年春季俄国强占旅顺、大连后列强交迫、国势日蹙的严重状况，决心通过变法维新，使自己成为一个有所作为的皇帝。

是年四月十二日，恭亲王奕䜣的病逝给光绪帝提供了一次实施变法的机会。他请庆亲王奕劻转告慈禧太后称："太后若仍不给我事权，我愿退让此位，不甘做亡国之君。"康有为也致函翁同龢，促其及时策动光绪帝变法，勿失时机。翁同龢便授意康有为代御史杨深秀、内阁学士徐致靖拟"请定国是"的奏折两件，由杨、徐两人分别于十三日、二十日向光绪帝进呈。光绪帝在二十二日令翁同龢代拟宣布变法的国是诏。经翁同龢一夜的努力，诏书撰就。二十三日，光绪帝颁布了《明定国是诏书》，宣告变法。诏书中称"朕惟国是不定，则号令不行，极其流弊，必至门户纷争，互相水火，徒蹈宋明积习，于时政毫无裨益""嗣后中外大小诸臣，自王公以及士庶，各宜努力向上，发愤为雄，以圣贤义理之学，植其根本，又须博采西学之切于时务者，实力讲求，以救空疏迂谬之弊"。

光绪帝在宣布变法的二天后，又下诏定于二十八日召见康有为。慈禧太后却先发制人，迫令光绪帝在召见康有为的前一天以翁同龢"揽权狂悖"为由将其免职，逐回常熟原籍。光绪帝在一度"战栗变色"后，仍如期在颐和园勤政殿召见了康有为，商讨变法事宜。康有为首先陈述中国面临着严重的民族危机，指出"非尽变旧法与之维新不能自强"。光绪帝表示同意，他说："今日诚非变法不可。"为了减少顽固派的压力与阻挠，康有为建议"就皇上现在之权，行可变之事"。召见之后，光绪帝任命康有为在总理衙门章京上行走，特许康有为专折奏事。康有为充分利用皇帝赋予他的专折奏事之权，不断上奏，提出一系列有关新政的建议。光绪帝从下诏变法到八月初六慈禧太后发动政变前的 103 天中，先后发布了有关新政的各种诏令达 180 条左右，其主要涉及的层面和所包括的内容有：

文化教育方面，创办京师大学堂，改革科举制度，废除八股而改试策论，设立译书局，派留学生出国等；经济方面，保护农工商业，成立农工商局，奖励发明创造，设立铁路、矿务总局，发展铁路和采矿业，设邮政局，裁撤驿站，改革财政，编制国家预算等；军事方面，裁减旧军，训练新式海陆军，陆军改练洋操等；政治方面，改革旧机构，裁撤闲散重叠的衙门，准许官民上书言事，允许自由创办报馆和学会等。这些改革措施，虽有局限，但从京都发出的一道道的新政诏令，毕竟是光绪帝革旧图新的体现，使维新派的变法愿望得到了部分的实现，以至于在文教方面打击旧学，提倡新学；经济方面有利于资本主义的近代化；政治方面给人们某些言论、出版、结社的自由，这些都起到了进步的作用。

新政诏令当时遭到了封建守旧势力的抵制和反对，许多顽固大臣仍以慈禧太后为最上，唯"懿旨"是最尊，不把光绪帝放在眼里，甚至明目张胆地阻挠新政，致使光绪帝的变法诏书大多成了废纸。从新政诏令的开始颁布，慈禧太后就预谋着对政局的控制。在翁同龢被开缺回籍的谕令发布的当天，慈禧太后又胁迫光绪帝宣布以后凡授任新职的二品以上官员，须到颐和园向她谢恩。同日，任命慈禧太后的亲信大臣荣禄署理直隶总督，以控制京津一带的兵权。光绪帝也不示弱，七月十九日，他下令将阻挠礼部主事王照上书的礼部尚书怀塔布等六人全部革职，并对王照予以奖赏。次日，他任命谭嗣同、刘光第、杨锐、林旭为军机章京，赏给四品卿衔，参加新政。二十二日，把阻挠新政的李鸿章逐出总理衙门。光绪帝的这些反击措施，进一步引起慈禧太后的愤恨，她不断派人去天津与荣禄密谋策划，京津一带也传出秋季慈禧太后偕光绪帝去天津阅兵时，将废掉光绪帝的流言。

随着天津阅兵日期的迫近，光绪帝惊慌不安，于二十八日交给杨锐一道密诏，称："朕维时局艰难，非变法不足以救中国，非去守旧衰谬之大臣，而用通达英勇之士，不能变法。而皇太后不以为然，朕屡次几谏，太后更怒。今朕位几不保，汝康有为、杨锐、林旭、谭嗣同、刘光第等，可妥速密筹，设法相救，朕十分焦灼，不胜企望之至。"但这些新政要人却只能捧诏痛哭，束手无策，最后只好把希望寄托于东交民巷的公使馆和曾参加过强学会并握有新建陆军的袁世凯身上。各国公使只是虚表同情，不愿干预。康有为等人便策划了兵围颐和园捕杀慈禧太后的行动，一方面敦请光绪帝于八月一日召见袁世凯并破格重赏侍郎候补；一方面物色湖南会党首领毕永年为捕杀慈禧太后的人选；再一方面则由谭嗣同在三日夜访袁世凯，鼓动袁世凯先诛荣禄，再兵围颐和园。毕永年进京与康有为交谈，认为袁世凯不可靠，此事不可恃，便迳赴日本。袁世凯表面上答应了谭嗣同，却在五日再次受到光绪帝召见后，于当日赶到天津向荣禄告了密。荣禄便连夜驰奔京城，向慈禧太后密报。慈禧太后闻讯，深夜从颐和园还宫。六日晨，慈禧太后宣布重新训政，下令缉捕康有为等维新派人士，戊戌政变发生了。康有为在政变发生的前一天逃离北京，谭嗣同、杨锐、林旭、刘光第、康广仁、杨深秀"六君子"于十三日在北京菜市口被杀。慈禧太后在八月八日举行临朝训政礼后，囚光绪帝于中南海瀛台涵元殿。轰动一时的"百日维新"被扼杀。

慈禧太后在发动戊戌政变后，就一心想废掉光绪帝，却因遭到英、日等国的反对而未能得逞。当她令太医捏造"脉案"，谎称光绪帝已病重的消息公布后，英国驻华公使窦乐纳就通知总理衙门称："我坚信，假如光绪帝在这政局变化之际死去，将在西洋各国之间产生非常不利于中国的后果。"窦乐纳还派一名医生为光绪帝诊断病情，结果是宣布光绪帝无病。慈禧太后只好暂时忍气吞声，更加深了与英、日之间的矛盾，并伺机再谋废立。

光绪二十五年十一月二十九日，荣禄向慈禧太后密献计策："择宗室近支子，建为大阿哥，为上嗣。""大阿哥"即皇位继承人。清朝在康熙帝晚年时已颁立下"永不建储之谕"，慈禧太后却背离祖宗"家法"，接受了荣禄的建议，以光绪帝无子为由，决定立端郡王载漪之子溥儁为大阿哥，于光绪二十六年一月一日（1900 年 1 月 31 日）举行了立大阿哥的典礼。面对慈禧太后"名为立嗣，实则废立"的阴谋，舆论哗然。英、日、美等国驻华公使拒不参加典礼，列强的军舰也由上海北驶表示对此事要加以"干预"。慈禧太后策立了大阿哥，却未敢废掉光绪帝的帝位。但那位年方十五，以玩犬为乐的溥儁，却进了皇宫，成了皇位继承人，而光绪帝仍被囚在瀛台，可谓挂名皇帝。

戊戌变法失败后，中国又发生了"扶清灭洋"的义和团运动。清朝廷一连串的"废立"，使得慈禧太后对列强的不断干预十分不满，于是便借用义和团反帝热潮，作为对列强进行报复的工具。义和团具有高度的反帝爱国精神，但他们盲目排外，却中了守旧势力的下怀，慈禧太后便借以发泄了对列强在废立问题上对她屡次拆台的不满情绪。于是，她在光绪二十六年五月中旬接受了协办大学士刚毅对义和团"宜抚不宜剿"的建议，一改过去"剿抚兼施"的政策，下了对义和团加以"招抚"的决心，默许义和团进入北京。与此同时，俄、英、德、法、美、日、意、奥八国拼凑了2000余人，在英国海军中将西摩率领下由天津向北京进犯，开始了八国联军的侵华战争。各国又继续向大沽增兵，试图不断扩大侵略战争。

面对八国联军的侵略，清朝廷必须在"和与战"重大问题上做出抉择。慈禧太后在连续四天内召集了四次御前会议讨论。光绪帝参加了会议，他不赞成对外宣战，认为顽固大臣所声言的"义民可恃，其术甚神"是靠不住的，指出"诸国之强，十倍于日本，合而谋我，何以御之？""奈何以民命为儿戏？"载漪、载濂、刚毅等顽固大臣则不仅一再申明要靠义和团的"神术"去"报雪仇耻"，而且还指使人编造出一个"请太后归政，废除大阿哥"的所谓"外交团照会"，使慈禧太后大为恼怒，声称："外人无理至此，予誓必报之。"经慈禧太后与守旧排外大臣的反复密商后，于五月二十五日颁布了宣战"上谕"。但就在宣战后的第四天，慈禧太后就向列强表示"朝廷慎重邦交，从不肯轻于挑衅"。又过了四天，又表示"此种乱民，设法相机自行惩办"。可见，利用义和团去同八国联军作战，以实现慈禧太后报复外国人，又试图对义和团加以镇压的慈禧太后的策谋实质。

八国联军于七月二十日攻入北京，慈禧太后慌忙挟光绪帝西逃。在此之前，她调派李鸿章为全权代表与列强议和。经李鸿章与列强的谈判交涉，慈禧太后得知"惩凶"的名单上没有她，对列强十分感激，表示要"量中华之物力，结与国之欢心"，授权奕劻、李鸿章与列强签订了丧权辱国的《辛丑条约》。随后，她与光绪帝返回北京，并将大阿哥溥儁废掉。

光绪帝返京后，不再被囚于瀛台，而是常常临朝，恢复到以往的帝位生活，但慈禧太后对他仍严加控制。此时的清廷固然仍在推行着自光绪二十六年十二月十日（1901年1月29日）开始下诏变法所实行的新政，似乎是把戊戌变法时期的新政措施又一步步恢复，然而光绪帝在颁发新政诏令时却不得不服从慈禧太后的旨意"先自骂两句"，说"康有为之变法，非变法也，乃乱法也"。他在对德龄的自白中表达了苦衷："我有意振兴中国，但你知道我不能做主，不能如我的志。"光绪三十四年十月二十一日（1908 年 11 月 14 日），光绪帝就是在如此心境之下，怀着无限的惆怅，逝于北京。

6. 宣统帝即位四年后结束帝制

1908 年，清廷颁布《钦定宪法大纲》，规定预备立宪期间为 9 年，暴露了它没有立宪的诚意。不久，光绪皇帝和慈禧太后相继死去，溥仪继承了帝位，年号宣统。宣统皇帝年幼，由他的父亲摄政王载沣掌握军政大权。载沣执政后不久，罢斥了大军阀袁世凯。1909—1910 年，各省咨议局和北京资政院先后成立，而立宪派在其中占有优势。立宪派连续发动多次立宪请愿活动，得到的结果是遭到清廷的严行禁止。1911 年 5 月，清廷成立新内阁，在内阁大臣 13 人中，满族贵族占了 9 人，而其中皇族又占 5 人，军政大权进一步集中到皇族手中。这就暴露了"预备立宪"的骗局，引起了军阀、官员和代表资产阶级上层的立宪派的普遍不满，形成清廷孤立的局面。

清廷为了换取帝国主义势力的贷款，于 1911 年 5 月宣布"铁路干线国有政策"，在"国有"名义下强夺商办粤汉、川汉铁路，把这两条重要干线的利权出卖给帝国主义势力。因此，四川、湖南、湖北和广东四省迅速掀起了有广大群众参加的保路运动，四川省尤为激烈。这年 6 月，四川省各地普遍成立"保路同志会"，有几十万人参加。8 月，成都举行几万人的保路大会，号召罢市、罢课和抗粮、抗捐。立宪派力求控制保路运动，但已无能为力。9 月，四川总督赵尔丰枪杀请愿群众数十人，造成流血大惨案。人民更加愤怒了。同盟会会员吴永珊（玉章）等在荣县起义，建立革命政权。保路运动发展为武装起义，猛烈冲击清廷在四川省的统治。推翻清皇朝的革命风暴来临了。

……革命党人在内外反动力量的压迫下妥协了，同意在清帝退位和袁世凯赞同共和的条件下，把政权让给袁世凯。1912 年 2 月 12 日，清帝溥仪退位，结束了统治中国两千多年的封建君主制度。

溥仪（1906—1967 年），清宣统（末）皇帝，通称宣统皇帝，或末皇帝，也被尊为清逊帝，是清的最后一位皇帝，在位四年（1908—1912年），字浩然。中华人民共和国成立后，经过改造成为新公民，后因患肾癌而去世，享年62岁。

宣统帝溥仪，光绪三十二年正月十四（1906年2月7日）生于北京什刹海边的醇王府。溥仪是醇亲王奕譞（道光帝七子，咸丰帝之弟淳贤亲王）之孙，载沣（醇亲王）长子，母亲为苏完瓜尔佳·幼兰（荣禄之女）。

光绪三十四年（1908年）十月，慈禧太后和光绪帝都生了重病。在光绪皇帝临死的前一天，慈禧太后也行将不起。光绪帝无后，慈禧太后在中南海召见军机大臣，商量立储人选。军机大臣认为内忧外患之际，当立年长之人。慈禧太后听后勃然大怒，最后议定，立三岁的溥仪为帝，并让溥仪的父亲载沣监国。大臣将此事告知光绪帝后，因为溥仪是自己的侄子，又让自己的弟弟监国，光绪帝还是十分满意。接着光绪、慈禧相继死去。半个月后，溥仪在太和殿即位，由光绪皇后隆裕和载沣摄政，第二年改年号为宣统。

宣统三年（1911年）辛亥革命爆发，次年二月十二日，隆裕太后被迫代溥仪颁布了《退位诏书》，但保留非统治皇帝的名义，溥仪退居紫禁城中的养心殿，宣告了清王朝的灭亡和延续了两千多年的封建君主制度的结束。

1917年，溥仪来到天津。6月，张勋带领辫子军入京，和康有为等保皇党一起，在7月1日宣布溥仪复辟。12日，在全国一片声讨中，溥仪再次宣告退位。1924年10月22日夜，冯玉祥军队包围总统府，监禁了曹锟。11月5日，冯玉祥派兵进入紫禁城，逼溥仪离宫，历史上称这为"逼宫事件"。溥仪搬进北府（载沣的居处），继而又逃进日本公使馆。溥仪被逼宫后，日本各大报章都刊登出同情溥仪的文章，为以后建立伪满洲国造势。不久，被日本人护送到天津。

1931年9月18日晚上，日本关东军在沈阳北郊柳条湖村附近炸毁了南满铁路的一段路轨，然后诬称是中国军队干的。以此为借口向中国东北军驻地北大营和沈阳城发动进攻，发动了"九一八事变"。东北军不战而溃，军政大员四散逃避。第二天，日军就占领了沈阳、长春、营口、辽阳、鞍山、本溪、抚顺、四平、安东（今丹东）等重要城市。经过四个月零十八天，东北三省区全部沦于敌手。1932年3月，在日本帝国主义导演下，成立了伪"满洲国"，溥仪出任"执政"。9月，日本正式宣布承认"满洲国"，并签订了《日满议定书》。"满洲国"是一个完全受日本关东军支配的傀儡政权。1934年3月，在日本帝国主义策划下，"满洲国"改称"满洲帝国"，溥仪也由执政改称皇帝。关东军司令官作为日本天皇的代表，是皇帝的"师傅"和"监护人"，并兼任日本驻"满洲国"全权大使，是统治东北的太上皇。日本帝国主义通过它一手炮制的傀儡政权，对东北实行极端残暴的军事占领和殖民统治。日本帝国主义发动九一八事变，把中国的东北变成它独占的殖民地，开始了日本帝国主义变中国为它的殖民地的阶段。1945年8月15日，日本战败投降。8月17日，溥仪在沈阳准备逃亡时，被苏联红军俘虏，被押至苏联。

第二次世界大战之后，溥仪被定性为战犯。1950年8月初被押解回国，在抚顺战犯管理所学习、改造，受到了约十年的教育与改造。1959年12月4日接到中华人民共和国主席毛泽东的特赦令说："该犯关押已经满十年。在关押期间，经过劳动改造和思想教育，已经有确实改恶从善的表现，符合特赦令第一条的规定，予以释放。"从此，溥仪成为中华人民共和国公民。1960年3月，溥仪被分配到北京植物园工作。1964年被调到全国政协文史资料研究委员会任资料专员，并担任人民政协第四届全国委员会委员。

溥仪于1967年10月17日逝世。

1912年2月12日，清帝溥仪退位，结束了统治中国两多年的封建君主制度。2月13日，孙中山辞去了临时大总统职务，并由临时参议院选袁世凯为临时大总统。3月10日，袁世凯在北京就任中华民国临时大总统，建立起大地主大买办阶级的反革命政权。革命的胜利果实被帝国主义势力的走狗袁世凯窃夺了，从此开始了北洋军阀对中国的统治。

在袁世凯就职的第二天，孙中山在南京公布了临时参议院匆忙赶制出来的《中华民国临时约法》。《临时约法》规定：中华民国之主权，属于国民全体；人民一律享有言论、出版、集会、结社的自由，有请愿、选举和被选举等项权利。它具有资产阶级共和国宪法的性质，带有革命性、民主性。

中华民国作为资产阶级民主共和国，在历史上只是昙花一现。1911年资产阶级民主革命被中外反动势力绞杀了。这次革命推翻最后一个封建王朝，但没有推翻帝国主义和封建主义的剥削压迫，中国仍然是半殖民地半封建社会。帝国主义和封建势力继续统治着中国，中国人民反对帝国主义、封建主义的民主革命还远远没有完成。

7. 慈禧太后在清末的特殊身份

慈禧太后（1835—1908 年），叶赫那拉氏，名杏贞，又孝钦显皇后。

慈禧太后出身于满洲镶蓝旗（后并入满洲镶黄旗）一个官宦世家。清文宗咸丰皇帝的妃子，清穆宗同治皇帝的生母，以皇太后身份或垂帘听政或临朝称制，为自 1861—1908 年间大清帝国的实际统治者，为期仅次于清朝康熙帝和乾隆帝。慈禧生前，有称"慈禧太后""圣母皇太后""那拉太后""西太后"等；自光绪年间，宫中及朝廷开始以"老佛爷"尊称之；死后谥号为"孝钦慈禧端佑康颐昭豫庄诚寿恭钦献崇熙配天兴圣显皇后"，长度为大清皇后之最，亦超过大清开国皇后及孝德、孝贞二位正宫。

慈禧太后出身叶赫部（今四平附近），那拉氏，父惠征，原为吏部笔帖式（八品），咸丰二年（慈禧选秀入宫之年）升为安徽徽宁池太广道道员（四品）。咸丰六年，生下了咸丰帝的第一个儿子，亦是唯一成年的儿子。咸丰帝逝世避暑山庄后，治丧期间，大行皇帝皇后钮祜禄氏住烟波致爽殿的东暖阁，叶赫那拉氏则以新皇帝生母"圣母皇太后"的身份住西暖阁，故得"西太后"之称谓。

慈禧太后一生要事如下：

1835 年，慈禧出生，出生地不明。有说在安徽，也有人说在呼和浩特，还有人说出生在山西的长治市，或是出生在北京。1851 年，15 岁的慈禧，选秀入宫，赐号兰贵人（懿贵人）。1854 年，19 岁的慈禧，晋懿嫔。在清制后宫的地位，共分 8 级，依序为皇后、皇贵妃、贵妃、妃、嫔、贵人、常在、答应。1856 年，21 岁的慈禧，生载淳，即同治皇帝，慈禧当日晋懿妃。1857 年，22 岁的慈禧，晋懿贵妃。1860 年，慈禧 25 岁时，英法联军攻陷北京，咸丰皇帝率后妃宗室重臣等避祸承德避暑山庄，命恭亲王奕䜣留京与联军议和。1861 年，慈禧 26 岁时，咸丰皇帝驾崩，皇子载淳继位，慈禧以皇帝生母被尊为圣母皇太后；8 月，在恭亲王奕䜣支持下发动辛酉政变，两宫太后联合恭亲王，杀肃顺等 8 大臣，成功夺权，垂帘听政。1862 年，慈禧已是 27 岁，同治皇帝对圣母皇太后晋徽号"慈禧"。1865 年，那时慈禧已是 30 岁了，罢议政王奕䜣职务，遭洋人、宗室、大臣疑问，旋又复职，但是已经对奕䜣开始有所戒备。1874 年，慈禧 39 岁，同治皇帝驾崩，因其无嗣，遵皇太后之意，由醇亲王奕谭之子载湉继位，这就是后来的光绪皇帝。1888 年，53 岁的慈禧继续"训政"，那时光绪帝大婚，翌年亲政。1894 年，皇太后 60 大寿庆典，慈禧太后不惜挪用海军军费重修颐和园，是为甲午战争战败的一个因素。1898 年，63 岁的慈禧皇太后，因光绪皇帝发起戊戌变法，便与守旧派大臣及新军领袖袁世凯，联合发动戊戌政变，杀六君子、囚光绪，后重行训政。1900 年，因义和团发起庚子拳乱，导致列强八国联军攻入北京，帝、后被迫离京，前往西安避祸，列强顺势抢夺其最心爱的颐和园文物古董，并火烧颐和园。1901 年，慈禧皇太后已是 66 岁，《辛丑条约》签订后，两宫回銮；皇太后及皇帝下诏罪己、行庚子新政。1908 年，慈禧皇太后 72 岁高龄，光绪皇帝驾崩后的第一天，皇太后于 11 月 15 日下午病逝，后葬于定东陵。

1928 年，军阀孙殿英以演习为借口，率其部下盗掘了慈禧定东陵，并盗取慈禧临终时口含超大颗夜明珠一粒。

本讲之内容，是比较清晰与简要地描述从嘉庆帝到宣统帝的亮点历史内容，其中包括慈禧太后这一重要人物，在以后的篇章中也就不再谈及。

第十二讲　郑成功抗清及收复宝岛台湾

明天启四年（1624 年）七月十四日，郑成功生于日本肥前国平户港千里滨（今长崎县松浦郡），家乡为福建南安康店之复船山，取名"福松"。

郑成功是一位深受中国人民爱戴的民族英雄。郑成功在完成了收复台湾的大业后，写下了《复台》诗一首：

> 开辟荆榛逐荷夷，
> 十年始克复先基；
> 田横尚有三千客，
> 茹苦间关不忍离。

此诗作高度概括了收得台湾的艰难历程，无限深情地抒发了自己与壮士们同甘共苦、生死相依的血肉深情。

康熙帝也曾为郑成功题写过一副挽联：

> 四镇多二心，两岛屯师，敢向东南争半壁；
> 诸王无寸土，一隅抗志，方知海外有孤忠。

1. 隆武赐姓，海上起兵

清顺治二年（1645 年）弘光政权亡后，郑成功的父亲郑芝龙、郑鸿逵奉唐王朱聿键称帝于福州，改元隆武，晋封郑芝龙为平虏侯，郑鸿逵为靖虏侯，郑芝豹（郑成功五叔）为澄济伯，郑彩（郑成功族兄）为永胜伯。

其后，又晋芝龙为平国公，鸿逵为定国公，俱加太师。郑氏一门勋望，声焰赫然，"族戚、部将封侯伯者十余人，其挂印腰金、侍御卿校，盈列朝内，内外大权，尽归芝龙"。是年八月，郑芝龙引郑成功朝见隆武帝，隆武帝见其英毅峻拔，瞻视不凡，大为惊奇，抚着郑成功的背说："惜无一女配卿，卿当尽忠吾家，无相忘也！"赐姓朱，名成功，封御营中军都督，仪同驸马、宗人府宗正。自此，中外皆称之为"国姓""国姓爷"。十月，郑芝龙又派人从日本把成功的生母翁氏接到安平。

当时，大江以南各地都有明朝遗臣在坚持抗清斗争，他们都希望获得隆武帝这面旗帜，以获得发展，隆武帝也想离开福建，摆脱郑氏控制。但是，郑芝龙已在闽广购置大量仓庄田产，更有海上巨大利益，所以尽管隆武帝屡檄出关，郑芝龙总以缺饷为名，按兵不动。或佯作出关，行不数里而还。

顺治三年三月，隆武帝决意离开福建去江西。郑芝龙使军民数万人遮道号呼，拥驾不得前。当时郑成功随侍，条陈据险控扼、拣将进取、航船合攻、通洋裕国等诸项措施，隆武叹道："驿角也！"封忠孝伯，挂招讨大将军印。郑成功感戴隆武帝的识拔，但看到隆武帝不足以成大事及其政权内部的腐败，不久便以母病为由，告假回到安平。

清招抚南方总督军务大学士洪承畴和福建御史黄熙胤，都是泉州南安人，与郑芝龙同乡。他们向征南大将军贝勒博洛献策：隆武兵马钱粮俱掌握在郑芝龙手中，若许以王爵，福建可不劳一矢而定。博洛乃命洪、黄修书入闽。郑芝龙接书，也不与郑鸿逵、郑成功商量，即决定投诚。五月，洪承畴、黄熙胤接到郑芝龙复书，博洛乃挥师齐进，六月初一突破钱塘江防线，鲁王亡命海上。浙江溃，全闽震动。郑芝龙诡称征讨，飞舟离开延平，并密谕守关诸将施天福等尽撤关兵。八月二十二日，清军未遇任何抵抗，从容由仙霞关进入福建，二十八日入汀州，杀隆武帝、帝后。

郑成功在泉州文庙孔子像前烧掉了儒巾蓝衫，会阁部路振飞、曾缨、万年英等，设高皇帝神位，誓师恢复，称"忠孝伯招讨大军罪臣朱成功"。是年郑成功二十三岁。

2. 立足金、厦，畅通贸易

顺治四年（1647）一月，郑成功率愿从者九十余人，乘两艘大船往南澳募兵，又取从日本归来的郑氏商舶资金十万佐军，队伍很快发展到数千人。于是在厦门鼓浪屿设演兵场，建镇命将，训练部队，继续使用唐王年号，称隆武四年。

郑芝龙既降，郑氏旧部大多各行其是。郑鸿逵率部入海，郑彩、郑联兄弟转奉鲁王。是年二月，清军突至安平，大肆淫掠，郑成功的生母翁氏剖腹而死，这更加激起郑成功满腔仇恨。四月，郑成功与郑彩、杨耿合兵，入海澄，破九都，攻漳平、龙岩等县，这年，原明浙江巡抚卢若腾、进士叶翼云、举人陈鼎（陈永华之父），俱至安平谒郑成功。又有海澄人甘辉，五短身材，勇猛绝群；漳浦人蓝登，武艺精熟；南安人施琅，机略畅晓，后来都是郑成功部下的重要将领。

顺治五年五月，辅明侯林察自广东逃回见郑成功，报告瞿式耜和丁魁楚已在广东肇庆拥立桂王朱由榔为帝，改元永历。郑成功遂尊其朔号，遣使称贺。十月，永历帝封郑成功为威侯。顺治六年，永历帝晋封郑成功广平公。郑成功为了和两广造成连兵之势，乃把兵锋西指，由分水关入潮州，黄冈黄海如、澄海杨广、海山朱尧、南阳唐玉先后迎降。接着郑成功又以武力讨平了南洋许龙、潮阳张礼，以及溪头、狮头寨、和平寨、员山寨、和尚寮诸处土豪，揭阳邱瑞、刘公显领导的义军和诏安农民军首领万礼也来投顺。

顺治七年六月，郑成功大举进攻潮州。由于漳州清军入城增援，只得退兵潮阳。这时全国的抗清形势已急剧由高潮转入低潮。顺治七年八月，郑芝莞来潮阳劝郑成功回取厦门以为根据地，郑成功遂带数镇秘密回厦。

厦门是族兄郑彩、郑联的地盘。郑成功一向只能寄泊其一角，即鼓浪屿，作为练兵之所。十五日中秋夜，郑成功设计伏击了郑彩、郑联。于是郑彩、郑联的全部粮饷、船只、部众尽归郑成功，郑成功从此有了稳固的基地，兵力增至四万余人。

是年十月，郑成功遣将招抚闽安、铜山、南澳诸岛。时清军攻破舟山，张名振、张煌言奉鲁王漂泊金门。郑成功乘机吸收浙海水师名将张名振、周鹤芝、阮骏等部，闽、浙、粤沿海抗清武装悉归其下，号称大军数十万。于是建五军，以辅明侯林察为左军，闽安侯周瑞为右军，定西侯张名振为前军，平彝侯周鹤芝为后军，郑成功自为中军元帅，每军大小船100号。

广东碣石苏利侦知郑成功回到厦门，率众攻破惠来。潮阳原先投顺的义军也重立旗帜。十一月，郑成功再次南征至潮阳，正遇黄文带永历帝诏旨从广西来，说清平南王尚可喜和靖南王耿继茂统率数万大兵进攻两广甚急，广西危迫，召郑成功从虎门入援，李定国出三水合攻。郑成功遂统兵南下勤王。

顺治八年一月，郑成功兵至南澳，左先锋施琅提出反对南征。施琅，晋江人，初为郑芝龙部下左冲锋，顺治三年（1646年）随郑芝龙降清。郑成功起兵海上，素知其勇猛绝伦，富机略，招至任为左先锋，待如兄弟，"军储卒伍及机密大事，悉与谋"。后来有人告诉郑成功，施琅曾说他梦见自己是北斗第七星，郑成功开始忌恨。施琅兄弟俱握兵权，每有跋扈之状，郑成功更加不满。这次施琅又反对勤王，郑成功遂夺其兵权，令其回守厦门。

施琅被削夺兵权，以为回厦必当复职，但却仍被闲置一旁。施琅启请为僧，竟自削发。施琅的亲兵曾德请求充任郑成功亲随，被接收。施琅得知，立将曾德拿回杀死。郑成功督大军掠永宁、崇武二城，满载而归，施琅公开进行指责，和其弟施显越加无所忌讳。二十日，郑成功采取断然措施，斩杀施大宣、施显父子。施琅在山穴中潜匿了几天几夜，密投部属苏茂署中。当时苏茂顶替施琅左先锋镇之职，他令心腹备小船送施琅往安平依郑芝豹。郑成功闻讯往召，施琅已投了清军。

郑成功自顺治六年兵进广东，避开与清军的正面作战，矛头主要是指向不清不明的地方势力。五月攻海澄，九月入漳浦，大败漳州总兵王邦俊，又大败福建陆路提督杨名高，十二月乘胜进攻漳浦，守将杨世德、陈尧策献城降，诏安、平和二县并复。

顺治九年一月，郑成功扬帆直入海澄港，赫文兴开城出降，接着进军江东，攻击长泰，声威大振。二月，清浙闽总督陈锦亲督大军，并檄召潮州、汀州两路兵马，以及郑鸿逵部下叛将蔡兴、章云飞等部，对郑成功包抄合围。三月，郑成功五路设伏，大败清军于江东桥。

顺治十年七月，永历帝晋郑成功为漳国公，封延平王。

在开辟和巩固以金、厦二岛为中心、以漳、泉二府为主要活动范围的根据地期间，与频繁的军事行动同时，郑成功注意延揽明朝遗臣，也很有一番政治气象。"成功盛，以恢复自任，宾礼明之遗臣，于是海上衣冠云集"。他最尊重的，有尚书卢若腾、侍郎王忠孝、都御史辜朝荐、沈俭期、郭贞一、徐孚远、光禄寺卿陈士京，以及仪部纪荩文，"不以礼，不敢见也"。特别是幾社名流徐孚远，郑成功在南京国子监学习时，就曾想向他学诗。徐孚远入闽，傥言高论，"廷平听之，娓娓竟夕；凡有大事，谘而后行"。为了确保粮饷供给，郑成功利用父亲留下的余威以及贸易关系，大力开展内地和海外贸易。他进一步发展五大商组织，"在京师、苏、杭、山东等地，经营货物，以济其用"。五大商分山、海两路：山路（陆路）有金、木、水、火、土五行，设在杭州，主掌内地物资的采购。海路（水路）有仁、义、礼、智、信五行，设在厦门，主掌海上贸易事务。原来父亲经营的商船，现在俱属郑成功调遣，仍旧领取盖有"石井郑氏"印记的牌照，进行海上贸易。

顺治八年，他利用母亲曾被日本国王认为义女的关系，以甥礼遣使通好日本。日本国王非常高兴，助以大量铜铅，并派官协助铸造铜炮、永历铜钱、盔甲、器械等物，据计，当时郑成功对日本的输出输入贸易总额每年多达 216 万两，对东南亚各国的贸易每年约达 176—240 万两，总计每年平均达 424 万两。另据郭沫若考证，郑成功为了海上贸易的发展，还曾采用西法自铸银币。这是中国货币史上一个划时代的创举。

3. 和征无效，清廷失招

顺治九年（1652 年）十月，清廷命郑芝龙写信派家人送给郑成功，告知朝廷招抚之意。次年五月，封郑芝龙为同安侯，郑成功为海澄公，郑鸿逵为奉化伯，郑芝豹为左督总兵官，并派官持印敕入闽。八月，清使至厦。郑成功表示：清朝必须切实给予三省地方，方可实现和议。十一月，清廷决定授予郑成功"靖海将军"敕印，并答应给予泉、漳、惠、潮四府安插兵马。郑成功仍不受命，坚持要三省不可，要和就必须依照处理朝鲜的例案来办。顺治十一年八月，清廷又派内院学士叶成格和理事官阿山，偕郑成功季弟郑渡（随郑芝龙入京后改名世忠）、四弟郑荫（入京后改名世荫）入闽议和。十月，郑成功与清使相约俱至安平会面。郑成功提出先受诏，后议剃发之事。清使要求先剃发，然后接诏。互相数日不定。

清朝招抚郑成功的谈判，四经往返，至此归于破裂。

招抚不成，清朝决定诉诸武力。是年十二月，清廷以杨杰、马得功、马进宝充福建随征右、中、左路总兵官，命世子济度为定远大将军，同贝勒巴尔处浑、贝子吴达海、固山额真噶达浑统率满汉大军三万，征剿郑成功。同时，囚郑芝龙于高墙。郑成功也知大战在即，乘两使回京复命，清朝大兵尚未南下之际，一方面在海上大整舟师，增设炮台；一方面遣军出征，扩占地盘，十一月略取漳州属邑，十二月占领漳州，袭破同安、南安、惠安，次年正月又攻破仙游，省城福州震动。

顺治十二年，郑成功进一步利用二月至六月的间隙，进行了一系列军政建设。军制上，分陆军为72镇，水师为20镇。另设监营，由总理监营、左右协理监营统管大小监督，"监同各提督统镇出征，凡有军机重务，必由报闻"；每人各授铁竿红旗一面，上书"军前不用命者斩，临阵退缩者斩，副将以下先斩后报"。政制上，仿国家六部的规模，设六官分理庶事，六官以下各设左、右司务（后改为都事）。设六察官讥察利弊。又设"储贤""育胄"二馆，以储贤馆集纳考试所取诸生及荐举之士，以育胄馆收容培养死事诸将及侯伯子弟。凡出师征伐，"拨育胄、储贤二馆诸生授监纪职俸，配监各提督统镇，从军出征，记录功罪"。改中左所为思明州，揭起"中兴""复明"的旗帜。同时严格进行军队素质训练，在厦门五老峰前筑起演武亭楼台，作为全军训练中心，陆军用"五梅花操阵法"，水师用"水操法"，俱编成定式，颁发全军。"舳舻阵列，进退有法，将士在惊涛骇浪中无异平地，跳踯上下，矫捷如飞。"

是年六月，清朝不断增调兵马进入福建，配合济度会攻厦门。郑成功这时已完成了全面的军政整训，于是采纳澄世的建议，收缩战线，主动放弃福、兴、漳、泉各州县，全师退守厦门，坚壁清野，拆毁惠安、同安、漳州、漳浦、南清、长泰、平和、诏安、永春各府县城垣，尽用所拆木石以营垒厦门、金门、海澄、白沙等处。同时，又取主动出击的态势，派黄廷、万礼率12镇由漳浦、诏安南下潮州，陷揭阳，取普宁，驻兵征饷；派洪旭、陈六御、甘辉、王秀奇等率12镇北上与张名振、陈辉会师，进入长江，捣其心腹，制其对闽南的用兵。

九月，济度统率的三万满汉大军到达福州，又调本省兵马，准备进攻厦门。当时漳、泉州所属各县并漳城俱已拆为平地，郑成功又令全部军民撤出厦门。济度至泉州，见郑成功空岛以待，便不再进犯，驻师东岳庙，两度致书招成功。郑成功仍以先前与叶成格、阿山二使所议条件作为回复。和谈无法继续，再次中断。

顺治十三年四月，济度统陆军屯扎石井，调集各澳船只，令泉州守将韩尚亮统领，分三路进犯白沙、金门、厦门，郑成功分拨诸镇迎击。适逢狂风大作，阴雾迷蒙，对面不见船只，郑军船顺溜收泊围头，清船被风压下，有收入围头被获者，有漂至青屿、金门登岸乞降者，有漂出外洋至广东海面者，被郑军夺取大船 10 只，焚毁者 30 余只，最后收回泉州港者仅剩十数只。郑军大胜。郑成功击败济度对白沙的进攻后，增设戎旗左右镇，调集各处乡勇新兵训练铳器，准备全师北征。但就在这时，驻守海澄的前冲镇黄梧挟持副将苏明及海澄知县王士元，献城投降了清朝。海澄是金、厦的屏障，又是郑成功储积粮饷军械之所。"城中所贮，粮粟二十五万，军器、衣甲、铳器不计，其将领私积者又不计。"海澄之失是郑成功继顺治八年马得功偷袭厦门之后的又一次重大损失，北征的计划也因此暂时搁置起来。

此后，清廷命郑芝龙差人多次劝郑成功就和。郑成功亲自作书禀复，依旧坚持以不剃发、予数省为条件。清廷最终对招抚丧失了最后信心。

顺治十四年三月二十二日，顺治帝降谕全力剿捕。四月五日，将郑芝龙及其弟芝豹，子世忠、世恩、世荫、世默，俱流徙宁古塔地方，家产籍没。

4. 北伐金陵，进军台湾

顺治十四年（1657 年）四月，郑成功因地方频得频失，终无了局，召诸参军集议中兴大计。吏官潘庚钟、工官冯澄世、参军陈永华都主张进军江南以号召天下。郑成功从其议，派人前往广西请桂王旨，令李定国等集滇、黔、粤、楚之师，出洞庭而会江南，以分其势。

是年五月，郑成功传令准备北征。重颁出军十条禁令，不准奸淫、掳掠妇女，不许擅毁民房，不准掳掠男子为伙兵（防奸细投毒），沿海归顺地方不准混抢，不许掳掠、宰杀耕牛，不许借坐给牌商船。违者本犯枭示，将领连罪不贷。十三日，分全军为三程：中提督崇明伯甘辉领兵25000人，配船50只，为首程；右提督建威伯马信领兵2万人，配船60只，为二程；后提督建安伯万礼领兵2万人，配船60只，为三程。郑成功亲自领兵4万人，配船120只，为后合，号称80万，浩浩荡荡，向北进发。六月，招降平阳、瑞安，进围温州，全浙震动。是年八月，入海门尧台州；九月，天台、太平、海门卫相率归附；十二月，永历帝晋封郑成功为潮王，其余侯伯印数十颗。郑成功设长史、审理、典宝、典杖、典膳等官，一切照王府行事。

顺治十六年四月十九日，郑成功再次大举北征。为了举手制胜，首先一举攻克定海关炮城，进入宁波港，尽焚清军船只。是年五月四日，师至舟山。六月十三日，师抵焦山；十五日，缟素祭奠崇祯、隆武，恸哭誓师，三军皆泣下；十九日，进泊镇江南岸七里港；二十二日夜抵银山；二十八日，集诸将议取南京。是年七月七日，师至南京城外观音门。

就在郑成功围城期间，攻破云南的满洲八旗兵噶褚哈、马尔赛等部，已经胜利回京，得南京急报，星夜疾抵南京。顺治十六年七月十五日，苏松水师总兵官梁化凤统马步官兵3000余名入城。江宁巡抚蒋国柱调发的苏松、常州、杭州各处水路防兵，也陆续长驱而至。二十日，郑成功传令诸将准备二十二日安炮攻城。有　管甲吏，破瓜洲时以浮掠被责20棍，含恨在心，当夜入城降清，告以密计。二十一日三更，清军抢先行动，挖开砌塞已久的神策门，梁化凤率500骑兵突出。郑成功部将余新连日疏忽，大溃，余新被俘遇害。清军既胜，尽出骑兵列营城外。二十二日，郑成功调拨各镇布阵于观音山，欲与清兵决战。二十三日，江南总督郎廷佐见郑军彻夜移营，乘其营垒未稳，集中全城兵力，抄出山后，向郑军发起攻击，郑军败溃。二十四日，郑成功到镇江，溃散的诸将也陆续赶到。这次战役，计有15镇全军覆没，损失镇将以上14员，标下将不可胜计，整个陆军损折大半。郑成功放弃镇江，顺流东下。

这时，郑成功开始重新考虑同清朝议和，授礼都事蔡政全权办理入京议和事宜。为了让清朝知道自己实力尚存，八月初十指挥部队向崇明县城发起进攻，但没有攻下。九月七日，郑成功回到厦门。由于师出无功，遣使报告永历帝，自贬王爵，仍用招讨大将军印。立忠臣庙祭祀死难诸臣。

郑成功苦心准备多年的攻取南都、刻期恢复的计划，就这样破灭了。

北伐金陵的失败，自有其客观原因——西南大势趋平，清朝得以调转矛头集中对付郑成功，但郑成功的刚愎自用、骄傲轻敌以及指挥上的失宜，更是主要因素。

郑成功江南败归，取粮的范围日益缩小，只剩下金、厦两岛，实难养活数万大军。加以十二月蔡政自北京回到厦门，报告了和议不成及清廷已派达素并浙、直、粤数省水师前来合剿的消息，郑成功深感局势严重，开始考虑向台湾做战略的转移。

5. 收复台湾，英雄永垂

台湾，三国时代称为"夷州"，隋唐宋元称为"流求"。明清时，台湾的土著居民约有 10 万，散布生活在台湾岛的土地上，过着原始部落的生活。自古就不断有大陆渔民移居台湾。随着海上贸易的发展，以及南宋遣兵屯戍澎湖，元代设立澎湖巡检司，移民日益增多。明代实行海禁，这里成了林道乾、李旦、郑芝龙等人武装走私集团的活动基地。

16 世纪中叶，西方殖民主义者也曾发现了台湾岛。明嘉靖二十二年（1543 年）葡萄牙人到达日本，经过台湾海峡，见岛上风光美丽，便称之为"福摩萨"，意为"美丽之岛"。荷兰继葡萄牙、西班牙之后称霸海上，在巴达维亚城设立"东印度公司"，于天启四年（1624 年）侵入台湾，筑热兰遮堡（台湾城，在今安平），次年又在热兰遮堡对面赤嵌山上筑普罗文查堡，开始了对台湾的殖民统治。

荷兰占据台湾，直接与中国东南海上割据集团郑氏发生了严重的利害冲突。郑芝龙降清后，郑成功便面对荷兰殖民者。清顺治九年（1652 年）台湾发生了郭怀一起义，荷兰殖民者怀疑为郑成功所策动，即对郑氏到台的船只严加检查，并在海上截捕郑氏的商舶。郑成功大怒，"遂刻示传令各港澳并东西夷国、州、府，不准到台湾通商。由是禁绝两年，船只不通"。顺治十四年六月，荷兰驻台长官揆一遣通事何斌（一作何廷斌）到厦门面见郑成功，表示愿意"年输银五千两，箭杆十万支，硫黄千担"，请求恢复通商。郑成功当时忙于北伐，遂答应恢复通商，并暗地委托何斌替他在台湾向一切进口船只货物征收商税，允许何斌从中提取一定数量的佣金。

后来何斌每年向郑成功缴纳税银18000两。顺治十六年，何斌的行为被荷兰人发觉，他在东印度公司的职务被解除，并被判处缴纳20万元罚金。何斌遂与小通事郭平密谋，由郭平密驾小船，将鹿耳门至赤嵌城的水道探测清楚，连同荷兰人在台湾的布防情形绘成图，飞舟至厦门呈交郑成功，并极言台湾的富庶和可取之处。郑成功正值南京大败之后，观其图，闻其言，满心豁然。只因蔡政入京和谈尚无回音，同时清朝大兵压境，也难以实行这一重大转移。

顺治十八年一月，郑成功抓住顺治帝驾崩，清廷"国丧"停兵不举的大好时机，大修船只，召集诸将会议，做出了进兵台湾的重大决策。并决定世子郑经留守金、厦及闽粤沿海诸岛。三月二十三日中午，郑成功带领马信、周全斌、萧振宸、刘国轩、吴豪并四弟郑袭，统率大军25000人，分乘战舰200余艘，从金门料罗湾出发，二十四日军抵澎湖。七日后，留兵3000就地驻守，大队又于四月一日晚一更继续前进。

那时船只从澎湖到台湾在台南一带登陆，只有南、北两条航道。荷兰人在一鲲身沙洲上筑起热兰遮城，设重炮守卫严密封锁了南航道。在北航道则将损坏的甲板沉塞水底，加以长期泥沙淤塞，通常大船难以进出，所以荷兰人也就放松了防范。郑成功由何斌向导，就选择了北航道。四月二日清晨，船队达到鹿耳门，正逢潮水猛涨5—6尺，大队船只浩浩荡荡开进，在北线尾岛和赤嵌城西北部附近的禾寮港顺利登陆。

热兰遮堡（台湾城）中约有荷军2000余人，由荷兰驻台长官揆一驻守。普罗文查堡（赤嵌城）有荷军司令描难实汀官兵600余人据守。揆一首先命令"赫克托号"和"斯格拉弗兰号"两艘战船以及"白鹭号"小帆船和"马利亚号"快艇向郑军船队冲来。郑军以猛烈的攻势炸沉"赫克托号"，接着又击溃了其他3艘。快艇"马利亚号"逃往巴达维亚报信，"斯格拉弗兰号"和"白鹭号"躲到日本，再也不敢和郑军较量。第二天，陆路荷军240名由贝德尔上尉率领进攻北线尾岛。他们以为中国人都是胆小而不耐战，"只要放一阵排枪，打中其中几个人，他们便会吓得四散逃跑，全部瓦解"。但大出他们的意料，郑军4000人由陈泽率领，两面包抄，箭如骤雨，贝德尔上尉及其部下118人当场丧命。如不是附近一只领航船接应，荷军必将全军覆没。

击溃荷军水陆两路进攻，郑成功挥军四面包围了赤嵌城，切断了赤嵌城与台湾城的联系，断绝了海陆交通。随后派人进入台湾城劝降。荷兰殖民者决定与郑成功和谈，愿以送纳劳师银10万两并年输商税若干万、"年年照例纳贡"为条件，让郑成功撤出台湾。荷兰使者请求郑成功明确答复对东印度公司不满的理由和动机，以及要求满足事项。郑成功立即答复："该岛一向是属于中国的。在中国人不需要时，可以允许荷兰人暂时借居；现在中国人需要这块土地，来自远方的荷兰客人自应把它归还原主，这是理所当然的事。"郑成功表示，"此来的目的并非同公司作战，只是为了收回自己的产业"。只要公司愿意立即退出台湾，即可以"允许荷兰人用自己的船只装载动产和货物，拆毁城堡，把枪炮及其他物资全部运回巴达维亚"，并且同公司的友谊也可维持下去。如果无视他的宽大为怀，只好用自己所拥有的一切力量来求其实现。郑成功限他们在第二天上午8时以前做出决定：如果决定离开，就挂起王子旗；否则就挂起血旗，准备作战。

是年四月六日，赤嵌城荷军司令官描难实汀献出了要塞和城中一切物资，他和他的600名士兵全部成了郑成功的俘虏。而台湾城则挂起了大血旗，表示要和郑成功对抗到底。七日，郑成功指挥攻城，但因城堡坚固，炮火凶猛，十余日连攻不下，部伍伤亡很大。同时，郑军两万多官兵眷属离开金、厦根据地以后，粮饷一开始就是一个严重的问题。在澎湖时连地瓜都吃不上。到台湾后，一部分靠大陆运输接济，一部分靠夺取荷兰人的粮仓储积。后来大陆的粮船不至，"官兵一日只两餐，多有病殁，兵心嗷嗷"。郑成功只好一面派马信统领所部长期围城，一面派遣各镇耕屯自养。五月，郑成功改赤嵌地方为东都明京，设有一府二县：府为承天府，北路为天兴县，以纪念郑氏发迹之地——福建全州安平镇。颁发屯垦令，号召文武各官及各镇大小将领官兵家属，"择地起盖房屋，开辟田地，尽其力量，永为世业"。六月，遣发各镇分赴北路新港仔（今台南市新市乡）、竹堑（今新竹市）一带和南路凤山（今高雄市凤山镇）、观音山（今高雄市仁武乡附近）一带屯垦，文武各官均照原额发给6个月的俸银，作为开垦基金。

郑成功对台湾城的包围一直持续了9个多月。其间，荷兰东印度公司曾经凑集了700名士兵，分乘10艘战船，进行了一次救援，但很快遭到失败。救援的失败使台湾荷军更加恐惧，不少人投降了郑军。有个叫汉斯的军曹，在欧洲打过几次仗，很有作战经验。他在十二月十六日投降后，向郑成功供出了城内荷军已经失去了坚持作战的信心。长期的围困使得荷军已筋疲力尽，强士已不足 400 名，由于疾病还在日趋减少……汉斯建议郑成功充分利用荷军的惊慌和疲倦，继续封锁，还要连续攻击，使疲惫的荷军完全绝望。他还指引郑成功注意荷军工事网和乌特利支圆堡，说工事网远远低于乌特利支圆堡，如果占领圆堡，没有一个人能够在工事内保护自己。郑成功得到汉斯的情报，决定结束消极封锁转入积极进攻。

1662 年 1 月，郑成功将大部兵力集中到台湾城的沙洲上，建起 3 座炮台，配了 28 门巨炮。1 月 25 日，摧毁了乌特利支圆堡。当晚又在紧逼台湾城的小山上筑起战壕，建造一座大型炮垒。城内荷军彻夜用大炮、步枪、手榴弹轰击，以阻止郑军前进，台湾城已成为一片火海。1 月 27 日，面临没顶之灾的荷兰东印度公司台湾评议会召开了一次重要秘密会议。长官揆一同意评议会几乎一致的意见，决定与郑成功谈判。经过几天的协商，1662 年 2 月 1 日，双方正式订立条约并举行签字仪式。条约共 18 条，其中规定：荷兰人交出城堡和所有武器、物资，包括大炮 150 尊，小铳 4000 支，足够 5 个月食用的粮食和价值 471500 荷兰盾的金、珠、琥珀与现金；荷兰人可以携带返回巴达维亚途中所需要的米、面、酒、醋、绳索、帆布、火药、枪弹等物，以及他们私人动产、荷兰政府档案文件。此外，28 名评议员每人准予随身携带 200 银元，另 20 名特别公民准予一共携带 1000 银元；郑方释还俘虏并捕获的四艘小艇及其附属物品；检查以后，荷兰士兵在长官的指挥下，扬旗、鸣炮、荷枪、击鼓、列队登船。几天以后，荷兰驻台湾的最后一任长官揆一搬其辎重货物上船，率余部五百余众，驾舟远去。从此，台湾结束了荷兰殖民者 38 年的统治，回到了祖国的怀抱。郑成功收复了台湾！

郑成功主力大军退守台湾后，清朝采纳黄梧的"剿灭郑逆五策"，驱迫山东、江、浙、闽、粤五省沿海数千里的居民一律从海岸后撤数十里，全部实行迁界，沿海船只悉行烧毁，凡立界之处，陆地则筑墩台，溪河则树椿栅，官兵时刻巡查瞭望，寸板不许下水，粒货不许越疆。截断大陆对台湾以及金、厦诸岛的一切物资接济。为了散除郑成功的党羽，清朝还大量印刷招降的谕旨，密送与诸岛和台湾的郑氏部属，加强政治瓦解攻势。

清朝对郑氏官兵一系列的封锁、瓦解的举措，使得他们在台湾及金、厦诸岛陷入了极度的困境和不安，他们开始发生了动摇。总兵官林俊奇等将官 61 员和兵士 1300 余名就投降了清朝；接着留守铜山的蔡禄、郭义又率将官 108 员、兵 4400 名及其家口万余渡海投降了；跟随郑成功父子镇守南澳 20 余年的大将陈豹也投降了清朝。清廷又于顺治十八年（1661 年）十月三日，将郑芝龙及其儿子和在京的亲属 11 人斩于菜市口。噩信传来，郑成功撷踊痛哭，自此"中夜悲泣，居常郁悒"。当郑成功又听说清朝在福建挖毁了郑氏的祖坟时，更是恨得咬牙切齿。每与诸将谈起五省迁海的事，便叹息不已道："吾欲留此数茎发，累及桑梓人民！"郑成功虽然完成了收复祖国领土台湾的大业，但他为此付出了太多，对他刺激最大的还是他的家事，他已心力交瘁。郑成功心境悲怆，哀愤满怀，他终于病倒了。他勉强从病床上爬起来，登上将台，手持望远镜向澎湖方向眺望，看有没有金、厦的船只开来……

康熙元年五月八日（1662 年 6 月 23 日），郑成功又一次撑持着登台观望。回至书房，他将永历帝所赐延平王的衣冠穿戴整齐，请出《明太祖祖训》，行礼毕，坐胡床，命左右进酒，每翻阅一帙，辄饮一杯，至第三帙，长叹道：

自家国飘零以来，枕戈泣血，十有六年，进退无据，罪案日增。今又屏迹遐荒，遽捐人世，忠孝两亏，死不瞑目，天乎！天乎！何使孤臣至于此极也！

顿足拊膺，大叫而死。时年仅仅 39 岁。

康熙二十二年（1683 年）台湾隶归清朝统辖后不久，清廷批准郑克塽的请求，将郑成功尸骸从台南迁葬于家乡福建南安康店之复船山。

台湾同胞为了纪念郑成功，将郑经原在台湾创建的郑氏家庙称为"开台圣王庙"。光绪元年（1875 年）清政府接受福建船政大臣沈葆桢的建议，将"开台圣王庙"大规模扩建为"延平郡王祠"，列入国家祭典。

6. 两百年间，开发台湾

清代自康熙二十二年（1683 年）统一台湾，至光绪二十一年（1895 年）依《马关条约》割让台湾给日本，共治理台湾 212 年。在这 212 年中，台湾社会有很大的变化，这与大陆汉族居民不断移入台湾有关。汉人的移入，从初期的 10 万人发展到后期的 320 余万人，200 年间扩增 30 倍，对台湾进行了全面的开发。在此基础上，清皇朝逐步建立了对全岛的行政统治。这对台湾的发展及巩固和加强祖国掌握管理台湾的主权，都有重要的意义。

康熙二十二年清设台湾府，下辖台湾、凤山、诸罗三县，统治区域也仅限于府治一带 100 余里。府城"规模草创，城郭未筑，官署悉无垣墙，唯编竹为篱，蔽内外而已"。凤山、诸罗两县衙署皆附设于府城，知县、佐贰不敢莅境，只在府城遥领县事。其时，"人民尚未集，田土尚未辟，可居可耕之地，唯台邑左右方百里地耳"。康熙五十八年（1719 年），施世榜集流民开垦东螺之野，所筑施厝圳，彰邑十三堡半之田，此圳足灌八堡（一万九千甲），故又名"八堡圳"。同时有杨志申来到这里，招募佃农数千人，辟田凿圳，线东西两堡之田，皆为杨氏所有。半线自此日兴，雍正元年（1723 年）乃有彰化县之设。乾隆年间，泉州人吴洛和广东人张振万又来此开发未垦之土，规模皆与施、杨相埒。张振万所居葫芦墩所产的葫芦墩米，日后甘美冠全台。竹堑宽长百里，旷野荒埔，仅有少数山胞。康熙三十年（1691 年），泉州人王世杰募集同乡百数十人至台，先垦竹堑社地，治田渐至数百甲。康熙五十八年，复垦滨海之地，凡二十四社，为田数千甲；又垦以南之地，凡十三社。竹堑一带开垦事业，几握于世杰之手。台北原是一片沼泽密林，初名大佳纳，一名艋舺。康熙三十六年（1697 年）郁永河经此时，辟土不过千分之一。康熙四十八年（1709 年），泉州人陈赖章开始在这里建立村庄。雍正九年（1731 年），平原土地已经全部开垦，大佳纳堡已成为繁华的市街。淡水"凤号烟瘴，近台北之极边"，康熙二十五年（1686 年）左右有广东嘉应州人移住，同籍者闻讯来集，康熙末年已俨然形成一大部落。雍正、乾隆年间，杨道宏、林成祖、胡焯猷等人渡台，继续向北进至兴直之野，开发了淡北平原。

康熙中叶至乾隆中叶是移民开垦的极盛时期，广阔肥沃的北部平原和南部下淡水溪流域已经大部开发。乾隆中叶以后，土地的拓垦已渐及东部的噶玛兰平原、花莲港流域以及中部的埔里社盆地等土著地区。噶玛兰初名蛤仔难，三面负山，东临大海，土地广漠，溪流交错，三十六社番散居其间。乾隆五十二年（1787 年），漳州人吴沙募漳、泉、粤三籍流民入垦其地。嘉庆元年（1796 年）进据乌石港，筑头围；二年（1797

年），又进筑二围、三围。其后沙死，沙侄吴化代领其众进至五围（今宜兰市），前后辟地数百里，奠定了汉人开兰的基础。嘉庆十五年（1810年），闽浙总督方维甸勘查噶玛兰地，据总兵武隆阿、知府杨廷理奏报：噶玛兰南北长约60—70里，东西宽约20—30里不等，有漳人42500余丁，泉人250余丁，粤人140余丁；归化生番三十三社，4550余丁；熟番五社，990余丁。十七年（1812年），清政府在这里经划地界，设置了噶玛兰厅。

奇莱（花莲港），仅每年3—4月间有汉人前来贸易。咸丰元年（1851年），淡水人黄阿凤集资数万元，募穷民2200余人往垦其野。后垦区移于秀姑峦之麓的璞石阁。居者千家，遂成一大都聚。

卑南地处台东之中。咸丰五年（1855年），凤山人郑尚至此与土著贸易，且传授耕耘的方法，很受番人的欢迎与尊重。郑尚致富以后，募佃入垦，土地日辟。

埔里社为台湾中部万山丛中的一小平原，延袤十数里，二十四番社生活其间。嘉庆十九年（1814年），黄林旺、陈大用、郭百年等入垦其地，辟田数千里。咸丰间，泉州人郑勒先居此与番贸易，始建市廛，即后来的大埔城。光绪元年（1875年），清政府在此设埔里社厅。

广大移民挣脱了大陆层累了2000年的专制制度的束缚，来到行政控制粗疏的台湾，面对广阔的从未开垦的沃土，表现了极大的生产主动性和创造性，使台湾200年间的农业生产和商业贸易，出现了较之大陆远为迅速和活跃的发展局面。

台湾的稻种，有土著居民一向种植的，有荷兰引自海外的，也有汉人从大陆带来的。据部分记载，有粳稻27个品种、糯稻15个品种。康熙之时，"三县皆称沃壤……千仓万箱，不但本郡足食，并可资赡内地。居民只知逐利，肩贩舟载，不尽不休"。雍正九年（1731年），"部定台湾征收正供之谷十六万九千二百六十六石余，又运福、兴、漳、泉四府平粜之米十二万两百八十七石"。乾隆七年（1742年），"兵米、眷米及拨运福、兴、漳、泉平粜之谷，以及商船定例所带之米，则通计不下八九十万石"，成为福建兵民粮米的重要供给地，堪称中国南部的一大谷仓。

台湾的主要水利工程是陂、圳。陂是水库，圳是水渠，"凡筑堤潴水灌田谓之陂，或决山泉，或导溪流，远数十里，近亦数里。不用筑堤，疏凿溪泉，引以灌田谓之圳，远七八里，近亦三四里。"据载，清代除了维修和使用荷兰、郑氏时期所开凿的 15 个陂以外，还创修了 80 陂、132 圳。其中，施琅私筑 1 陂，知县宗永清、周钟瑄、曹瑾募民筑成 4 陂、2 圳，其余都是民间业户和佃户自行集资筹策、自行组织劳力修凿的。大致以横贯台湾中部的浊水溪为界，其北以稻作居优势，其南以蔗作居优势。康熙时期，台南平原已是"蔗田万顷碧萋萋，一望葱茏路欲迷"的景象。台糖的产量早岁缺乏准确的记载。"台人植蔗为糖，岁产二三十万"，当是指担而言。又"三县每岁所出蔗糖约六十余万篓，每篓一百七八十斤"，则年产在百万担以上。二说相去甚远，似乎后者有些夸大，前者较为接近事实。清朝后期蔗糖产量又有大幅度增长，据统计，同治九年至十三年（1870—1874 年），全台年均产糖 78 万担；光绪元年至十年（1875—1884 年），年均产糖 95 万担；光绪十一年至二十年（1885—1894 年），年均产糖 76 万担。其中，光绪二年（1876 年）、六年（1880 年）、九年（1883 年）、十年（1884 年）都超过了 100 万担，分别为 114 万担、138 万担、100 万担和 125 万担。

台湾四面临海，天然港湾环布。随着生产的日益发展，台湾的商业以及与祖国内地、日本、南洋、欧美各国的海上贸易也日益繁荣起来。康熙二十四年（1685 年），清廷规定以安平为全台的唯一出口，乃为全台唯一的商业贸易中心。雍正三年（1725 年），台南出现了北郊、南郊、港郊三大商业集团，北郊以苏万利为首，有 20 余号营商；南郊以金永顺为首，有 30 余号营商；港郊以李胜兴为首，有 50 余号营商。他们"各拥巨资，以操胜算，南至南洋，北及天津、牛庄、烟台、上海，舳舻相望，络绎于途，皆以安平为往来之港"。据计，嘉庆元年（1796 年）安平有往来商船 1000 余艘。随着北部地区的开发，日益增长的北路之米如仍南运至安平由鹿耳门出洋，已经越来越感到不便。乾隆四十九年（1784 年），清政府增开彰化县的鹿港与泉州府晋江县的蚶江口对渡，五十五年（1790 年）又开淡水厅的八里岔与福州的五虎门对渡。于是，鹿港和地处淡水河航运孔道的艋舺遂渐次兴盛，成为新的两大通商贸易中心。

嘉庆道光时期，鹿港已有泉、厦、南、布、染、油、糖等 7 郊，"正对渡于蚶江、深沪、獭窟、崇武者，曰泉郊；斜对渡于厦门者，曰厦郊。间有糖船，直透天津、上海等处者"。"鹿港大街，街衢纵横，长三里许，泉、厦郊商居多。舟车辐辏，百货充盈，台自郡城而外，各处货市，当以鹿港为最。"八里岔开港而淡水河成为北路通航要冲。商船直航台北艋舺街，艋舺乃盛极一时。"估客辏集，以淡为台郡第一""商人择地所宜，雇船装贩，近则福州、漳泉、厦门，远则宁波、上海、乍浦、天津以及广东，凡港路可通，争相贸易""赴福州、江浙者，曰北郊；赴泉州者，曰泉郊，亦称顶郊；赴厦门者，曰厦郊——统称为三郊"。北郊之中，"往天津、锦州、盖州的又称大北；上海、宁波又称小北"。其后又有香港郊（一名南郊）与鹿郊，成为五郊。淡水厅的艋舺与府治安平的彰化县的鹿港鼎足而三，时有"一府二鹿三艋舺"之称。

咸丰八年（1858年），《天津条约》开台湾府（安平）为通商口岸；咸丰十年（1860年），《北京条约》增开淡水为口岸；同治二年（1863年），又开打狗（今高雄）、鸡笼分别作为台湾府和淡水的附属口岸。此后，外商云集台湾，纷纷设立洋行，通商贸易之权渐渐转入外人手中。原来台湾商人依据贸易地相同或贸易品相同而组织起来的商业行会性质的团体——郊，也就很快解体。台湾的经济开始沦为半殖民地的性质，台湾的物产开始大量输往殖民者的故乡欧美、日本；同时，在资本主义经营方式的刺激下，生产和流通又比在专制制度下有了更快的发展速度。这一方面的突出表现，莫过于糖、茶、樟脑等业。台湾的糖业向来商品化程度很高。台湾生长茶叶，由来很久。但直到康熙后期，仍然"不谙制茶之法"。嘉庆时，福建人柯朝把二斗武夷茶籽从福建带到台北，辗转传种，这才开始了茶叶在台湾的人工培植。对外通商以后，外商竞购粗茶，茶业随之大盛。同治五年（1866年）输出13万斤，光绪六年（1875年）输出416万斤，光绪十九年（1893年）达到1795万斤。茶叶的价格也在不断地上涨。乌龙茶的主要买主是美国，其次是欧洲。运往欧美的茶叶，经常约占台茶输出总额的95%左右，最少时也不低于80%。樟脑为台湾重要特产之一，约占世界总产量的70%—80%。雍正三年（1725年），清廷在台湾设厂修造战船，南、北二路各设军工料馆，采伐樟木为船料，许承办军工的匠首私煎樟脑取利，台湾的樟脑业自此兴起。咸丰五年（1855年），香港美商布宾纳特至打狗，经营樟脑的出口贸易，引起世界对台湾樟脑的注意。

台湾开发以来的富庶以及海上交通的重要战略地位，日益成为东、西方殖民主义者觊觎的目标。鸦片战争以后，英、美、日、俄更加暴露出夺取台湾的野心。

第十三讲　少数民族的不同作为

中国的历史，是中华人民共和国国土上现有的和曾经有过的民族共同创造的历史。这一点认识，在解放后逐渐为我国史学工作者所普遍接受。这在史学思想上是一个了不起的进步。它既有重要的理论意义，又有深远的现实意义。我在多年断断续续的摸索中，对民族史有两点体会。它经历过单一民族内部的统一、区域性多民族的统一、全国性多民族的统一，以至当前社会主义全国性多民族的统一。统一是我国历史发展的主流。又一点是，尽管在历史上出现过不少的民族斗争，甚至于出现过民族战争，但从整个历史的发展看，我国民族之间总是越来越友好。友好并不排斥斗争的存在，斗争也不能阻挡友好关系的前进。

清代，中国境内有众多民族，汉族仍是中国最大的民族。满族是少数民族，但在当时是占有统治地位的民族。此外，还有不少的少数民族，在历史上起着各种不同的作用。其中有蒙古族、藏族、彝族、回族、维吾尔族、鄂温克族、达斡尔族、鄂伦春族等。

1. 蒙古族并入清后全面发展

先及蒙古并入清朝。那时，漠南蒙古的地盘很大，东起今天的吉林，西至贺兰山，南接长城，北临大漠。后金，又以封官晋爵、保留特权、厚赐联姻等举措，积极笼络漠南蒙古各部首领，并利用各部封建主与明朝支持的察哈尔部长林丹汗的矛盾，诱使他们归向自己这一边。明崇祯七年（1634 年），林丹汗为后金所败，西行，死于人草滩，漠南蒙古遂尽归向后金。崇祯九年（1636年），漠南蒙古16部49个封建主，聚会盛京（今辽宁沈阳），尊皇太极为博克达·彻辰汗，奉戴为共主，后金改国号为清。

与此同时，漠北喀尔喀蒙古三汗，也各自与清通好入贡，保持和好关系。清康熙二十七年（1688年），厄鲁特蒙古准噶尔部首领噶尔丹乘喀尔喀内乱，攻袭喀尔喀各部，败土谢图汗察珲多尔济，掠车臣汗及札萨克图汗牧地，喀尔喀蒙古封建主率众南下投清。康熙三十年（1691年），举行多伦诺尔会盟，封赏喀尔喀诸王公，并设旗编佐，自此，喀尔喀蒙古亦辖属于清帝。雍正三年（1725年），分土谢图汗部西境置三音诺颜部，遂形成四部。厄鲁特蒙古四部并入清朝是在不同时期和情况下，以不同的方式进行的。和硕特部原居今乌鲁木齐一带，17世纪上半叶，在首领固始汗率领下进据青海、西藏地区，与清保持和好通贡关系。顺治十年（1653年），固始汗被清封为遵义行义敏慧固始汗。康熙三十六年（1697年），固始汗之子达什巴图尔接受清朝招抚，使青海和硕特蒙古并入清朝。

准噶尔部在其首领噶尔丹统治时期，兼并周围各部，势力强盛。康熙二十七年（1688年）侵扰喀尔喀，康熙二十九年进犯漠南乌珠穆沁境，被清军败于乌兰布通，康熙三十五年再为清军败于昭莫多。噶尔丹之侄策妄阿拉布坦乘机自立为汗，并向清纳款通好，噶尔丹腹背受敌，次年服毒自杀。雍正五年（1727年）策妄之子噶尔丹策零继位后，屡扰清境，并于雍正九年大败清军于和通淖尔，次年为清军败于额尔德尼昭，后始罢兵议和。乾隆十年（1745年）噶尔丹策零死后，准噶尔部内讧。乾隆十八年（1753年），达瓦齐夺取汗位，乾隆二十年，为清平定。不久，先已归降的阿睦尔撒纳复叛清，失败后，逃入俄罗斯境，乾隆二十二年病死，长期与清朝对抗的准噶尔部遂隶属于清。

值准噶尔部内讧之时，杜尔伯特部台吉车凌、车凌乌巴什、车凌蒙克（史称三车凌）于乾隆十八年摆脱准噶尔的羁绊，率众归服清朝，被安置于乌里雅苏台一带游牧。次年编旗分佐设盟。土尔扈特部原游牧于塔尔巴哈台附近雅尔地方，明末清初，因不堪准噶尔部侵扰，西迁至额济勒河（今伏尔加河）下游。乾隆二十六年渥巴锡继承汗位后，因不堪沙俄政府的奴役、侵扰和征索，于乾隆三十五年率属众33000余户、17万人启程东返祖国。次年抵伊犁，附清，分为新、旧两部：渥巴锡领旧土尔扈特部，游牧于珠勒都斯、库不喀喇乌苏等地；舍楞领新土尔扈特部，驻牧科布多一带。至此，漠南、漠北、漠西蒙古地区尽归属清朝。

再说盟旗制度的实施。盟旗制度是在天命九年（1624年）至乾隆三十六年（1771年）绥服蒙古各部过程中，根据八旗制度的组织原则，在蒙古原有社会制度的基础上逐步建立起来的。清廷取消蒙古原有部的划分，改编为旗。少数就原部编为一旗，多数被分为若干旗，以至10余旗。旗既是军事、行政合一的单位，又是清朝赐给旗内各级蒙古封建主的世袭领地。蒙古地区的旗，为总管旗和札萨克旗。总管旗设总管，由中央派遣的将军、都统、大臣直接统辖，其中包括内属的察哈尔八旗、归化土默特两翼以及热河都统所辖厄鲁特一旗，科布多参赞大臣所辖明阿特、扎哈沁各一旗、阿尔泰和阿尔泰诺尔乌梁海9旗、定边左副将军所辖唐努乌梁海5旗、驻藏大臣所辖达木蒙古8旗等。其余大多数蒙古部之旗，称为札萨克旗，清廷在这些地区建札萨克旗，受中央监督。札萨克旗又分为内札萨克和外札萨克，内蒙古所属各旗为内札萨克；喀尔喀蒙古、厄鲁特蒙古各旗为外札萨克。由清廷根据旗内蒙古王公中之有功者任命为札萨克管理旗务。札萨克的职责是按照清政府赋予的权限，处理旗内行政、司法、税收、科派差役、旗属官吏的任用，牧场调整等事务，由上级监督行使。札萨克之下设协理台吉、管旗章京、梅伦、笔帖式等僚属，协理旗务。除总管旗、札萨克旗外，清政府还在大寺庙的领地，共建有七喇嘛旗。这些喇嘛旗与札萨克旗平行，不受其干预，自行管理领地内之行政、司法、税收事宜。清统治者为了不使旗札萨克享有独立权力，订出会盟制度，在旗之上设盟，合数旗而成。会盟地点由清政府指定，通常是在便于各旗集会的适中地点，一经确定，即以该地名作为盟的名称。每盟设盟长一人，副盟长一人，由理藩院于盟内各旗札萨克中选人奏清帝任命兼摄。盟不是一级行政机构，只是一种实行监督的组织，一般不设办理盟务的衙门。盟长的主要任务是充当会盟的召集人，不能直接干预各旗内部事务，也无权擅自发布政令，只是对各旗札萨克起监督作用，并充当旗札萨克与清政府的中间人。遇有旗札萨克不能解决的民刑案件，可会同审理，札萨克有不法或叛逆行为，有责任随时告发，战时则带领所属各旗兵丁应诏出征。

蒙古的盟旗并非独立自主的政治制度，都直接受中央政权的统辖和节制，履行清廷委付的职责，不享有独立处理本盟旗各项事务的权力。在盟旗之上，一切重大军政事宜的最高裁决权属于理藩院，而地方性的重大事件，则报有关地区的将军、都统和大臣会办。

在当时，制定的各种制度，并没有改变蒙古社会的阶级结构和剥削关系，封建主和牧民仍然是社会中的两个基本阶级。蒙古归并清朝后，在建旗设盟过程中，基本按原来地位的高低及对清朝的效忠程度和功劳大小，分别被授以亲王、郡王、贝勒、贝子、镇国公、辅国公、四等台吉和塔布囊等爵位。他们仍然是蒙古社会中居统治地位的阶级，领取岁俸和人丁，拥有众多畜群，掌握牧场支配权，对领地内属民有不完全的占有权，并通过对土地的支配权，对牧民进行封建剥削。除此之外，喇嘛上层也形成另一僧侣封建主阶级。他们享有清朝赋予的各种特权，拥有牧奴——沙比那尔（庙丁），操纵寺庙财产，某些寺庙甚至建立沙比衙门，对喇嘛徒众进行审讯和惩处。

在清朝统一的国家内，蒙古地区形成相对和平安定局面，加强了与全国各地的经济交流，使原来占支配地位的单一游牧经济，发展为以牧业为主，兼有农业、手工业、商业的多种经济结构。当时，漠北、漠西蒙古地区的农业远不及漠南，发展并不普遍，只在杜尔伯特、乌梁海、扎哈沁等地有粗放的农业，种植大麦、青稞，在哲布尊丹巴的领地内及额尔德尼召等地区进行开垦。农业的发展对蒙古地区生产力的提高和蒙汉人民友好关系的发展也有重大意义。蒙汉人民在生产中通过相互学习，提高了生产技术。蒙古族向汉农学习兴修水利，掌握农时，开畦培垄等农耕技术，并把蒙古地区原来没有的粮食作物和瓜果蔬菜引进来，丰富了食品种类。至清朝后期，近边诸旗的蒙古族人民已是"农重于牧，操作也如汉人"了。同时，汉农也向蒙民学会放牧技术，并以畜牧作为重要的副业。

清代，蒙古地区与内地的物资交流进一步加强，商业大为发展。每逢年班，蒙古封建主都带领成群的商队携带土特产至京出售，并在京购买杂货、绸缎、布匹等，随贡使至京的蒙古人有时多达数千人。此外，大批汉商深入蒙地进行贸易，山西、北京、山东、河北等地的商帮，至归化、热河及蒙古各地贩卖各种日用品，收购原料、畜产品、皮毛。久之，这些旅蒙商逐渐在蒙地居住下来，结果发展了原有的城市，并形成了新的城镇，如内蒙古的归化、张家口、多伦诺尔、赤峰、经棚、小库伦，外蒙的库伦、乌里雅苏台、科布多、恰克图，青海的西宁等，都是蒙汉各族人民进行交流贸易的重要商业城镇。另一种重要的贸易形式是定期集市，寺庙和兵营周围往往成为集市贸易的中心。

在汉商的影响下，部分蒙古人开始转营商业。一些僧俗封建主开始投资与汉商合资经营，或出资委托汉人代营。一些蒙古族人民也直接从事商业，把畜产品、粮食等运至城市和集市出售，并购买自己所需的茶、布、农具、日用品等。

随着城镇的发展和商业的繁荣，以商品生产为主的独立手工业也发展起来。汉族手工业者来到蒙古地区，就地生产，满足蒙古族对手工业产品的需要。在城镇中出现了手工业作坊。手工业的发展，使蒙古地区的自然资源，如盐、碱、木材、铅、金、银、煤，均得到开发。一些蒙古王公雇人以土法开采，或招汉商承包，雇蒙汉人民开采。一些蒙民也在产地自行挖盐、采煤、淘金。蒙古地区多种经济的发展，是蒙汉各族人民劳动的结晶，既繁荣了蒙古地区的经济，也加强了蒙古地区与全国各地的经济联系。蒙汉人民在共同生产和斗争中，冲破了清朝的限制，动摇了蒙古的封建领主制度，也加深了友谊。

清代，在统一的多民族国家中，蒙古族人民冲破清廷的种种禁限，加强了与各族人民的文化交流，既继承和发扬了本民族的文化，又吸收了其他民族的文化成果，使蒙古族文化获得了新的发展。蒙古族语言和文字进一步规范化，成为各地蒙古族通用的统一的书面语言。蒙古族的教育事业也获得了发展，蒙古族受教育的途径有多种：清廷将部分蒙古八旗贵族子弟和蒙古八旗兵丁招收到北京国子监以及归化城、归化土默特二旗，热河驻防八旗的"蒙古官学"中学习，各旗札萨克、王公任笔帖式，一些封建主和富裕牧民也开办私塾，聘汉族和本族塾师教育子弟。20世纪初，在半农半牧区还创办了一些新式学堂，如喀喇沁右旗的崇正学堂，毓正学堂及归化、热河等地的武备学堂等。蒙古族一些开明绅士也建立学堂，如奉天筹边中学、齐齐哈尔蒙旗师范等，与此同时，他们还选送学生到北京、天津、哈尔滨等地学习，或出国到日、德、法、俄等国深造。随着蒙汉人民联系的加强，学习汉文也更加普遍，农业区的一些较大的村镇都设立了私塾，请汉族教师教学。

自然科学也随之获得充分发展。清代是蒙医发展的极盛时期，这与藏、汉医学的传人有着密切关系。蒙医有·整套医疗方法，诊断包括望、问、切，治疗有消、解、温、补、和、汗、吐、下、静、养十法，并总结出饮食疗、灸疗、罨疗、瑟博素疗、皮疗、温泉疗、针刺放血疗、按摩疗等疗术。蒙医在实践中不断总结和提高，出现不少蒙医著作。乌珠穆沁人衮布扎布编著的蒙文《药方》一书，汇集了许多蒙医验方。18世纪初益希班觉著《甘露之泉》是一部蒙医学基础理论著作，对生理、病理、诊断、治疗、药方等从理论方面做了系统阐述。益氏著《认药白晶鉴》中收录380多种药，对每味药的产地、形态、性味、功能、入药做了解释。19世纪奈曼旗蒙药学家占把拉多尔济编著的《蒙药正典》则是一部较完整的蒙药学著作。阿拉善旗高世格亲用蒙文写的《普济杂方》是一部方药手册，书中收集了各科疾病常用的方剂和单方，并列有藏、蒙、汉、满方药名词对照。同时寺庙也培养了许多喇嘛医生，译著了不少医著，如《蒙藏合璧医学》《医学大全》《脉诀》《医学四部基本理论》《药剂学》《药王经》等。蒙古医学以治疗创伤和接骨最为擅长，蒙医绰尔济墨尔根在17世纪将这种特效疗法传到内地。

在天文历算方面，蒙古族也取得很大进展。清前期，蒙古正白旗人天文学和数学家明安图在清钦天监任时宪科五官正，后升任监正，他曾参加编写《历象考成》和《历象考成后编》，著有《割圆密率捷法》一书，在中国数学史上占有重要地位，是中国用解析方法对圆周率进行研究的第一人。《天文学》是一部重要的蒙文天文学著作，综合了当时天文基础知识，并吸收了西方一些天文知识，是研究蒙古天文学的重要资料。

这一时期，蒙古族的文学亦取得了新的发展，出现大量英雄史诗、故事、民歌、童话和寓言等。早已流传于蒙、藏两族人民中间的《格斯尔传》，18世纪以木刻本印行，塑造了一个为民除害，给人民带来和平生活和劳动的伟大英雄形象。《额尔戈乐岱的故事》描述了英雄拒缴国税，与旗王爷及清朝皇帝斗争的故事。《巴达尔沁努乌勒格尔》和《巴兰格仑》包含了反封建、反喇嘛教的内容，嘲笑了僧俗封建主和不法商人。蒙古族擅长诗歌创作，热情洋溢的诗歌成为激发人们斗争和劳动的武器，如《田和》《巴音塔拉》《达钦塔拉》《达那巴拉》《青菜花》等，歌颂了人民反帝反封建的斗争；《丁郎彬》《小黄莺》《孤独的小羊羔》等，反映了人民的痛苦生活；《薛梨散丹》《拉西玛》《车里山》《韩密香》等，揭露了封建婚姻制度；《常斯得喇嘛》《萨嘎拉喇嘛》等，是反对迷信和喇嘛腐朽寄生生活的作品。

蒙古族诗人古拉兰萨创作了许多脍炙人口的诗篇，如《望肃清英吉利匪盗胜利归来》《太平了》等，充分表达了蒙古族人民期望蒙古骑兵歼敌保国，建设和平环境的心情。尹湛纳希是蒙古族最杰出的作家，他毕生创作了《大元盛世青史演义》《一层楼》《泣红亭》等现实主义长篇作品，揭露和批判了晚清的社会现状，无情鞭笞了封建制度，抨击了贪官和蒙古封建主的荒淫无耻生活，刻画了农民的苦难处境。在民间，说书的风气盛行，说书艺人演唱《好来宝》，诵唱《格斯尔传》等文学作品，汉族小说也成了说书的主要内容。

2. 西藏实行政教分开的政策

在清代称西藏为卫藏。卫藏之卫为乌斯的别译，指以拉萨为中心的地区，一称前藏地区，藏指以日喀则为中心的地区，一称后藏地区；康熙朝以后称西藏，包括卫藏及阿里地区。

藏族，居住在西藏自治区及甘肃、青海、四川、云南等省。珞巴族、门巴族，都居住在西藏自治区，其中各有大部分人是居住在印度侵占的门隅地区和洛隅地区。西藏一名称之前，先称吐蕃，后为乌斯（思）藏（元明两代），清代称卫藏。西藏，这一名称，最终被认同为中华人民共和国西藏自治区。

清朝对卫藏加强了封建统治。清朝初年，在西藏实行宗教和政治分开的政策。这是在当时清朝对待西藏尚且未能实现直接统治时的有利决策。

先谈一下有关达赖五世和班禅四世的救援与固始汗的出兵。

17 世纪初叶，卫藏地以达赖五世·阿旺罗桑嘉措为首的藏传佛教格鲁派（黄教）寺院势力，受到第悉藏巴（汉文史籍称藏巴汗，或臧巴汗）地方政权的敌视，在青海的蒙古喀尔喀部却图汗与第悉藏巴联合，更构成对黄教寺院势力的威胁，加以康（今四川省甘孜及西藏东部昌都一带的藏族地区）地区的白利土司·顿月多吉崇奉本教，与藏传佛教为敌，逮捕、迫害各派佛教僧人，黄教寺院势力的处境岌岌可危。

1627 年（后金天聪元年），蒙古察哈尔部林丹汗在清太宗皇太极的攻击下，自辽河流域西退。曾在内蒙古土默特部的归化城（今呼和浩特市）

停留数年，随后林丹汗又率部众去青海，准备与占据青海的喀尔喀部却图汗部会合。林丹汗虽是藏传佛教信徒，但从未明确属何教派。林丹汗与却图汗的联合，有共同对付尊信黄教的蒙古卫拉特四部，进而向卫藏地区扩展实力的企图。此时对黄教寺院势力的威胁，由于林丹汗与却图汗的联合，形势更趋严峻。

卫拉特四部均以尊信黄教相标榜，并以黄教的施主自诩。当黄教寺院势力处于危急存亡的关键时刻，不得不向实力雄厚的卫拉特四部求援。天聪八年（1634 年），黄教派专人将密信辗转送交卫拉特四部之一的和硕特部领袖固始汗，请求出兵救援。

固始汗（1582—1655 年，一译顾实汗，本名图鲁拜琥）因为曾经调解过卫拉特四部与喀尔喀部之间的争端，受到喀尔喀部领袖人物和青海著名的黄教活佛东科尔呼图克图共同赠予"大国师"的称号，"固始"即"国师"二字的音转。固始汗，骁勇善战，深谋远虑，雄心壮志，却在卫拉特四部和硕特部中皆受到实力更为雄厚的准噶尔部的排挤。当固始汗接到黄教的求援密信之后即刻做出了动兵的准备。固始汗于清崇德元年（1636 年）来到拉萨，与黄教领袖达赖五世·阿旺罗桑嘉措及后来被认定的班禅四世·罗桑确吉坚赞见面，共商对付黄教劲敌的谋略。在固始汗返回和硕特部前，达赖五世和班禅四世共同赠给他"丹增却杰"（藏语意为"执教法王"）的称号，对他寄予无限的厚望。

有关固始汗占据青海与第悉藏巴政权的灭亡。

黄教寺院势力强受劲敌，形势危殆。1636 年秋末，固始汗自伊犁出兵之前形势却发生了变化。先是林丹汗与却图汗还来不及会合时，却出痘病而亡于 1634 年，而却图汗部又发生了内讧，因此实力大为削弱。

天聪九年（1635 年），却图汗派遣他的儿子阿尔斯兰率兵万人进入卫藏，按原定计划与噶玛噶举派红帽系饶绛巴、第悉藏巴·丹迥旺布联合，共同消灭黄教寺院势力。但是，阿尔斯兰到达藏北达木（今西藏自治区当雄县）后，黄教寺院势力成功地收买了他，使他倒戈，反而与第悉藏巴的军队交战。噶玛噶举派红帽系饶绛巴派遣信使向青海的却图汗控告阿尔斯兰，却图汗下令处死阿尔斯兰，最后阿尔斯兰被部将杀害，部众溃散，却图汗陷入了孤单无援的处境。

固始汗率和硕特部兵于 1636 年冬抵达青海，略事休整后，即于 1637

年正月，发起了对却图汗的突袭。在青海湖西北岸，固始汗以 1 万兵力摧毁了却图汗的 3 万军队，可谓此战以少胜多，确实出众。固始汗之子达延台吉又追逐却图汗所率残部至哈尔盖（今青海省刚察县境）的冰滩上，却图汗被俘后据说被杀。此间，青海尽入和硕特部的天下。当时，白利土司和第悉藏巴获知却图汗的覆灭，大为震惊。他们再忙于急谋对策，但已未及。固始汗即于 1640 年出兵康区，攻打白利土司，白利土司·顿月多吉兵败被俘。固始汗救出了被白利土司监禁的各教派佛教僧侣，而深得各教派信徒的感激和好感。

固始汗灭白利土司后，派人去拉萨传送康区获胜的消息，但达赖五世或是由于顾虑固始汗率兵进入卫藏，黄教寺院势力的发展会受到他的牵制；或是故意放出风声以麻痹第悉藏巴·丹迥旺布，表示固始汗在略定康区以后，即可返回青海，不必率军到卫藏，多次指示总管索南饶丹，不宜邀请固始汗军进藏征讨第悉藏巴。然而索南饶丹并没有按照达赖五世的意旨行事，反而捎密信给固始汗，请固始汗带兵前来卫藏攻灭第悉藏巴。固始汗收到密信后，佯称回师青海，促使第悉藏巴·丹迥旺布放松戒备，却暗中引兵径向卫藏进发。当固始汗于清崇德六年（1641 年）兵临拉萨时，第悉藏巴竟毫未觉察。据藏文史籍《安多政教史》记载，东噶尔宗（今堆龙德庆县东嘎区）经过激战，被固始汗攻破，德钦宗（今达孜县德庆区）和乃乌宗（今堆龙德庆县柳梧区）等地的第悉藏巴所属地方官员纷纷向固始汗投降。固始汗又于 1642 年攻下了日喀则，第悉藏巴·丹迥旺布被俘。固始汗此时曾有意起用丹迥旺布为他效力，后来由于第悉藏巴政权的支持者不断举兵反抗，甚至企图营救丹迥旺布，固始汗觉察到事关重大，于是下令处死第悉藏巴·丹迥旺布。由此，第悉藏巴地方政权始于 1618 年，后又于 1642 年结束，历时 24 年。

再谈一下卫藏地方势力的亲往清朝与清太宗的顾全大局之相关事。

满族崛起于我国东北地区，在 17 世纪初叶建立后金王朝前，满族社会比较普遍的宗教信仰是萨满教。藏传佛教与满族统治阶级的最早联系应始于清太祖努尔哈赤时，当时的藏僧干禄打儿罕囊素"不惮跋涉，东历蒙古诸部，阐扬圣教"。1621 年在他圆寂后，努尔哈赤还下令为他建立佛塔。

清太宗皇太极即位后，为了表示对藏传佛教的崇信，于 1639 年 10 月派遣以察汉喇嘛为代表的清员去卫藏，带信给当时掌管地方政权的第悉藏巴和"掌佛法大喇嘛","延致高僧"去满洲传教,以期"振兴三宝""利益众生"。察汉喇嘛一行抵达卫藏时,正值固始汗用兵康卫藏等地的战争时期,上述信件究竟送达与否,史籍未曾记载。

1636年,据说固始汗曾与黄教领袖人物达赖五世、班禅四世双方商定了共同派人去盛京(今辽宁省沈阳市)与尚未进关的清朝建立联系。1642年,以伊拉古克三为首的卫藏地方派出人员,携带着达赖五世、第悉藏巴、噶玛噶举派红帽系喇嘛噶玛巴等人的信件抵达盛京。显然,卫藏地方的统治阶级此时全然置明朝皇帝于不顾,他们已经意识到清朝即将取代明朝而入主中原,并且积极地争取清朝皇帝的支持。

清太宗对卫藏派出人员的到达十分重视,亲率诸王、贝勒、大臣出城迎接,并向上天行三跪九叩之礼;在接受朝拜和收取卫藏各方人士来信时,清太宗迎受,态度至为恭谨。伊拉古克三一行在盛京停留了8个月,清太宗对他们"五日一宴",多所馈赠。清太宗在给卫藏各方人士的信件中,措辞谨慎,不偏袒任何一方,不介入各教派之间的争端,表明了这位清朝皇帝"既明智又清醒"。他在给第悉藏巴·丹迥旺布的信中,只作了一般问候(当时第悉藏巴已被固始汗擒杀的消息并未传到清朝)。伊拉古克三一行返藏时,清太宗又破格亲自送行。

清太宗专程派人去卫藏迎请高僧,对卫藏朝清之人的破格接待,绝非偶然。当时清朝正准备进关灭明,清太宗深知藏传佛教在蒙藏社会中的重要地位和作用,为确保进关后广大蒙古族地区形势的稳定,对于藏传佛教的特殊优容政策,也确属慎重而又顾全清朝未来的政治大局。

固始汗的实力与清朝承认和硕特部对藏区的统治。

清朝于1644年定都北京,卫藏等藏族地区已尽在蒙古和硕特部的控制之下。由于和硕特部领袖固始汗早在1637年已经归附清朝,进关后的清朝皇帝世祖福临(顺治帝),实际上已经通过和硕特部实现了对全国藏族地区的间接统治。此时以达赖五世为首的黄教寺院势力,由于劲敌已被固始汗歼除,并崇信黄教,对达赖五世优礼相加,"并特别把全部西藏十三万户献上"。实际上元朝所封乌斯藏十三万户,历经元、明两代,多数已荡然无存,据藏文史籍所记,固始汗将西藏130000户献给达赖五世,只能是象征性的表示,已无其他作用。固始汗尊崇达赖五世,是为了巩固他已经在藏族地区所取得的统治地位。尽管黄教此时已在藏族社会占据优势，但是，固始汗在消灭第悉藏巴地方政权后，并未离开西藏，更没有把对西藏的统治权力交给黄教寺院势力，可见他接受黄教寺院势力的请求，千里驰援，也绝非出自单纯的宗教信仰的原因。其真实所在是固始汗略定西藏后，要在拉萨建立起以他为首的地方政权，统辖范围不仅包括西藏，东部的康区、东北部的青海地区也都囊括在他的统治之下。固始汗此时已成为统治全国藏族地区的一个蒙古族汗王。他本人坐镇西藏，10个儿子除个别人外，都率部驻牧青海，他将康区的赋税收入用以供给在青海的部众，这一切都是经过精心安排的。固始汗在西藏建政，直接控制着藏传佛教的发祥地，对蒙古族社会有着特别深远的意义。青海地区水草丰茂，足以保证和硕特部众生活无虞；而且部众据青海，可以阻止来自北方的其他蒙古族军事力量的南下，从而保障和硕特部在西藏建立的政权。再以康区赋税补充和硕特部众的需用，既可以保证青海部众的生活安定，又能够巩固自己在西藏的统治。这对于清朝的世祖，固始汗则是恪守臣礼，不时遣专人进京请安，表贡方物，积极争取清朝对他的支持。而在清初，全国统一不久，内地动乱尚未完全平定，世祖只有承认既成事实，利用和硕特部的固始汗，对西藏实行较为间接的统治。

当时，西藏班禅活佛系统的建立，并又与达赖喇嘛分庭抗礼。

固始汗扶持黄教寺院势力在藏族社会获得优势地位，对黄教寺院势力的领袖人物达赖五世的权力过于集中，又有些顾虑和担心，于是在固始汗的安排下，黄教又出现了另一大活佛系统，即班禅（"班禅"即大学者、大师之意，"班"即梵文班智达、学者的简称，禅即藏语，意为"大"）活佛系统。

日喀则扎什伦布寺的寺主班禅·罗桑确吉坚赞（1570—1662年）是17世纪前半期黄教寺院势力的一位决策性人物。达赖五世的认定、坐床以及达赖五世年幼时黄教寺院势力对内、对外许多重大事宜，都是由他主持的。固始汗在1642年统治西藏以后，就尊奉班禅·罗桑确吉坚赞为师，至1645年（顺治二年），固始汗授予罗桑确吉坚赞以"班禅博克多"的尊号。从此，"班禅"成为一个专用尊号，不再仅是对佛学知识渊博的僧人的尊称。1662年（康熙元年）罗桑确吉坚赞圆寂后，开始了班禅活佛系统的转世。罗桑确吉坚赞被认定为班禅四世，班禅一世宗喀巴的弟子克主杰（1385—1438年）、班禅二世索南乔郎（1439—1504年）、班禅三世恩萨巴·罗桑顿主（1505—1566 年）均是追认的。罗桑确吉坚赞的转世"灵童"是罗桑意希，即班禅五世。

自达赖三世·索南嘉措起，黄教一直以达赖喇嘛为领袖。尽管达赖五世年幼时，由黄教中德高望重的罗桑确吉坚赞决策重大事宜，但达赖五世仍是作为黄教的唯一领袖出面并得到公认的。固始汗在统治全国藏族地区后不久，却又赠给罗桑确吉坚赞一个尊号，从而在黄教中又建立另一个班禅活佛转世系统，显然是借此分割达赖喇嘛系统的权势，使达赖和班禅两个活佛系统之间互相牵制，以便于维护和硕特部在藏族地区的统治。然而固始汗一系列的统治措施，包括建立班禅活佛转世系统，并没有能够达到使其子孙世代统治藏族地区的目的。历史的发展必然要冲破统治阶级的一厢情愿，蒙古和硕特部在西藏建立的政权延续了 75 年，到 1717 年（康熙五十六年）彻底崩溃。

固始汗授给罗桑确吉坚赞尊号，从而建立起班禅活佛转世系统，对后期历史影响深远。1713 年（康熙五十二年）清朝正式册封班禅五世·罗桑意希为"班禅额尔德尼"（额尔德尼，满语，意为宝），在一定程度上继承了固始汗的政策，是按照"封达赖喇嘛（1653 年）之例，给以印册"的，即将班禅提高到足以与达赖喇嘛分庭抗礼的绝妙地位。

再说一下达赖五世强化封建农奴制度，以及黑帽十世的返藏。

固始汗对西藏的统治也有失策，其在于只留意于政治和军事二端，却将西藏全区的经济权拱手奉献给达赖五世。事实证明，没有经济实力的政治，恰如无源之水。以达赖五世为首的黄教寺院势力，本来已有相当强大的经济实力，加之固始汗又给以更多的经济权益，如虎添翼，以致和硕特部政权对黄教寺院势力的发展无法控制，这是和硕特部未能在西藏维持长期统治的根本原因之一。以达赖五世为首的黄教寺院势力，不仅从固始汗手中取得西藏地区的赋税支配权，而且还取得封赐土地的权力。当时土地的封赐对象是有功于黄教或臣服于黄教的贵族，这些贵族将分封到的土地作为世袭庄园；还有为数众多的黄教寺院也分封到土地，作为寺属庄园。固始汗除授权达赖五世封赐下属贵族、寺院，颁发封地文书外，他自己签署的封地文书也能见到，但远远不如达赖五世的数量之多。

西藏原有的封建农奴制度走向日趋强化的道路。达赖五世既享有对贵族、寺院封赐土地的权力，随后即对僧俗领主的下属农奴做了空前严格的人身依附关系的限制。从 1644 年（藏历阳木猴年）达赖五世给贵族拉日孜巴的农奴所下的命令中，足以反映了当时农奴的灾难处境："拉日孜的百姓听令：你们不服拉日孜巴的管束，打算另投新的领主，这纯属反叛思想，为法律所不容。如果你们胆敢贪图自由、逸乐，我特授予拉日孜巴对你们施行打、砍、杀的权力。"西藏的封建农奴制度普遍确立后的 300 多年间，即自 13 世纪初叶至 16 世纪中叶，藏族的封建经济和文化都得到了长足的发展。

13 世纪末，元帝师意希仁钦（《元史》作亦摄思连真，1286—1291 年任元世祖忽必烈帝师）等人颁发给乌思藏各级官员和僧俗人众的文告表明，当时封建农奴制度的生产关系和生产力基本上是相适应的。文告只是劝诫农奴不要逃亡另投新主，而且对领主和农奴双方都提出了要求：农奴要按时依例向领主执役应差，领主也不准在规定的范围之外滥施权力，并要对所属农奴妥为保护。以文告的内容对比达赖五世所下的命令，可知至 17 世纪中叶时，西藏的封建农奴制度已经形成对生产力发展的严重阻碍，农奴被严格地束缚在农奴主的庄园上，农奴主对农奴为所欲为，直至处死。显然，达赖五世强化封建农奴制度，是以经济和政治权力的高度集中为前提的，不容置疑。

在宗教方面，达赖五世攘夺了原来藏传佛教中被明朝封为"大宝法王"的噶玛噶举派黑帽系十世活佛·确英多吉（1604—1674 年）的权势。先是黑帽十世在固始汗灭第悉藏巴地方政权后，被迫承认了达赖五世在藏传佛教中的权威地位，但是，由于随后出现了反抗固始汗和黄教寺院势力的斗争，黑帽十世难于脱卸幕后指使之嫌而遭逮捕，后来他逃离西藏，去云南丽江投奔噶玛噶举派施主木土司家。达赖五世受清朝正式册封于 1653 年后，约于 1663 年（康熙二年）黑帽十世自丽江返回卫藏，虽未被达赖五世追究，其权势已丧失殆尽。

当时，清世祖请达赖五世抵京，固始汗向清贡物。

1644 年（顺治元年）1 月，清朝派遣官员入藏迎请达赖五世，并写信通知固始汗。此后清朝又多次派人敦促达赖五世前来内地，达赖五世却一拖再拖，直到 1652 年（顺治九年）成行，其中主要原因在于清初政局尚未稳定。当时世祖虽已登基，但实权仍在其叔睿亲王多尔衮手中；明室诸王和旧臣，以及李自成、张献忠旧部的抗清势力依然存在；加以蒙古卫拉特四部对达赖五世朝清意见尚不统一，而卫拉特又是黄教寺院势力的主要支持者。鉴于这诸多问题，达赖五世不可贸然决定前去内地。1651年（顺治八年）年底，清朝再一次派出迎请达赖五世的官员抵达拉萨，此时全国政势已趋稳定，世祖在皇室的斗争中取得了胜利，南方的抗清势力也将被次第削平，世祖已牢固掌握全国的统治权力，达赖五世这才放心。于是1652年1月，达赖五世在清朝官员的陪同下自拉萨起程，前往内地。蒙、藏统治阶级为他安排的随行多达3000人，包括蒙、藏两族官员，高级僧侣和保卫军队。

当达赖五世路经青海、宁夏向内蒙古进发时，向世祖提出在归化城（今内蒙古自治区呼和浩特市）或代噶（今内蒙古凉城县）朝见，请世祖决定。达赖五世原想在内蒙古某地完成朝清使命，就近会晤内、外蒙古各部的领袖人物，免于进京。世祖得知后，曾有亲赴内蒙古与达赖五世相见的考虑，但他又担心如果自己不去内蒙古，达赖五世与内、外蒙古各部领袖会晤后返藏，便会影响到卫拉特、喀尔喀蒙古诸部对清朝的归顺。此时，满大臣大都附和世祖的想法，但汉大臣则多持反对意见，认为皇帝乃"天下国家之主"，殊无必要亲赴内蒙古。可由皇帝派诸王大臣一人多带金银，厚予赏赐，专迎达赖五世轻装进京。世祖最后决定派遣和硕承泽亲王硕塞去内蒙古迎请达赖五世进京。达赖五世也决定只带少数随从进京朝见世祖，大批随行人员则暂留内蒙古。

1653年（顺治九年）12月16日，达赖五世抵达北京。世祖在南苑会见、赐坐、赐茶、赐宴，待以殊礼，当日，即由户部拨供养白银90000两。达赖五世在北京一直居住在为他专门修建的安定门外西黄寺。达赖五世到达北京不满10天，固始汗便派人到北京向清朝贡献方物，顺便请求达赖五世返回西藏，担心清朝将达赖五世长时间留在北京。当达赖五世以"此地水土不宜，多病，而从人亦病"为由，向世祖提出返藏的请求，世祖准许，并未挽留。达赖五世行前，世祖赐给达赖五世黄金550两、白银1200两、大缎100匹以及其他贵重礼品多种，皇太后也赏赐了金、银、缎等礼品。他们都以对待藏传佛教最高领袖的特殊礼遇赐予达赖五世。达赖五世于1653年（顺治十年）2月20日离开北京，他在北京居留2个月。此间，清朝并未对他进行册封。达赖五世在以和硕承泽亲王硕塞为首的官员护送下回到代噶，与前此留驻此间的随从人员会合。

最后，介绍一下清廷的正式册封，达赖五世和固始汗各自的职权。

1653 年（顺治十年）4 月间，清朝派出以礼部尚书觉罗郎球和理藩院侍郎席达礼为首的官员赶到代噶，赍金册金印，正式册封达赖五世为"西天大善自在佛所领天下释教普通瓦赤喇怛喇达赖喇嘛"。清朝给达赖五世的封号，前半部分沿用了明朝封噶玛噶举派黑帽五世得银协巴封号的一部分，只在"领天下释教"之前，加以"所"字。明代藏传佛教的教主黑帽五世并未管辖汉地佛教，说他"领天下释教"，即统领全中国的佛教，已经与事实不符，这是因为明朝简单地继承元朝的传统而疏于核实的结果。元代，由萨迦派的帝师"领天下释教"，入明，实际情况有了变化，明廷仍率尔沿袭元制，以致出现失误。清朝在"领天下释教"前所加的"所"字，在藏文封号中意为"在一个很大的范围"，表明达赖喇嘛不是统领全中国的佛教，而是管辖一个很大范围以内，实际上是指信奉藏传佛教的蒙、藏地区的佛教事务。足见清廷对达赖五世的封号是根据实际情况。封号的后半部分沿用了明代俺答汗给达赖三世·索南嘉措的尊号，只是译名稍有改动，"普通"，意为普遍通晓，与"识一切"意义相同，为藏传佛教对在显宗方面取得最高成就的僧人的称呼；"瓦赤喇怛喇"即"瓦齐尔达喇"，梵文音译，意为执金刚，为藏传佛教对在密宗方面取得最高成就的僧人的称呼。表明清廷在册封达赖五世时，尊重达赖喇嘛这一称号的历史渊源。由此可见，清朝是经过认真考虑而做出的正式册封。

从清朝对达赖五世的封号还可以看出，清朝只是封达赖五世为"所领天下释教"的宗教领袖，而不是封他为西藏政治上的领袖。对此，清朝统治者的心目中是十分明确的。清朝在册封达赖五世的当年，接着又派专人携带金册、金印入藏，正式册封西藏地方的掌权人和硕特部领袖固始汗为"遵行文义敏慧固始汗"。清朝册封固始汗主要在于当时清朝入主中原不久，尚未直接统治青海、西藏，对固始汗当时已经建立的地方政权，只能采取承认的态度，因而明确地封他为领有封地的"汗"。但是清朝也向固始汗规定了应尽的职责，即给他的封文中所说的"作朕屏辅，辑乃封圻"，要他恪尽职守，治理好皇帝封给他的领地。

清朝在一年之中对西藏的达赖五世和固始汗都进行了册封，然而在清朝统治者的心目中，二人的职权范围是明确的，前者是宗教领袖，后者是政治领袖。清朝初年在西藏实行宗教和政治分开的政策，对当时清朝在西藏尚且未能实现直接统治，无疑是有利的。

此后，固始汗为了更好地统治西藏，有意借助达赖五世的声威，将总管达赖喇嘛事务的第巴任命为地方政权的第巴，使第巴一职成为西藏的政务总管。1655 年，在固始汗去世之前的西藏，蒙、藏统治阶级的矛盾还不突出。固始汗去世后，地方政权中自第巴以下的藏族官员羽翼日益丰满，和硕特部世袭汗王在西藏的统治逐渐削弱，直至架空。

3. 彝族奴隶制及其多彩活动

彝族是古羌人先后南下在长时期发展过程中与西南土著部落融合而成的民族，活动范围曾遍及今云南、四川、贵州三省，其核心是三省毗连的广大地区。他们多自称为纳苏、诺苏或聂苏，各地还有许多种不同称呼的较小支系。

彝族，当时的凉山的彝族，是保持着奴隶占有制的。清初康熙、雍正年间，彝族及其影响所及地区保持奴隶占有制的代表地区为：一个是包括水西（今贵州大方）、建昌（今四川凉山一带）、乌撒（今贵州威宁）、乌蒙（今云南昭通）等地的云、贵、川三省毗连地区；一个是云南省元江、新平县的鲁魁山一带；一个是贵州安顺府（今安顺一带）彝族土司控制下的布依族分布地区。只有凉山彝族的奴隶制度迄至 1840 年仍然保存下来，并且在其后的岁月里继续有所发展。

清初，凉山腹心，除少数平坝地区地理气候条件优越、农业早有发展，其余的大部分山区仍"箐林丛密""住牧原无定所"。至道光二十九年（1849年），腹心地区"生番游牧其间，并无定址"，仍是没有根本的变化。这种游牧无定的生产，决定了那些没有受过土司封号的所谓"生番"，实即黑彝家支统治地区，始终没有停止过对邻近产粮区居民包括汉人的劫掠。随着凉山边缘地区汉民的日益增加，特别自嘉庆元年川陕楚白莲教大起义爆发后，川东、川北一带的大量汉民涌往宁远府（今西昌）属土司地区垦荒，如嘉庆九年（1804年）越巂厅（今越西）大维山一带的火山，就是以"宁远府属夷人"雇内地汉民"承佃火耨"而得名。这使得"熟番"地区的社会生产力有所增长。

随着锄耕与犁耕的进一步开展，道光十八年（1838年），凉山一些地方已是"一半老林，一半垦地"。垦荒的汉佃与彝群众之间"百余年来彼此相安无事"，即在土司保护下不受彝族奴隶主阶级的劫掠，但这并不说明这类地区的奴隶制生产关系已经废除。这时农业已经有超过畜牧业的发展趋势。

在生产关系方面，彝族奴隶制的发展，也是和汉族居民区的恢复与发展分不开的。随着建昌、雷波等地汉族居民区的恢复与发展，首先是在汉族商民大力经营下，矿冶业包括铜、铅、银等矿得到开采，至19世纪末，铜矿就达14处之多。这就大大刺激了上述汉族与其他民族地区农副业生产的发展，也大大刺激了凉山腹心地区彝族奴隶主阶级的贪欲。随着凉山边缘地区驻防官兵的外调镇压白莲教起义与防务的空虚，凉山彝族奴隶主至边缘汉族居民区频繁地掠夺。他们"掳掠汉人，并不杀害，只图带回代为种地力役之用，并闻有转卖他族番人以图获利者"。

凉山彝族奴隶主阶级的出掠，嘉庆七至九年间，大抵先在东面的雷波、马边、峨边，继而发展至西面的越巂等地区。道光年间，再发展至凉山腹心的"巴蛮"，与云南东川府巧家厅（今巧家县）所属江外二十一寨的"滇蛮"互相勾结，时出滋扰。光绪年间，更进一步发展至"巴蛮"渡过金沙江，前往云南的永善与巧家劫掠。清朝末年，凉山彝族奴隶主的出掠有增无已。凉山彝族奴隶制之所以从清初到清末继续得到保存，归根结底，在于存在生产力水平十分低下的所谓"生番"地区，以及招致汉民开垦生产力逐渐有所提高的所谓"熟番"地区。两类地区的共同点，是继续保持奴隶制的政权机关，继续维持奴隶制的等级关系与对其他部落或民族的劫掠。区别在于："生番"地区继续俘虏汉人为奴，"熟番"地区基本上不掳汉人为奴。随着凉山腹心地区黑彝家支反对土司斗争的发展，将土司予以消灭或逐渐驱赶至边缘地区，就使原来继续俘虏汉人为奴的"生番"地区进一步扩大，那些原系土司所辖的"熟番"地区，也变成照样俘虏汉人为奴的"生番"地区。这样，到了清朝末年，原来所谓"熟番""生番"的概念也逐渐被废弃，而为"浅山"与"深山"所取代。

在清代若干彝族地区出现了土司制度下奴隶制经济向封建领主经济的过渡，这是在继续保持土司、土目的大土地所有制下进行的。虽然雍正年间清朝在彝族地区较为普遍地推行了改土归流，亦即以有任期的流官代替世袭的土官，但在部分彝族地区，由于各种历史原因，仍有一些土官保留下来。清沿袭明制，不予土官俸给，土官还须有所贡纳、征发。作为大贵族奴隶主的土司及其属下员司土目，要维持一定的政权机关，在对所属奴隶群众进行直接占有的同时，必须在所辖地区保持一定范围的大土地所有制。

清代中叶，这种奴隶制经济向封建领主经济的转化或者农奴对领主封建依附关系的发展，可从嘉庆年间水西地区流传下来的三份彝文田契显示一斑。其中一份，写明农奴阿勾巴租种土目领主燕翼堂安的勃那意吐型地一片，交顶银50两，年交稻谷租两大斗5升，旱地租一大斗。并讲明："今后粮清粮款，作事夫役，大派小派，随唤随到，阿勾巴子孙永远管业。以后如粮租不清，大派小派夫役，不能随唤随到，由官家扯土，另安他人，阿勾巴子孙并无异言。"另有租与农奴阿木的两份田契，主要内容基本相同。这里既不是奴隶制的直接强制，也不是单纯的经济剥削。而是由于农奴租种了土目领主的土地，因而产生了除交租粮外，还有各种夫役、派款等经济外强制。如果农奴不能履行这种经济剥削与经济外强制，领主的土地就要收回。这就将租种土地产生的经济剥削与封建性质的人身依附关系紧紧地结合在一起。

自然，在继续保持土目大土地所有制的前提下，土目在政治统治上仍然掌握了很大的权力，奴隶制向封建制的过渡绝不是一帆风顺的。

改土归流的有效推行与封建地主经济的发展在清代若干彝族地区，除出现土司制度下奴隶制经济向封建领主经济过渡外，在其他若干彝族地区，由于改土归流的有效推行，也出现了奴隶制经济直接向封建地主经济的过渡。

清代彝族地区的改土归流，以雍正年间东川、乌蒙、镇雄彝族土司、土目的改流为代表。雍正以前，这里还保留着奴隶占有制度。云南巡抚鄂尔泰于雍正四年十二月奏陈由威宁到东川彝族土司、土目统治区内所目睹的情况"三百六十里内人烟俱寂，鸡犬无闻""田皆蒿莱，地尽荆棘，耕种不施，渔樵绝迹"。社会生产力发展受到严重的阻碍与破坏。鄂尔泰在上述彝族地区推行改土归流所采取的策略是，在陆续调集军队陈兵边境的同时，先行分化土司、土目内部的团结。乌蒙府城发生了奴隶主暴乱，杀害了乌蒙镇总兵刘起元等人。从而迫使鄂尔泰飞调滇、黔官、土兵一万数千人，对东川、乌蒙、镇雄等地的奴隶主武装进行大规模的粉碎性的打击，使之一蹶不振，并为奴隶制经济向封建地主经济的直接过渡，创造了一个迅速发展的先例。其具体措施是：军事上加强安营设汛，防止凉山彝族奴隶主的势力越过金沙江卷土重来；政治上慎选能员，以"人地相宜"的徐成贞为昭通总兵；着眼于恢复与发展经济，早在1727年年初，就陆续召集垦民垦荒，继而将原属土司、土目现在无业的田地赏给兵丁。"并量与牛种银两，劝令开垦"。1731年年初，当"鲁甸凉山等数百寨尽平"之后，又对避乱逃亡及被胁从的，无论汉回彝苗，"概令招抚，悉予安插"，于是"归而完聚者数万户"。1731年年底，继鄂尔泰担任云贵总督的高其倬，又采取了进一步的措施：

首先从寻甸各州招得"习于耕稼"的农民一千户，限期赶赴昭通；其次将昭通之田分为熟水、生水、熟旱、生旱田四种，分别授予；尤为重要的是将"所给与兵民夷户之田，俱令于分给之始，即立清界限，以杜将来纷争影射之葛藤。其田按年陆续收其稻谷，照时价计算，扣还工本，扣清之后即令起科"其田给与执照，永远为业"。这种既承认劳动者的土地所有权，又从生产资金方面给予借贷的政策，极大地鼓励了劳动者的生产热情，大约只经历了10多年，就出现了改流前后迥然不同的变化。在改流前的1726年，是"昔日土酋，好逸恶劳，不喜耕种，纵容部落，不时抢劫人口，掳掠牲畜，贩卖为生，习成惯技"。而在改流后的乾隆十一年（1746年），则是"数年以来，招徕开垦，野无旷土，商贾辐辏，汉土民夷，比屋而居，庐舍稠密，已与内地气象无二"。

在向封建地主经济过渡中，并非所有地区都要经过改土归流。如康熙二十七年授职的新平土县丞杨宗周，乾隆三年因军功议叙的新平土千总邱国良，都是直到清朝末年子孙世袭，辖区四至分明，保持着土司封建领主的大土地所有制。但至乾隆三年，土弁李毓芳在新平所属地方"新买者甸冈、丫租等田"，其中者甸冈计九亩八分二厘，"年收京斗租谷二十四石，纳秋粮四斗八升六合五勺"。表明这里的地主经济已在领主制周围取得进展，并对后者进行冲击。又如道光年间云南武定慕莲土舍所属练头联合群众，要求在辖区内自由买卖土地。土司被迫承认，允许有田户以后只交纳一份官租，这就以容许地主经济发展的方式破坏了领主制的完整。再如清朝末年，贵州宁龙街、牛棚、大官寨等地仍然保存土目封建领主的大土地所有制，邻近的灼圃地区却由于土目绝嗣，地产归公，折价出售，从而使这一地区的地主富农经济逐渐居于统治地位。

现就彝的民族文化与风俗习惯而言，除少数后进地区外，各地彝族有着长时期从事农业生产的历史。正是从农业生产实践中，彝族人民积累了许多有关天文气象的知识。如在云南景东县，彝族群众把长时期以来观察天象变化的经验编成许多农谚。在云南牟定县，当地部分彝族老农根据春雷第一声的时间和方位，能够正确地预测当年雨季开始的迟早和雨量丰歉的情况。在四川凉山，彝族群众在自己的生产实践中，采用了根据物候定农时的方法，并进一步把农时与天象联系起来，根据日出点和日落点的位置变化确定农时，确定该种某一种作物。在对疾病医疗方面，彝族群众中间也蕴藏着许多宝贵的经验。如云南楚雄、禄劝县的《齐书苏》（意为配药方的书），贵州毕节地区的《寻药找药经》，四川凉山地区的《献药供牲经》，都可以说是当地彝族医疗经验的总结。许多民间医生运用世代相传的医疗经验，把一些动植物和矿物制成各种土药，能治疗多种疾病。还有扎针、接骨、熏洗、按摩、拔火罐等外科手术，并对牲畜的疾病进行治疗。但是，在一些地区，医疗经验被公开宣扬宗教迷信的毕摩所禁锢，未能获得健康的发展。

彝有初创于隋唐，至明代已趋成熟的标音节文字，明清以来，各地流传不少用纸书写的彝文经典，包括历法、天文、谱牒、诗文、神话、历史以及毕摩所使用的祭经与占卜经等典籍，内容十分丰富。各地还有一些彝文铸铜、碑刻、图章、书信、契约、借条等，多系明清两代保留下来的文物。彝族民间有丰富的文学宝藏，许多手抄本基本上可以划入文学作品的范畴，绝大部分是世代传诵，并不断锤炼丰富的民间口头文学，它们涉及社会生活的各个方面。彝族民间有各式各样的传统曲调，无论男女老少都能唱上几首，它是彝族文化生活的重要组成部分。各地山歌与传统曲调一样，丰富多彩，美不胜收。彝族民间还有各种舞蹈伴奏曲和乐器曲，乐器种类不少，通常以管弦为主。舞蹈是彝族人民文化生活中一项不可缺少的内容，最流行的是集体性质的"跳乐"，基本动作各地相去不远。凉山彝族地区还有一种宫廷舞，渊源可以追溯至隋唐时期，以后由彝族兹莫（土司）继承与保留下来。各彝族地区还保留一些其他的古老舞蹈形式，包括征战舞、斗牛舞、斗鸡舞、点荞子舞、点玉米舞等。

彝族群众流行多神崇拜，具有浓厚的原始宗教色彩，可区分为自然崇拜、灵物崇拜、鬼魂崇拜、祖先崇拜等数种，而以祖先崇拜的仪式最为隆重。最普遍流行于各地的是祭龙，大多以树或水塘为代表。在众多神灵中已出现天神的概念，但不过是人间兹莫或者土司的化身。彝族祭司多称毕摩，由男性担任。通晓彝文，通常父子相传，少数拜师受业。凡遇打冤家、婚姻、疾病、狩猎、出行，以及遇有异象、异梦等，都要请毕摩占卜，以预测吉凶祸福。此外，彝族民间还流行"神判"，有捞油锅、漂灯草、端红铧、嚼米等数种，负者须接受制裁。

父系小家庭是各地彝族社会生产和消费的基本单位，诸子婚后即与父母分居，幼子往往和父母住在一起。遗产由男子继承，绝业归近亲所有，女儿只能分得部分动产。彝族历史上盛行父子连名制。1840年以前，凉山彝族妇女在某些方面仍有较高的社会地位。在奴隶制与封建领主制的统治下，若干彝族地区盛行等级内婚，主要是黑彝与白彝之间绝对禁止婚配。许多地区盛行收继婚，多系丈夫死后续嫁夫兄弟。在婚姻对象选择上，交表婚十分流行。一夫一妻制是彝族社会的基本婚姻制度，少数统治者有多妻的现象。

彝族历史上盛行火葬。明清以来，随着改土归流的贯彻执行，在流官政府的刻意提倡下，许多彝族地区已逐步废除火葬，改用棺木土葬。凉山地区的火葬在奴隶制度下一直继续流行。

各地彝族有一些标志民族传统的节日，其中，流行甚广而又隆重举行的是火把节。四川、云南一般在夏历六月二十四，贵州多在六月初六。在云南弥勒西山和路南圭山，每年冬日要过密枝节。贵州和云南东北地区的某些彝族，还有夏历六月过小年、冬月过大年的习惯。

4. 战斗而具高度智慧的回族

回回民族是一个战斗的民族。回回民族的历史，是一部受迫害和反迫害的历史。远在回回民族尚未形成，未来的构成回回民族基本成分的各种西域人，就是在痛苦的遭遇中被迫到东方来的。

17世纪中叶，即明末，各地农民起义，回回人民照旧参加了起义的队伍。和张献忠、李自成共同起义的，有以马守应为首的一支队伍。马守应，绰号叫老回回，应该是一个回回农民。他所领导的队伍，应该是以回回人民为基本成分的队伍。先是马守应和张献忠等起义军，共13家72营，马守应是13家之一。后来归并于李自成，成为李自成的"革左五营"之一，可以说是李自成的基本队伍，对于摧毁明的统治，发挥了一定的力量。马守应，是我们现在仅仅知道的起义军中的回民领袖，当时的回民起义领袖，应不只他一个人。

自17世纪40年代起，满洲贵族统治阶级和汉族地主统治阶级的联合政权——清使回回遭受了空前的更大的压迫。在法律上，对于回回的防治，比对汉人严厉；对于回回的施刑，也比对汉人加重。流徙罪，普通可声请留养的，回回不得声请。某些罪犯，要在脸上刺着"回贼"字样，作为对回回民族的侮辱。公文书中，常常"民回"连称，把"回"从"民"中分开，表示回回不得以平民看待。"回匪""回贼""回子"的名称，成为对于回回经常的称呼。"回"字左边，加上一个"犭"旁，更是清代所常见的。

回回对于清的压迫，用更坚决的反抗来答复，自清在北京建立政权，以至清的颠覆，回回的反清运动一直是继续着。米剌印、丁国栋的甘州起义，是反清运动的开端。苏四十三的循化起义和田五阿訇的石峰堡起义，是反清运动的继续。杜文秀的云南起义和白彦虎等的陕甘大起义，更成为威胁清生存的大风暴。

米剌印是甘州（张掖）的副将。他和他的同事丁国栋商量好，要反清复明，在这时，反清复明的口号，并不等于重建明朝，真实的意义更在于推翻清的统治。

1647 年，米剌印、丁国栋利用重阳节宴饮的机会，诱杀了巡抚张文衡和他的一批文武同僚。他们拥出明延长王朱识锛，作为反清复明的号召。丁国栋留守甘州。米剌印领兵南下，破凉州，占有河西地。更渡过黄河，连续攻下了兰州、狄道、渭源、河州、洮州、岷州，进围巩昌（陇西）。起义军有兵 10 万，号称 100 万，自陕西以至北京，都大为震动。

1648 年，北京派固山贝子兆祺为平西大将军，并调蒙古兵，援助陕甘总督孟乔芳对米剌印作战。米剌印的战线太长了，也没有注意到前线和根据地间的联系。这个军事上的空隙，被孟乔芳发现了。闰四月，在临洮河州等地被各个击破后，兰州又落到孟乔芳手里。五月，米剌印在靖远水泉堡打了败仗，被清军杀害了。朱识锛也被杀。

孟乔芳的军队围困了甘州，起义军被设计诱出，损失了许多人。几个月以后，城里的粮食吃完了，曾一度和敌人妥协。但又一个月以后，丁国栋又集结了新的力量。关外的维吾尔人和河西各地的回回，又团结在丁国栋的周围，重新威胁着兰州。

1649 年，甘州被孟乔芳攻破。据官方的报告，这次战役中。起义军就义者有 8000 人。11 月间，肃州也被攻破。据说，起义军就义者有 5000 人。丁国栋是在这时被害的。

米剌印、丁国栋虽是失败了，但他们的英勇行为，是当时西北反清运动中一面伟大的旗帜，对于后来的回民起义更有重大的影响。

米剌印、丁国栋失败后 132 年，即 1781 年，甘肃循化厅有苏四十三的起义。苏四十三的祖籍是河州，祖父和父亲都在循化的撒拉地方住。苏四十三的起义是撒拉人内部在宗教上的派别斗争转变。这次起义主要的参与者是撒拉人，回回也是大量参与了的。

撒拉是一个信仰伊斯兰教的小民族。人数不多，但很强悍，居住的区域分为十二工。他们原来奉行河州人马来迟传下来的一个教派。1761 年，安定（定西）人马明心开始在他们中间传布一套新的办法，于是有了新教、老教的名称。老教，指马来迟传的教派。新教，指马明心传的教派。新派发展很快，十二工中，有多数改信了新教。其中最有力的领导人，有贺麻路乎和苏四十三。1762 年，马明心和马来迟的儿子马国宝，在撒拉地方偶然相遇，由争吵而至官厅互控。结果，官厅判决：将马明心、马国宝驱除出境，永不准发生事端。1769 年，新、旧派又在官厅互控，被判决"各行其是",双方的首事人都判了罪。新派被判的罪特别重,贺麻路乎受了一顿枷打,还被充军到乌鲁木齐(迪化)给兵丁为奴。在判以前,官方还曾一度封闭了新派的三个礼拜寺。清的地方政权,在这些措施上,很明显地要利用撒拉人教派的纠纷,来进行更进一步的分化,但这只有促使新派对清地方政权的愤恨。

苏四十三继续领导着新教,经常设法把新教推行到老教区域里。1773年,有20家老教转入了新教。老教人又去控告,在路上遇见了新教的人,双方打起来,把新教的人打死了一个。此后,屡次斗殴,互有死伤,事态一天比一天扩大。1781年2月18日,兰州府知府杨士玑和河州副将新柱到循化来调查。新柱先到,新教的人假充老教的人来迎接。新柱一口答应:"我一定为你们老教做主,杀绝新教。"这句话,促成了苏四十三压反抗清地方政权的决心。当夜,他带了1000多人,赶到白庄,把新柱的住宅包围了,把新柱拉出来杀了。接着,又赶到奇台堡,天还没有亮,把杨士玑也杀了。于是,苏四十三的行动,不再是争教内派别了,而是对清统治阶级举起了反抗的义旗。

紧接着,苏四十三由奇台堡沿大道直扑河州城,陕甘总督勒尔谨由兰州带兵来截击。他还没有走到河州,苏四十三已把河州拿下了。勒尔谨又抢先去守临洮,苏四十三却由唐汪川渡河,直扑兰州,攻占了兰州的西关。

苏四十三的进军是勇猛的,但他照前不顾后。他并没有留下人来看守老家,也没有照顾到马明心的安全。循化厅在他进军的时候,剿捕了新教的家属300多人,壮健的处死,妇孺充军到伊犁或云南。安定县派人将马明心逮捕,送到兰州狱里。布政使王廷赞叫马明心到城头上讲话。马明心用撒拉话说了一通,把自己的头巾丢下城去。苏四十三攻击得更凶了,王廷赞在城上把马明心杀了头。

北京调动大批人马来镇压。先派大学士阿桂作为专办这事的钦差大臣,又派和珅带领火器营2000人参战,派西安将军伍弥泰、提督马彪、仁和,各带人马参战。清军有1万多人,从各路赶了来。苏四十三只有1000多人,由兰州退守华林山。这1万多人屡次被这1000多人打败,常常夜间自己惊恐起来,放着枪炮,闹到天明。和珅的火器营强攻华林山,结果是死了几百人,还死了一个总兵和一个游击。北京不得不把和珅召回去,把勒尔谨也撤了职。

后来,阿桂把兰州城东和城内的兵渐渐集中起来,又调来藏兵和蒙古兵来助战。苏四十三的队伍,被阿桂设计诱杀了许多人,又被他夺得了西南方的险要。接着，被阿桂用围困的毒计，断绝了山上的水源。苏四十三利用天雨，暂时勉强维持着饮料，仍坚持下去。六月底，阵地被突破，苏四十三被杀，他的伙伴们退到华林寺。7月里，被敌人纵火，全部壮烈牺牲了。从苏四十三起义，到战事结束，前后共约5个月。

但屠杀监视和镇压，并不能消灭回回人民的反抗。苏四十三失败后第三年，即1783年，回回田五阿訇提出了为马明心复仇的口号，又举起反清的义旗来。田五阿訇在苏四十三失败的那一年冬天，就在通渭石峰堡修理根据地。第二年，暗中制造旗帜兵器。第三年四月，先把同志们家属安置在石峰堡，然后分别在伏羌县（甘谷）的鹿卢山、静宁州的底店山和潘陇山同时发动起来。甘肃提督刚塔派了兵来打，在见仗后，田五阿訇不幸受伤死了。他的同志马四圭和张文庆，团结了更多的回回群众，不少的地方有了响应。靖远的清政权内部，也有人要响应的，被靖远知县发觉，没有成功。会宁知县吓得把城外的房屋水窖都毁掉，使义军不好在城外停留，才没有被拿下。西安副都统明善，在战争中，被义军打死了。清军的失败，迫得北京不得不把陕甘总督李侍尧、提督刚塔拿问治罪，另派福康安和海兰察负责镇压，又派阿桂带了火器营2000人来助战。六月间，义军以众寡不敌，逐渐失利，多数的人退守石峰堡。这是一个很险要的地方，四面削壁，沟堑纵横，敌人是不容易上来的。敌人照旧用改取华林山的办法，把石峰堡围困起来，断绝了山上的水道。这样，坚持到七月间，阵地被敌人突破。领导人和1000多个同事都殉难了。

石峰堡起义的失败，加紧了清政权对回回人民的防范。1789年，河州知州涂跃龙禀陕甘总督说：

汉回教道久分，往往有汉民改回民。究其所以，有回民乏嗣，抱养汉民为子者，有无赖汉奸贪财归回者，应分别严禁。抱养者，汉民本生父及回民，照略诱例，各杖一百，徒刑三年。如无父母，罪归该亲房户首，照所得罪减一等。其叛汉归回者，照谋叛、谋而未行、为首律，拟绞。以前改从回教，本身已故，子孙相沿已久，未便押令归汉，听其自便，于保册内注明；如本人现在，限三月改归汉教，违者仍照谋叛律问拟。该管乡约，知而不举，亦照罪人减二等科断。

同年，陕甘总督告示：回民改存旧教，各归本村寺内诵经。毋得藏匿冥沙、卯路等经，摇头脱鞋念经，致干严谴。倘仍有新教，治罪不宥。下开五条：

一、禁挽夺。
二、禁勾引窝留。
三、禁抱养及改归回教。
四、禁添造礼拜寺。
五、禁诬告。

这不只要加强进行回回内部新旧派的对立，还要加强进行回汉之间的对立。所谓"分而治之"：把人民分开，为的是便于统治。

尽管清统治阶级费尽了心机，回回人民是始终不屈服的。他们在统治者眼中是"素以争斗为能"的（林则徐陕甘奏稿中语）。小的反抗，积成了大的反抗。更长久的压迫，造成更大规模的反抗。19世纪中叶，回回人民在云南、在陕甘，以空前的规模，展开了如火如荼的反清运动。

回回民族战斗的历史，基本上是反民族压迫的历史。有的时候是反抗蒙古人的民族压迫，有的时候是反抗满洲人的民族压迫，有的时候是反抗汉人的民族压迫，更多的时候是反抗满汉联合政权的民族压迫。但我们不能由此得出结论，说回回民族和蒙满汉各民族是完全对立的；更不能得出结论，说回回民族和国内其他各民族是完全对立的。事实上不是这样。具体的事实是：回回民族在以反民族压迫为基本形式的各种起义行动中，是经常和各族人民在一起的。

在反压迫运动中，首先，我们可以很明显地看出，回回民族和国内其他信仰伊斯兰教的民族有不能分割的友谊。丁国栋的队伍，一到肃州，新疆维吾尔等族的兄弟们就赶来参加了。情况的发展，使丁国栋愿意拥戴哈密汗的儿子土伦泰为王。撒拉人民起来了，但领导者苏四十三和导师马明心都是回回。后来要为马明心、苏四十三报仇，为撒拉人报仇的，也还是以田五阿訇为首的回回。清300年统治中，撒拉的反抗是一直没有停止的，每一次的反抗几乎没有回回不参与的。在云南起义的开始，彝族（这里所说的"彝族"，是沿用当时的称呼，那时候是写作"夷"，比现在所说的"彝族"，含义较为宽泛，有时是包括了回族以外的云南各少数民族在内的）中信仰伊斯兰教的人立即大量地参加了回回的队伍。官书中常有"夷回"与"回夷"之别。"回夷"，是说回回和彝人。"夷回"，就是说彝人之信仰伊斯兰教者。陕甘新大起义的过程中，新疆信仰伊斯兰教的各民族都站在回回的一边，承担了回回民族在这次起义中所有的欢快和苦痛。清政权在结束了战事后，修了一部320卷的书，题作《钦定平定陕甘新疆回匪方略》。这是一部刽子手自画招供的书，但同时也是在书面背后时时透送过来西北信仰伊斯兰教各民族之兄弟般友谊的书。

同样，在反压迫运动中，我们还可以很明显地看出，回回民族和其他少数民族，尤其是和彝族、苗族的友谊。在云南起义的过程中，云南的回回人民和彝族人民是结合成为一个队伍的。在云南的起义军中，凡是在回彝杂居或接近彝人的区域，都是回彝共同参加的。杜文秀的军队中，有不少的高级军事干部是由彝人来担任。"回彝一家"，一直到今天，还是云南若干地区中相当流行的话。同时，在云南起义过程中，贵州苗族也有大规模的起义。回苗人民没有结成一个队伍，但回苗人民的起义是分不开的。当苗族人民力量强大的时候，许多反动的军队是在贵州境内被吸住了，云南的清政权对于回回人民是没有办法的。苗族人民在贵州失败了，不久回回人民也在云南开始衰弱了。在这一运动中，苗族人民和回回人民是利害相关，分担着痛苦和欢乐的。官书中把《钦定平定云南回匪方略》和《钦定平定贵州苗匪纪略》作为两个姊妹篇看，官书中常把"回夷苗教"连起来说，都可为这种回苗人民之战斗的友谊做证明的。

回回人民和汉族人民间的民族关系，比较复杂。在某些回回起义的运动中，回汉人民间有过残酷的屠杀。云南起义的开始，是这样。陕甘大起义的全部过程中，几乎随时都不免有这种实例，但这只是事实的一面。事实的又一面是，回汉人民间是存在着长久战斗的友谊的。并且回汉人民的战斗友谊，是比回回民族与撒拉民族间、回回民族与新疆各民族间、回回民族与彝族和苗族间的战斗友谊，有更长久的历史的。在14世纪中叶，回回人民就参加了汉族人民反蒙古贵族统治的行列。举例来说，常遇春、胡大海的武装起义就是朱元璋领导的武装的一部分。此后，反明地主阶级的统治，回回人民照旧地参加。举例来说，马守应的武装就是李自成领导的武装的一部分。这两个例子，我们在前面已经说过了。此后，米剌印、丁国栋起兵反清，和他们同时反清的，山西有大同的姜壤起义，江南有南明的抗战；陕甘境内，有武大定起兵固原，马德起兵豫旺，米国珍、李世英起兵兴安，贺洪器起兵庆阳，赵荣贵占领文县，王永强占领同官，和贺珍出入汉中。米剌印、丁国栋的起兵，正是当时抗清洪流中的一部分。此后，云南的起义和大西北的起义，正和太平军捻军的起义相先后，他们也都同是抗清洪流的一部分。在杜文秀领导下的义军不只是回彝人民的联合，不只是和贵州苗族的起义利害相关，并且是有广大的汉族人民参加的。杜文秀对于回汉彝联合战线的重要，是有一定程度上的认知的。他在行营条例上，曾有明白规定："族分三教，各有根本，各行其是，既同营干事，均宜一视同仁，不准互相凌虐。违者，不拘官兵，从重治罪。"又规定："军官所过地方，有毁拆庙宇，扰害民房者，斩。""官兵有经过文武庙宇，不准驻扎，违者治罪。"他在答杨振鹏书中说："至若迤西（滇西），回之受职者数千，汉之受职者数万，十八土司俱各袭职。文则划策，武则立功。三教同心，联为一体。"像这样的民族联合，是回回民族史上更好的范例，更好地说明回回民族同各兄弟民族（包括汉族在内）间之人民的战斗友谊。这完全证明，回回民族绝不是和国内其他民族对立的。

但是，回汉间的关系，还是很可能被人疑惑的，回回和撒拉、维吾尔等，因为同是信仰伊斯兰教的民族，同是受压迫的民族，他们中间的友谊是容易理解的。回回和彝、苗，虽不完全信仰一个宗教，但同是受压迫的民族，他们之间的友谊也还是容易理解的。只有汉族，依照一般的了解，正是压迫回回的民族，回回和汉人之间怎样会建立友谊呢？想要把这个问题弄清楚，了解以下两点是必要的：

第一，民族的压迫，大量的是阶级的压迫。阶级压迫，用民族形式表现出来，就是民族压迫。回回人民所受汉族的压迫，本质上是汉族统治阶级的压迫。回回人民在清代所受的民族压迫，本质上是满洲贵族统治阶级和汉族地主阶级的联合压迫。回回人民受着统治阶级的压迫，汉族人民也一样受着统治阶级的压迫。在这一点上，回回人民和汉族人民的遭遇是共同的，他们的要求也是共同的。在这一点上，他们携起手来，他们建立了战斗的友谊。在云南起义的过程中，这种情况是很明白的。在回汉人民携手反明的斗争中，这种情况是更为明白的。这是我们需要了解的一点。

第二，尽管民族压迫在本质上多是阶级压迫，但民族压迫又不能和通常的阶级压迫相等同。民族压迫的形式一旦呈现，则受压迫者所受的这种压迫便是于通常的阶级压迫外，受到了又一种形式的压迫。同时压迫别的民族的统治阶级，又用民族利益去诬骗本民族的人民，使他们来为统治阶级服务，使他们也相信对别的民族的压迫是正当的。这样，就形成了他们的大民族主义。《共产党宣言》说："任何一个时代的统治思想始终都不过是统治阶级的思想。"很能说明这个道理。在被压迫者方面呢，为了对抗大民族主义，便产生了狭隘民族主义。大民族主义和狭隘民族主义的对立，尖锐地体现在回汉民族关系上，便是某些时期回汉人民间的互相残杀。这是我们需要了解的第二点。

我们了解这两点，便了解了民族压迫的意义是什么；了解了为什么回汉两族人民有时候建立友谊，有时候互相残杀；了解了回汉人民的友谊是符合两族人民共同利益的，回汉人民的互相残杀是为统治阶级所造成，是受了统治阶级的诬骗的。

回回民族和国内其他民族建立人民友谊的历史，同时也就是测验回回人民革命运动成就高低的历史。在反元、反明的运动中，回回人民和汉族人民主力军建立了友谊，汉族人民打倒了反抗的对象，回回人民也同样地打倒了反抗的对象。西北大起义，因为团结了西北的几个民族，所以能在西北广大地区中坚持了十几年。云南起义，因为团结了回汉彝的人民，所以也能在云南坚持了十几年。但如果西北大起义，能团结了广大的汉族人民，西北大起义的规模是要改变面貌的。如果云南起义和西北大起义联合起来，和贵州苗族联合起来，和太平天国捻军联合起来，那么，清统治的完结也不必等到1911年了。

5. 维吾尔的反抗与边疆建设

"维吾尔"这一族名，是维吾尔族的自称，一般认为是"联合"或"协助"的意思。在汉文史籍中，对"维吾尔"这一族名有多种写法，清代写为"回部""回民""缠回""回子""回人"等。

清初，在维吾尔族聚居的南疆地区，由蒙古人后裔建立的叶尔羌汗国继续统治了30多年。在这期间，哈密、吐鲁番曾向清政府朝贡，归附清。顺治十二年（1655年），叶尔羌汗国的最高统治者阿布都喇汗恢复了与清的关系。

康熙十七年（1678 年），叶尔羌汗国被准噶尔汗国（蒙古人建立）噶尔丹率领的 12 万骑兵所征服，从此，维吾尔地区与清的关系也随之中断。

　　准噶尔贵族对维吾尔族的统治是十分残酷的。他们委任维吾尔族的大封建主作为自己的代理人，使他们"总理回地各城""为准噶尔办理回务"，将维吾尔族人民作为"阿拉巴图"（奴仆），岁纳赋税，任意驱使。他们每年向维吾尔族征收大量的贡赋，其种类繁多，皆有定额。

　　准噶尔贵族除了向维吾尔族人民大肆勒索外，还强迫他们迁居伊犁，耕田种地，服劳役，充当农奴。乾隆二十年（1755 年），清廷出兵平定准噶尔的叛乱，彻底摧毁了准噶尔的统治，维吾尔族人民才从准噶尔 70 多年统治的桎梏下挣脱出来。乾隆二十二年（1757 年），维吾尔上层大小和卓即波罗尼都和霍集占将清政府派去做"招服"工作的副都统阿敏道及兵丁百人杀害，霍集占自称"巴图尔汗"，正式树起了叛清割据的旗帜。霍集占建立的"巴图尔汗国"，代表了宗教大僧侣和大封建主的利益，是中世纪的政教合一的伊斯兰政权，因此，得不到广大人民群众的支持。在乌什、阿克苏等地的大封建主，因自身的利益也不支持霍集占的叛乱活动。乾隆二十三年（1758 年）夏，清廷出兵平叛，派遣大军，讨伐大小和卓。经过了"黑水营"激战，先后攻占了喀什噶尔、叶尔羌，摧毁了大小和卓的叛乱中心。大小和卓携眷属及旧仆三四百人逃往巴达克山，被巴达克山首领捕杀，将小和卓的首级献给清军。

　　清廷平定大小和卓的叛乱，得到了维吾尔族人民及上层人士的支持。哈密的首领玉素卜主动参加平叛，吐鲁番首领额敏和卓任参赞大臣，直接参加了清军作战。库车首领鄂对，因反对大小和卓叛乱，其家族惨遭杀害，他积极向清军献策，使清军在和阗、库车狠狠地打击了叛军。清廷平定准噶尔和大小和卓两次叛乱的战争，是消除分裂割据，维护祖国统一的正义战争，既适应了当时维护统一的历史趋势，也符合各族人民要求统一的共同愿望，得到了各族人民的支持和拥护。这一时期，维吾尔族地区的农奴制度获得了充分的发展，大小封建领主占有数量不等的农奴和世袭领地，大的封建主占有的土地往往超过 10 万亩，农奴数以千计。如吐鲁番的额敏和卓，占有土地 14000 余亩，农奴 1600 余户。农奴完全依附于封建领主，从封建领主那里分得一小块份地，终年为封建领主服劳役，称为"燕齐"。他们没有人身自由，可以连同土地一起被出卖，或者随同封建领主一道迁徙。

为了维护封建主对农奴的残酷压迫和剥削，作为政治制度的伯克制度起了保证的作用。"伯克"是突厥语的音译，有"王""首领""统治者""头目""官吏"以及"老爷""先生"等多种意思。伯克的名目繁多，有三十多种。伯克都有一定数额的亲随或家仆为其服役。他们的土地，全靠征派无偿劳役来耕种。对劳动人民的苛捐摊派，钱无定数。他们还把持水利，囤粮贵卖、私用肉刑、妄杀人命、奸占妇女等，无恶不作。清廷在平息叛乱，统一了天山南北以后，在新疆采取了一系列的军事、政治、经济措施，进一步巩固了祖国的统一。

乾隆二十七年（1762年），清政府对新疆实行军府制度，在伊犁惠远城设总统伊犁等处将军（简称"伊犁将军"），是清政府在新疆的最高行政、军事长官。将军下设都统于乌鲁木齐，设参赞大臣于伊犁、塔尔巴哈台、喀什噶尔，其他地方设办事大臣和领队大臣等。对新疆原有的政治制度也做了改革。变革后的地方制度基本上有州县制、札萨克制和伯克制三种。对维吾尔族聚居的南疆地区虽然保留了原来的伯克制，但是废除了伯克的世袭制度，改为任用，定以3—7品的品级，还限制了伯克占有土地和农奴的数额，分散和削弱了伯克的权力。

在经济方面，主要是兴办屯田，举办商业，鼓励贸易，降低赋税等。这些措施，使新疆各族人口增加，促进了农牧业的发展。一些经济贸易中心也随着出现，如乌鲁木齐"字号店铺，鳞次栉比，市衢宽敞，人民辐辏""繁华富庶，甲于关外"。旧的经济贸易中心如阿克苏、叶尔羌等地也是"货如雾拥""货若云屯"。这些改革，促进了社会经济的发展，但是，广大维吾尔族劳动人民的处境并没有得到根本的改变。伯克们的某些权力虽被限制和削弱，但又给他们加上了品级，使之法律化。劳动人民承受着官吏和伯克们的双重压迫，加深了维吾尔族社会的阶级矛盾。劳动人民为了求得生存，奋起反抗清政府和伯克的统治。

乾隆三十年（1765年）春，维吾尔族人民反抗暴虐统治的起义在乌什爆发。他们首先杀死残暴的阿奇木伯克阿卜都拉全家，接着放火焚烧衙署，乌什办事大臣素诚等被迫自杀。阿克苏办事大臣卞塔海闻讯后赶来镇压，滥施枪炮。乌什全城人民齐心合力共同守城，将卞塔海打败，形成了一次规模较大的反抗封建统治和民族压迫的斗争。清政府调集了伊犁、喀什噶尔等处的兵力前来镇压，也都被起义军打败。起义也波及叶尔羌、阿克苏、库车等地。清廷再派阿桂前往镇压，并加强火力攻城。经过了几个月的战斗，乌什城内粮食已尽，起义军几次突围未能成功，首领赖和木图拉也中箭身亡。这样，坚持斗争了半年之久，至八月十日，由于叛徒的出卖，起义的主要人物42人被捕，十五日献给清军，清军才进入了乌什城。清军入城后对起义的群众进行了大肆屠杀，并将乌什城内留下的数千人，分批遣往伊犁或解到内地，赏给官员为奴。

嘉庆二十五年（1820年），喀什噶尔参赞大臣斌静"荒淫失回众心"，大和卓的孙子张格尔纠集数百人乘机从浩罕返回骚扰边卡，烧杀抢掠，但因兵少败回。道光四年（1824年）秋至道光五年夏，张格尔又屡次纠集数百人前来骚掠边卡。道光六年，张格尔又纠集500余安集安延人，以参拜沙土克、布格拉汗的坟墓为名，秘密潜入阿图什，煽动当地伊斯兰教"白山派"教徒发动武装叛乱。维吾尔族人民在蒙骗下，有1万多人参加了叛乱，叛军兵分两股，攻打喀什噶尔、叶尔羌。张格尔又答应浩罕割让喀什噶尔和平分财物，得到了浩罕的1万余援兵。接着，喀什噶尔被攻陷，英吉沙尔、叶尔羌、和阗也相继落入叛军之手。张格尔占领了这些地方后，即纵容其部下肆意烧杀抢掠，并大兴土木，强征15岁以上男丁入伍，索取金银、马匹等财物及妇女，贪淫暴虐，无所不用其极。

道光六年（1826年）秋，清政府调集了陕西、吉林、黑龙江、甘肃、四川等省兵36000余名，会集于阿克苏，开始进剿张格尔叛匪，在浑巴什河打败叛军，奠定了收复南疆的基础。道光七年三至四月间，清军相继收复了喀什噶尔、英吉沙尔、叶尔羌与和阗。道光八年年初，张格尔再次潜入阿图什，但由于维吾尔族人民的奋力抵抗和清军的追击，张格尔走投无路，逃往喀尔铁盖山，军民将山团团围住，杀声震天。张格尔自杀未遂，被清军活捉。同年五月，将张格尔解运北京处死。清军在平叛过程中，自始至终得到维吾尔族人民和其他各族人民的支持。受蒙骗的一部分维吾尔族人也很快觉醒，反戈一击。

道光二十年（1840年）第一次鸦片战争，英国侵略者首先打开了中国的大门，使中国开始沦为半殖民地半封建社会。地处祖国西北边疆的维吾尔族和其他各族人民也遭受到新的灾难。英、俄两国通过毗邻新疆的国家和地区，不仅蚕食和强占中国的领土，而且还向新疆输入鸦片，毒害新疆各族人民。据不完全统计，仅在1840年，从喀什噶尔、叶尔羌等地几次截获的鸦片就达 20 多万两。鸦片的毒害遍及天山南北，清政府想方设法，未能禁绝。毗邻新疆的浩罕汗国这时也遭到沙俄的入侵，内部动荡，为了摆脱困境，又重新支持和卓后裔入卡滋事，发动叛乱。"七和卓之乱"和"倭里罕之乱"都给维吾尔族人民带来了极大的祸害。

道光二十七年（1847 年）八月，以张格尔之侄迈买的明（即卡塔条勒，或写作加他汉，玉素普之子）和倭里罕（巴布顶之子）为首的七和卓从浩罕起兵，纠集了约 1000 名精壮骑兵，首先击败了驻守明约洛卡的百余名清军，发动了反对清朝政府的叛乱。他们胁迫沿途维吾尔族参加叛乱，直抵喀什噶尔城下。当时，驻守喀什噶尔汉城的清军虽有 3000 人，但不敢出击，只得坐守待援。居住在喀什噶尔回城的浩罕商人那墨特（即诺麦德罕或奈迈提）等人则为内应，开城门把和卓们放了进去。接着，七和卓叛军一方面猛攻喀什噶尔汉城，一方面分兵进攻英吉沙尔、叶尔羌、巴楚等地，气焰十分嚣张。清皇朝为了避免事态蔓延，派奕山为参赞大臣，带兵由伊犁越冰岭出兵进剿。十月，奕山从叶尔羌向英吉沙尔进军，行至科科热依瓦特地方，与叛军激战，1 日 3 战，以少胜多，大败叛军。清军乘胜前进，解了英吉沙尔城的重围，向喀什噶尔进援。叛军闻风丧胆，"尽数逃散出卡"，遂解了喀什噶尔汉城重围，收复了回城。"七和卓之乱"从八月到十月，前后虽仅 3 个月，却使维吾尔族人民遭受了烧杀抢掠和四处逃亡之苦。此后，和卓们又连续不断地叛乱，倭里罕等多次窜入喀什噶尔、乌什等处卡伦和村庄，烧毁房屋，抢掠财物，无恶不作。

咸丰七年（1857 年），倭里罕带领叛军窜犯喀什噶尔，"盘踞喀什噶尔之七里河，沿官水磨一带，放火烧毁回城南门，裹胁回民，势极猖獗"，并窜踞英吉沙尔回城。巴楚、叶尔羌等地也受到叛军骚扰。倭里罕叛乱初期，反动气焰极为嚣张，对被其占领地区的人民实行残酷的统治。他不仅用苛捐杂税盘剥人民，而且使用宗教手段迫害人民。"妇女不戴盖头不得上街，不准结发辫……所有男性居民从六岁起必须缠头巾，一天要到清真寺去祷告五次。对于这一切，倭里罕表现得异常残忍。没有哪一天不处决几十个人……他最大的乐趣之一就是亲手砍下被指控者的头，而犯过失者是不乏其人的。在君主面前动作笨拙、言词不妥、打呵欠，这一切都可能招致死刑"。倭里罕的倒行逆施，激起了维吾尔族人民的不满，他们不愿再受其欺压，拒绝承认其政权，对清军则表示了热烈的欢迎。

这一年七月，清军先后从伊犁、乌鲁木齐等地调集了官兵7000多人，进剿叛军。在叶尔羌与叛军激战，取得了胜利，继续向英吉沙尔进发，经过大桥和柳树泉大战，很快收复了英吉沙尔回城，并解了汉城一百余日的重围。接着，清军向喀什噶尔进剿，叛军闻风逃散，喀什噶尔回城收复。倭里罕见大势已去，即逃出卡外，但仍不断骚扰，清军再派兵追剿。倭里罕裹胁了15000多人，带着抢掠的财物逃往浩罕。倭里罕叛乱经过了4个月遂告平息。这一时期，维吾尔族人民遭受了和卓后代多次作战之苦，又受到清统治者和本民族贵族压迫剥削之害，"生计本少，加以科敛，愈不聊生"。

同治四年（1865年）春以后，在天山南北相继出现了5个互不相属的封建割据政权。在库车，热西丁和卓自称"汗和卓"（汉文史书误译为黄和卓），形成了西至阿克苏、乌什，东至吐鲁番等地的封建割据势力。在乌鲁木齐，回族妥明（妥得璘）自称"清真王"，其势力也扩张至吐鲁番一带。在伊犁，迈孜木杂特自称"苏丹"割据一方。在喀什噶尔，先是由白山派头目托合提马木提艾来姆称王，不久，柯尔克孜封建主思的克攻占了喀什，自己登上王位。在和阗，宗教头目哈比布拉也自称"帕夏"（皇帝），占地为王。以思的克为首的喀什噶尔统治集团，为了巩固和扩大自己的势力，竟奴颜婢膝地向浩罕求援。于是浩罕的军队首领派遣阿古柏和大和卓波罗泥都之曾孙布素鲁克前往喀什噶尔，于同治三年十二月（1865年1月）侵入中国境内。

同治六年（1867年），南疆地区全部为阿古柏侵占。阿古柏自封为"巴达吾来特哈孜"（即汉文史书上的"毕调勒特汗"，意即"洪福之王"），对其政权，历史上称为"哲德莎尔"，意即"七城"。同治九年，整个天山以南地区和以北的部分地区就完全处在了阿古柏的反动统治之下。阿古柏在新疆的侵略活动，与英国和俄国殖民主义侵略新疆的阴谋有着直接的联系。同治十二年（1873年），英国正式派遣了莆赛斯组成的有300人的庞大使团，向阿古柏赠送了枪只、小炮等武器。同治十三年，阿古柏和英国签订了通商条约即《英国与喀什噶尔条约》，这个条约共12条，给予了英国在商业、居住等方面的特权。沙皇俄国也不甘落后，早在同治十年武力强占中国伊犁地区以后，就立即向阿古柏表示友好。同治十一年，阿古柏与沙皇俄国签订了《俄国与喀什噶尔条约》，沙皇正式承认阿古柏政权，得到了在南疆进行商业贸易的特权。阿古柏又将中亚地区中世纪的封建制度完全移植到新疆。土地被大量集中起来，分封给爪牙；各级官吏的俸禄直接取自于封地内的劳动人民，可以任意索取财物和强征无偿劳役。阿古柏的税收没有成文规定，种类繁多。

阿古柏还打着宗教的旗号，对宗教头目笼络、收买，扩充宗教寺院的土地、财产，新建礼拜寺、麻扎、宗教学校，又推行伊斯兰教法典《沙里阿特》的规定，在城乡普遍设立宗教法庭。宗教法官（长孜）可以用任何借口处罚以至处死劳动人民，恢复了"拉伊斯"（执行宗教法规的执法吏）的职位，无辜的劳动人民及未戴面纱上街的妇女，随时都可能受其鞭笞。对非伊斯兰教徒则强迫改信伊斯兰教，否则就要受到最野蛮的杀害。为了反抗阿古柏的暴虐统治，各族人民包括一些本地的封建主都起来进行斗争。在和阗、吐鲁番、乌鲁木齐等地，劳动人民自发的武装起义此起彼伏，绵延不绝。

阿古柏侵略新疆与沙皇俄国武力侵占伊犁，引起了中国西北边疆严重的民族危机，迫使清政府不得不注意新疆的问题。光绪元年三月（1875年5月），清政府授任左宗棠为钦差大臣，督办新疆军务，任命金顺为乌鲁木齐都统，帮办新疆军务，开始了进军新疆，驱逐侵略者的行动。渴望解脱阿古柏残酷奴役的维吾尔族和新疆各族人民，自动拿出粮食、马匹等支援清军。光绪三年夏，阿古柏见大势已去，在库尔勒服毒自杀。

清军在新疆各族人民的支持下，进行了历时　年半的反对阿古柏侵略、收复祖国领土的正义斗争。这些战争的胜利，解除了中国西北边疆的民族危机，粉碎了殖民主义者分裂我国的阴谋，为收复伊犁打下了基础。左宗棠在驱逐阿古柏，收复新疆的过程中，就注意到了要做好善后工作，恢复生产，如资助因战争逃亡的人民重返家园，发给口粮、种子、牲畜等，使尽快恢复生产，举办屯田，军屯民屯并举，改革不合理的田赋制度及整顿币制等。在收复南疆后，又组织了善后局，管理民政、财政、司法等事务，命令阿奇木伯克只管催征赋税，不得插手地方事务。又提出新疆设行省的主张。后来刘锦棠也上书清廷，提出了设置道、厅、州、县的具体方案。

清廷于光绪十年九月（1884年10月）批准了新疆改设行省。十月，任命刘锦棠为新疆巡抚，魏光焘为新疆布政使。新疆改设行省，是维吾尔族和新疆其他各族人民历史上的一个重要事件。改设行省以后，首先对军政制度做了重大改革。取消军府制、伯克制和扎萨克世袭制，代之以兵备道、府、州、县制，削弱了当地封建统治者的势力，加强了清政府对新疆的直接统治。在改革军政制度的同时，清廷还采取了一些有助于生产发展的措施。在农业方面，大力兴修农田水利，实行军屯、民屯、犯屯，扩大了耕地面积，使农业生产得到发展。根据 20 个县的统计，整修和新修干渠 940 多条，支渠 2300 多条，灌溉面积达 110 多万亩。并设立蚕桑局，移植祖国东北地区的桑树，招聘江浙一带的蚕工，改进蚕桑技术，促进了蚕桑业的发展。在工业、手工业方面，清政府举办新式工业，利用机器采油和冶铸，后来又有了火柴和电灯等工业。在交通方面，把军台、营塘一律改为驿站，又由驿站发展到邮政，宣统元年（1909 年）正式设立邮局，总局设迪化（乌鲁木齐），分局几乎遍及南北疆。光绪二十一年（1895 年）建成了电报线路，后来线路还可通到北京。在商业方面也日趋繁荣，由于取消了内地汉族来新疆的限制，使各省商人贩运内地的绸缎、茶、纸、瓷器、漆器等到新疆，每年货物价值 2—3 万两。

当时，新疆在教育事业上也有了一定的发展。设省之初，兴办义塾 30 多处。光绪三十二年（1906 年），新疆设提学使，在各府、厅、州、县设立学堂。许多维吾尔族学生也开始学习汉语。

新疆设省，促进了新疆各地经济、文化的发展，巩固了祖国的统一和边疆的安全，进一步密切了维吾尔族和汉族及其他各族人民之间的关系。

6. 索伦部神奇地生活在山林

清初，提及"索伦部"，那是鄂温克族、达斡尔族、鄂伦春族等民族的统称。这些民族分布在西起石勒喀河，东到黑龙江北岸支流精奇里江，北由外兴安岭，南至大小兴安岭一带。单就"索伦"而言，这是达斡尔人对鄂温克人的称呼，意思是"山林中生活的人们"，由于他们英勇善战，因此周围诸民族部，也都被称为"索伦部"了。

那时的鄂温克族人，是以博木博果尔为首领而形成的一个大的部落联盟。他们与汉族早已有了相关政治、经济和文化方面的诸多联系。他们也与达斡尔族人一起建立了许多木城（雅克萨城、阿萨津城、铎陈城、乌库尔城、多金城等城）和村庄（杜喇尔屯等村），每个村屯以氏族为单位，有自己氏族的酋长。

鄂温克族人的社会经济，正如文载："精奇里江和牛满江地区河中盛产鱼类，其中大鱼一二丈许"，鄂温克、达斡尔族人即捕此大鱼进贡。那里的山中有虎、貂、猞猁、野猪、鹿、驼鹿等，"以打牲射猎为本，无庐舍，游牧只养马匹，无它牲畜"。这里指的养马匹的居民，即为使马的鄂温克部落。他们有几个大氏族，即杜拉尔、墨尔迪勒、布喇穆、涂克冬、纳哈他等。达斡尔部落被称为"索伦部萨哈尔察地方"。"萨哈尔察"是满语，意为"黑色貂皮"，大概是由于产黑貂而得名。达斡尔族人已进入阶级社会，结村落而居，达斡尔族人与鄂温克族人杂居于精奇里江，其大姓氏有：精奇里氏、郭贝勒氏、敖拉氏、墨尔迪氏、俄嫩氏、倭勒氏等。他们主要从事农业，饲养大批牛马等牲畜，种大麦、燕麦、黍米和大麻、荞麦、豌豆及蔬菜、果树等。用牛驾车，以长柄木犁耕地，用小镰刀收割庄稼，把收割物保存在帐篷或地窖里，也从事狩猎生产，用貂皮和其他毛皮换取内地的朝服、布匹、铁质生产工具同日用器皿等。满、汉商人和官员经常到索伦部的达斡尔、鄂温克部落进行交易。由于受满族影响，已建造用薄纸糊窗的房屋，改穿满洲服饰。

在精奇里江以东、牛满江以西的丛山密林中，居住着一支鄂伦春部落，有玛卡吉尔、卡鲁基尔、玛拉呼鲁三个氏族。由于他们在精奇里江的大支流毕拉尔河一带游猎，史书称他们为"毕拉尔人"。他们共有默纳赫、都纳亨等氏族。另一支鄂伦春是居住在石勒喀的"玛尼克尔人"，其部落中氏族有伍查罕、玛纳伊尔、威拉伊尔、格氏伊尔、嘎格达伊尔、摩东伊尔、彻克奇尔、玛涅达尔等几个大氏族。鄂伦春人饲养驯鹿，用以骑乘与运输工具。

后金建立不久，黑龙江的上述索伦部的各族，便前来穆古敦城（盛京），开始与后金建立政治关系，臣服后金。皇太极为加强东北边疆管理，统一贝加尔湖以东整个索伦部地区，建立巩固的统治，于崇德四年至五年（1639—1640年），平定了鄂温克最大酋长博木博果尔的反抗，最后统一了包括鄂温克、达斡尔、鄂伦春等族索伦部广大地区。收编了索伦部所属石勒喀河及精奇里江、外兴安岭以南的鄂温克、鄂伦春等6950多人，并将其中的5672人，以氏族为单位编成佐（牛录）。崇德六年，清朝军队在贝加尔湖东赤塔附近最后解决了索伦部的残余，又收编索伦部1471人，其中有能约束众人，堪为首领的，即授以牛录章京（佐领）官，一部分随清军转战各地，另一部分回到各部落，管理新降人口，作为清政府基层政权的官员，管理贝加尔湖以东，石勒喀河至精奇里江、牛满江的大片地区，负责收纳贡物，保卫边疆，并配合宁古塔派至该地的军队驻防巡逻。

17世纪中叶，沙俄便把侵略魔爪伸入中国黑龙江中上游索伦部地区，这给中国鄂温克、达斡尔、鄂伦春等族人民带来了严重灾难。鄂温克、达斡尔、鄂伦春各部落展开了反抗沙俄的激烈斗争。鄂温克族氏族酋长根特木耳，同鄂伦春族的酋长毛考待汗一起，率氏族成员渡过额尔古纳河，来到根河和海拉尔河一带。在石勒喀河的鄂温克"纳米雅儿"部落的其他氏族则纷纷拿起武器同沙俄展开斗争，他们拒绝向侵略者缴纳毛皮实物税，包围了盘踞在中国领土尼布楚的沙俄侵略者，从他们手中夺回马200多匹，平毁了侵略者的庄田，迫使30多名沙俄士兵向黑龙江中游逃窜。

当沙俄进攻达斡尔族贵古达尔酋长的城堡时，侵略者劝降守城的达斡尔人，贵古达尔酋长做了坚定的回答："我们向中国顺治皇帝纳贡，你们来要什么实物税呢？等我们把自己的最后一个孩子扔掉以后，再给你们纳税吧！"誓死保卫国土的达斡尔人，同以枪炮武装的沙俄侵略者展开了世上罕见的浴血抗击，达斡尔族700多人全部血战到底，以身殉国。在1655年呼玛尔战役中，鄂温克、达斡尔、鄂伦春等族的八旗官兵都参加了抗俄斗争。

康熙二十三年（1684年），为了征讨盘踞雅克萨的沙俄侵略者，调遣了500名鄂温克、达斡尔官兵驻于黑龙江北岸和苏里地方，战后留守黑龙江城（瑷珲）。在清政府反击沙俄侵略者的作战中，无论是作战、筑城堡、建驿站，还是运军需粮草他们都做出了卓越的贡献。

当时，就对鄂伦春族的管理有两种形式："其隶布特哈八旗为官兵者，谓之摩凌阿鄂伦春；其散处山野仅以纳貂为役者，谓之雅发罕鄂伦春。"这里的"摩凌阿"是"马上"的意思，"雅发罕"是"步下"的意思。雅发罕鄂伦春有布特哈五官员分治，三岁一易，号曰谙达。谙达岁以征貂至其境，其人先期毕集，奉命唯谨，过此，则深居不可寻踪。

雍正九年（1731年），清廷出于长治久安之策，加强东北边防，指示黑龙江将军衙门，规定旗色，在原有鄂温克族五个阿巴、达斡尔族三个扎兰的基础上，将鄂温克、达斡尔、鄂伦春等族壮丁正式编成"布特哈八旗"（亦称打牲八旗）。共有92佐，其中鄂温克族47佐，达斡尔族39佐，鄂伦春族6佐。旗的正旗长由满洲人担任，副旗长由本地各族担任。旗下设牛录，头目叫"牛录达"，亦叫"章京"（佐领）；佐领下设"哈朋"，即骁骑校；"哈朋"下设领催（宝西呼），佐下各村还设"嘎思恩达"（村长），村长由大家选举产生。佐领和骁骑校在平时监督各族猎手猎取貂皮，按时向清廷进贡，战时率领兵丁打仗，并担负着边境线上的巡逻和驿站的工作。从此，布特哈地区的鄂温克、达斡尔、鄂伦春等族开始"出则为兵，入则为民"。

布特哈八旗对于清廷承担着贡貂和服兵役两大义务。"布特哈，无问官兵散户，身足五尺者，交纳貂皮一张，定制也。"这种制度原出黑龙江将军衙门，即竖五尺之桩，每隔4年测量1次，15岁以上的男丁，身与桩齐者或高出者，为纳貂之民，并开始担负各种公差。进贡貂皮，初由布特哈总管收齐后，特派副总管、佐领、骁骑校各一员，每佐兵丁1名，自行送交热河避暑官。乾隆四十九年，经黑龙江将军衙门启奏，停止了布特哈官兵自行送交貂皮的办法，改由将军衙门乘入贡之便代送。每年选定一等42张，二等140张，好三等280张，寻三等4943张。由于代送过程中出现很多弊端，布特哈八旗官兵上告皇帝，又恢复了旧制，仍由布特哈官兵自送貂皮贡至热河。布特哈官兵除担负贡貂差役外，每年春秋两季还要参加马步、枪箭、校射等军事操练，每五年举行一次大型军事演习。

清政府于雍正十年（1732年）四月，将布特哈打牲部1636名鄂温克士兵、730名达斡尔、359名鄂伦春等族士兵携带眷属，共3000名移驻呼伦贝尔草原。共编成50个牛录，分隶八旗，分左、右两翼，左翼四旗在与俄罗斯交界处游牧，右翼四旗沿喀勒喀河一带游牧。沿呼伦贝尔、黑龙江地区中俄边界线共设卡伦59座，极东12卡伦，轮派布特哈地区鄂温克、达斡尔部队戍守；呼伦贝尔地区设16处卡伦，东6卡由鄂温克、巴尔虎等族官兵驻守。布特哈八旗官员担任固定卡伦外，还建立了严密的巡边制度。

清廷为了更好地利用布特哈八旗各族官兵，培养满族化的军队，康熙三十四年（1695年），黑龙江将军萨布素、于墨尔根分别在鄂温克和达斡尔人中设立学校，并有助教官，选鄂温克、达斡尔等族每佐领下一个儿童，学习满文书艺，这成为鄂温克、达斡尔等族文化教育的开始。清朝皇帝为了把布特哈官兵培养成一支亲信部队，规定佐领以上的官员，都必须见到皇帝，乾隆帝每年抽出一定时间接见各族的佐领以上的军官。而且每年在木兰围场打猎也要选布特哈八旗的猎手来陪同乾隆帝。满族统治者一向认为鄂温克、鄂伦春等族语言与满语相近，对他们采取同化政策，采取一系列的措施，使他们驯服效命，甚至布特哈官兵的衣着、住房、礼俗、生活方式都在逐渐接近满族，尤其他们的上层，习俗基本和满族相似。鄂温克、达斡尔人上层知识分子多熟通满文，能用满文写作，能流畅地说满语。

清统治者对于布特哈八旗鄂温克、达斡尔族的氏族上层官吏副都统、佐领、骁骑校等，给以高官厚禄和各种特权。他们利用权势占有公社的牲畜和土地，雇工劳动，产生了剥削，形成了贵族阶层，同时还产生了作为家庭内使用的奴隶，形成了家长奴隶制形态。鄂温克、达斡尔人都把奴隶叫"包勒"。奴隶的来源，主要是他们在战争中俘虏的小孩儿，另一方面是清朝将许多免死的罪犯给鄂温克、达斡尔族当奴隶，第三个来源是买进的奴隶，一个身强力壮的奴隶价值一匹马或一个银元宝。布特哈八旗官兵的奴隶数目，据记载：布特哈东路有 476 户奴隶，男女大小 1323 名，西路的数目也不相上下。奴隶随主人的氏族，姓主人的姓，奴隶和奴隶主吃一锅饭，但不能和主人在一桌吃。有的主人年老病故，无人继承家产，就由奴隶办丧和继承家业。主人出去打猎，猎回来的肉与奴隶同吃，个别人也把珍贵猎品分给奴隶一份。奴隶主也参加狩猎生产，但奴隶只能参加田间劳动，无权参加狩猎活动。奴隶有赎身权，如不愿在原主人家，可以脱离另找新主人，从新主人那里将身价交给原主人，姓新主人的姓。脱离主人的奴隶，必须找一个自由民做保护人，表现好的，主人（佐领）可以取消其奴隶身份，可给予参军权。

鄂温克族一部分人从事狩猎生产，迁到呼伦贝尔草原的已转向游牧生产。牧区的社会组织，与猎区一样保留着氏族"哈拉"，每个氏族下分若干大家族"毛哄"，是由同一父系祖先的子孙所构成，一般多则 11—12 户，少则 7—8 户居住在一个村落里。"毛哄"是进行集体狩猎生产的单位。一个或几个"毛哄"的人联合起来进行围猎活动。除在生产上保持互相支援之外，近族之间也有代偿债务和抚养孤儿、老人的义务。同一氏族的各"毛哄"之间实行严格的族外婚制度，同一"哈拉"或"毛哄"的人绝对禁止通婚。每个"毛哄"都有自己的"毛哄达"（族长）和"嘎思恩达"各一人，管理和领导家族的事务。族长是维持习惯法的支柱，清朝发给每个族长一条黄带子，但办事必须公道。

在牧区，"毛哄"要在祭敖包时开会，由老年人轮流主持，会议的开支与其他公共费用，由家族负担，牧民每户出一只羊，富户可多至三四只羊。一般被开除"毛哄"的人，可以申请参加其他"毛哄"。如有杀人者，

"毛哄"举行会议，将凶手处死在河边，如是误杀，则由犯罪人用两头好牛作为命价，由死者家庭享有。"毛哄"内男人死后，如无子，其财产由"毛哄"内的近亲继承。每个"毛哄"都必须有自己世代相传的萨满（巫师），管理"毛哄"的宗教活动。每逢年节，特别是四月初三，是全"毛哄"举行盛大集会的日子，鄂温克语叫"奥米那楞"，萨满用皮绳将全"毛哄"的人围住，检查"毛哄"人口增减，并为全族祝福。每个"毛哄"都有自己的墓地。

鄂温克人信仰萨满教，崇拜大自然和动物，相信万物有灵。他们还崇拜灰鼠、小雀和熊、蛇等动物。鄂伦春人也有相类似的习惯。鄂温克人对山、川、日、月、星、火等都进行崇拜。特别是对祖先神的崇拜，构成其信仰的核心。每个氏族都有祖先神，祖先神多为女性。鄂温克人对多神的信仰，最集中体现在萨满身上，得重病时，都要请萨满跳神。如请萨满治病他不去，按习惯可用皮绳把他捆起来强迫他跳神，因为萨满是属于氏族的。萨满不仅是氏族巫师，而且在社会上也有很高的威望，有的地方萨满也是氏族头人之一。一切鬼、神、吉、凶和疾病的来源，都由萨满解释。

鄂温克民族讲究礼节、好客。长幼之间恪守着严格的礼节，老人受到社会上的尊重。当年轻人见到长辈时，总要施礼问安和敬烟等，如果是骑在马上还要下马问安。通行屈膝、侧身、打千、拱手作揖等礼节。屋内的座位、床铺，也有长幼之分。

鄂温克族的婚姻主要是一夫一妻制，婚姻形态盛行"氏族外婚"与"姑舅表婚"，绝大多数都是由父母包办婚姻，早婚现象很普遍。有的青年男女相爱得不到父母的允许，便双双逃走，被抓回后，男人无罪，女的由其父母另婚配给别人。如是已婚女子私奔，抓回后，把男子押起来，女人交给原丈夫或由佐领把女人定价出卖。鄂温克族与达斡尔、鄂伦春等族相互通婚的历史较长，也很普遍，被称为"亲属民族"。

鄂温克族民间传说、神话、故事、谚语、谜语等民间文学十分丰富，它们反映了鄂温克族早期的历史。如"人类来源的传说""英雄猎人的故事""金鱼姑娘""兴安岭的故事""母鹿之歌"等都是美丽感人的故事。汉族的《三国演义》等在鄂温克族中也得到广泛流传。鄂温克族每逢庆祝节日或举行婚礼的时候，都要跳民族舞蹈。

具体到达斡尔族，其经济以传统的粗放农业为主，兼行狩猎、捕鱼、放木排等生产。主要种植燕麦、大麦、荞麦、稷子、黑豆等成熟期较短的农作物，并种油料作物苏子。他们用轮歇游耕的方法，而且禾苗出土后，无锄草习惯。栽种烟草有一套精细的传统工序和技艺。达斡尔族栽培加工的烟叶，因其质优，享有"琥珀香"之誉。"人家隙地，种烟草，达斡尔则一岁之生计也。"

达斡尔族的鹰猎具有特色。猎鹰是由山鹰训练而成的。猎鹰又被称为"飞行猎人"。训练方法是，捉到山鹰后，10天内不喂一点儿肉食，而把它绑在悬梁摇篮里，摇几天，接着在它尾部根上佩一铜制小铃，腿上系一柔软的皮条，等山鹰见人习惯后，可以帮主人抓狐狸、野兔、野鸡等。达斡尔族也善于从事捕鱼生产。早期达斡尔人还以鱼皮缝制过靴、鞋及烟口袋等用具。

达斡尔族人民乘坐的"勒勒车"，享有盛誉。又名"大轮车"，也叫"草上飞"。过去运输以及姑娘出嫁都坐大轮篷车。大轮车适合于山区荒原和沼泽地带，具有轻便耐用、修理方便之特点。

达斡尔族保有部落"毕日基"组织，分为"乌力斯""都博浅""音那奇""精奇日"和"阿彦浅"五部落。从黑龙江迁来嫩江之前，达斡尔人分别属于上述五个"毕日基"之内。"哈拉"是氏族组织，直译为姓氏，18世纪前后，达斡尔族有18个哈拉。每个哈拉是由两个以上的"莫昆"组成。莫昆是大家族组织，从血缘关系上说，莫昆是比哈拉又进一层的血缘团体。因此，莫昆这一家族组织，对其成员的约束力也就大于氏族。每个莫昆都住在一个村落里。达斡尔族保存几代人的家庭，有的多达30多口人。"哈拉"的职能，在于严禁民族内通婚；定期祭祖修谱，每隔若干年召开一次祭祖修谱会议（打开族谱登记增加的男性成员的名字，出生者以硃笔填写在其父名下，而亡者以黑笔写之）；处理氏族内违法者；组织哈拉之间的射箭和联合围猎等项活动。"莫昆"每隔数年，召开一次祭祖会，填写增减的人口。莫昆的其他职能为管理公有财产（林地、河边柳条通）；集体割所需柳条子；平分由外村租借渔场的租金；管理公共墓地；维护成员，扶养鳏寡孤独；办故后的丧事；干预女子继承家产，必须由儿子继承；公祭莫昆祖神；每年举办莫昆之间的射箭和曲棍球比赛；每逢过春节，家家户户张贴对联、年画、放爆竹，在大门外燃放烟火，妇女们夜间聚集在某一家较大的屋子里，在酥油灯光下，跳本民族的传统舞蹈"路日给勒"，唱本族民歌，青年男子打"贝阔"（曲棍球）。达斡尔族的婚姻，是氏族外婚制和一夫一妻制。婚姻也多由父母包办，本人除再婚者外，无权过问婚事。婚姻程序较烦琐。达斡尔族的丧葬一般是土葬，将死者殓入木棺，埋于本家族的墓地。因天花、肺痨等特殊病和难产等死亡的，则风葬或火葬。殉葬品除寿衣外，还有死者生前所用的什物，并有杀马殉葬的遗风。死者的晚辈按亲疏远近服孝 1 个月到 100 天。

达斡尔人迷信鬼神，信仰萨满教。以自然为崇拜对象，崇拜天、星、雷、河、火、岩洞、森林、碾石、龙、鹿、布谷鸟、猫头鹰等。他们供奉的"霍列力巴尔汗"，包括十七种神，是由五十八个生物和物件组成的。每个"莫昆"都有自己的祖先神。在他们的观念中，神鬼是人祸福的主宰，生产的丰歉和人口兴旺与否，都是神鬼保佑或作祟的结果。因此，一旦生产不利或发生疾病，即请巫师（萨满）祭祀，祈求消灾赐福。

再谈及鄂伦春族，其经济是以狩猎为主、捕鱼为辅的综合经济。广阔的山林是鄂伦春人天然的猎场，动物资源十分丰富，取之不尽。他们的氏族部落多在一定河流范围内活动。当猎获野兽后，家族公社（乌力楞）的全体成员，在"仙人柱"前，围成一个圆圈，把肉煮熟，3—5 人共吃一盆肉。采集主要由妇女担任，老年妇女是采集的领导者和指挥者，由她率领家族公社的女成员，也包括儿童进行采集，储备野菜。捕鱼也是重要生产，黑龙江和嫩江流域，鱼类资源丰富。用"挡筛子"捕鱼是常见的方法。叉鱼也较盛行，他们用三齿或四齿的铁叉，乘坐桦树皮船叉鱼。野兽皮和桦树皮是他们加工的主要对象。兽皮制品和桦皮制品是他们的生活资料，他们用原始的方法令兽皮变熟，制成各种兽皮衣、裤、鞋、帽和被褥，数量最多的是狍皮和鹿、犴皮。缝制皮衣的线，是由狍、鹿、犴的筋所制成。桦皮制品在鄂伦春人的生活中占有重要地位，他们日用的家具、容器、船只以及覆盖"帐幕"的围子都是桦树皮制成的。

鄂伦春人的"乌力楞"家族公社，一般由几个到十几个"仙人柱"（帐幕）构成。"仙人柱"是鄂伦春人的原始性居室，俗称"撮罗子"。它是用30根木杆搭成的圆锥形的构架，夏天以桦树皮围盖，冬天以野兽皮围盖。"乌力楞"鄂伦春语的含意是"子孙们"，指同一祖父所传的几代后嗣。"乌力楞"是组成鄂伦春父权制社会的基本结构。"乌力楞"同样是一个基本的经济单位，如驯鹿、马匹的集体所有。狩猎是以"乌力楞"为单位集体进行的。在春、夏、秋三季出猎时，往往举族出动。"乌力楞"亦随着迁徙。冬季出猎时则主要是男猎手参加，老弱妇孺留在宿营地。"乌力楞"的管理是建立在民主原则的基础之上，每次出猎时，都要民主推举一个"塔坦达"，负责领导狩猎生产。"塔坦达"一般是猎组中年龄最大，辈分大，有丰富狩猎经验的人，他经常研究和介绍经验，分配猎品。他处理和解决各种问题时，要听取大家的意见，没有任何特权。分配制度是以"乌力楞"各户为单位，按户将肉分成若干份，平均分配，但猎获野兽后，要把头肉、腿肉、心、肋骨肉以及肝、舌头等肉煮熟，由全"乌力楞"的人共同享用。

鄂伦春人没有文字，但满文于康熙年间已传入，有少数鄂伦春人掌握了满文。但他们的文学主要是口头创作，通过口耳相传，成为鄂伦春族文化的重要部分。口头创作的最早形式是关于鄂伦春族的历史神话传说，这些传说，有许多是关于人类起源的。以动物为主题的童话故事占较重要地位。以男女爱情为主题也是口头创作的主题之一。鄂伦春族男女老少都喜欢唱歌，不论节日里、婚宴上，还是在劳动中，日常生活中都要唱歌，歌的曲调都是比较固定的，歌词都是即兴之作。鄂伦春人的舞蹈是与歌曲紧密结合在一起的，常常是载歌载舞。"黑熊搏斗舞""野猪搏斗舞"和"树鸡舞"都是模仿这些飞禽走兽的动作或吼声而创作的舞蹈。另一类是直接表现劳动生活的，如"依哈嫩舞"表现猎人打到野兽以后，高兴地把猎物往马背上驮的情景。"红果舞"表现了妇女采集红果的劳动。"鲁力该嫩舞"是大闹场的意思。人们手拉手围成一圈，左右跳动，身体稍向里弯曲，有如他们所住的"仙人柱"，鄂伦春人的舞蹈都是来源于他们生产劳动和生活。

图腾信仰是鄂伦春人的宗教形式之一。在长期狩猎中，他们逐渐把某些动物从一般动物中分离出来，相信这些动物与他们的氏族集团有关。熊是鄂伦春人崇拜的动物之一，他们认为熊与自己存在一种血缘亲族关系，在称谓上，把熊称为"太帖"（祖母）、"阿玛哈"（祖父），而不直呼它的名字，他们认为熊最初是人，因而不能猎取。鄂伦春人也崇拜火神，每当吃饭时，要向火里投一些食物，以示供奉。对山神也十分崇拜，在山上的树上画一脸形，路过时要叩头。在家里吃饭、饮酒前，将酒杯、饭碗举起向空中绕两圈，表示先让山神尝，据说山神能保佑多打野兽。他们也崇拜太阳神和月亮神。萨满是鄂伦春人的宗教巫师，萨满的跳神仪式充满浓厚的神秘气氛。

第十四讲　学校制度更为周密

清代的学校与科举，大体上沿用了明代的制度，内容上有所损益，措施上更为周密。学校是储育人才之地，科举是抡才大典，两者相辅而行，关系十分密切。

清代政府管辖的学校共有两级，一是中央官学，二为地方官学。

中央官学，主要是京师的国子监，其还包括附属于国子监的算学、八旗官学；另外，还有中央政府为皇室贵族设立的宗学、觉罗学等。

地方官学主要是府、州、县学，这些学校只有规模大小的区分，而无程度等级的差异。另外，社会上还有书院、社学、私塾等，这些虽不是正规的学校，但在培养人才、传播文化方面，也起了十分重要的作用。

1. 中央官学，最高学府

明制，在京师有国子学，称国子监，或称太学。国子监有南北监之分，一为北京国子监，一为南京国子监。清初，修整明北京国子监为太学，裁南京国子监，改为江宁府学。国子监是全国最高学府，设祭酒满、汉各1人，司业满、蒙、汉各1人，职在总理监务、执掌教令。博士满、汉各1人，助教满16人、蒙8人、汉6人，学正汉4人，学录汉2人，职在教诲。典籍汉1人，掌书籍碑版。典簿满、汉各1人，掌文牍事务。雍正三年（1725年）起，更置管理监事大臣1人，不拘满、汉，地位在祭酒、司业之上。

国子监的生徒，来源很多，主要可分贡生和监生两大类。其中贡生有岁贡、恩贡、拔贡、优贡、副贡、例贡，监生有恩监、荫监、优监、例监。岁贡，有地方贡于国家之意。府、州、县学按照规定的时限与数额，将屡经科考、食廪年深的生员，依次升贡到国子监。顺治二年（1645 年），清政府命中央直属各省起送贡生，府学每年 1 人，州学 3 年 2 人，县学 2 年 1 人。各地贡生到京后，要进行廷试。时间是每年 3 月 15 日，后又改为 4 月 15 日。如有滥充者，即发回原学。1 省发现 5 名以上，学政要被罚俸。恩贡，是岁贡在特殊情况下的改称。

清沿明制，凡国家有庆典或皇帝登基，便颁布"恩诏"，以当年的岁贡生充恩贡。拔贡，明制，常贡之外又行选贡之法，即为拔贡。各地儒学生员，经过考选，凡学行兼优、年富力强、累试优等者，得以充拔贡。清沿袭此制，顺治元年（1644 年），首举选贡。顺天府特贡 6 人，每府学贡 2 人，州、县学各贡 1 人。清初为 6 年考选 1 次，乾隆中又改为 12 年 1 次。副贡，各省乡试除录取正卷外，另取若干名为副榜。中副榜者，可以作为贡监，入国子监肄业，称副贡。优贡，类同拔贡，每 3 年考选 1 次，举送的次数比拔贡多。以上的恩、拔、副、岁、优贡，时称"五贡"。

读书士子除了参加科举考试者外，由此而入仕途的，亦谓之正途。五贡就任官职，按科分名次和年份先后，恩、拔、优、副贡多以教谕选用，岁多以训导选用。但在具体实行中，常有变动。五贡之外，还有例贡。凡儒学中的廪、增、附生，按政府规定报捐为贡生的，称例贡。这是当时由捐纳入官的必由之路，由于是出资捐买而得，很为一般人所蔑视。例贡或在监肄业，或在籍，均可称为国子监监生。乾隆年间议准，例贡如果志在由正途入仕，准其辞掉例贡头衔，以原来的身份参加科举考试。

贡生之外，还有监生。恩监，乾隆年间开始实行，主要是选拔和照顾一些资历、身份较特殊的士子，恩准入监肄业。乾隆二年（1737 年），准八旗汉文官学生应讲求经史，每 3 年奏请钦点大臣考试，优者拔作监生，与汉贡监等一体肄业。后又议准，八旗算学生、汉算学生、钦天监天文生均准考恩监。乾隆五十一年（1786 年），凡陪祀孔庙的圣贤后裔，本人是武生俊秀及无功名顶戴的俊秀，均恩准做监生。

荫监，又分恩荫和难荫两种。恩荫是按内外文武官员品级，荫子入监。顺治二年，定文官中京官四品、外官三品以上，武官二品以上，可送一子入监。康熙五十二年（1713 年）始，宗室亦给荫入监。难荫，顺治三年（1646 年）定，满、汉三品以上官员，三年任满，勤于国事而死者，可荫一子入监。

雍正年间以后，特别体恤军功死难者。凡八旗武职立功身故，无论功绩大小，是官员的，给七品监生1人；是护军校、骁骑校的，给八品监生1人，均于子弟内补充。乾隆四年（1739年）定，八旗武职立功病故，所给的监生，按立功等第定监生品级。一、二等军功，给该员子弟监生1人，食七品官俸；三、四等军功，给该员子弟监生1人，食八品官俸；五等军功，给该员子弟监生1人，照捐纳监生例，准其应乡会试。

优监，与优贡雷同，唯入监条件略有降低。雍正十一年定，在地方儒学为附生及武生的，可以选为优监生。例监，与例贡雷同，亦是条件更放宽。凡未取得生员资格的读书士子，即俊秀，可以通过捐纳而取得监生资格，称例监。

贡监生入太学后，依次到六堂研习。六堂分为三级：正义、崇志、广业堂为初级，修道、诚心堂为中级，率性堂为高级，根据学习成绩递升。国子监的监生，又分为内、外两班，内班是住在监内的，有膏火之资。外班则散居监外各地，无膏火。清初，内班共有监生150名，每堂25名；外班120名，每堂20名。乾隆初，改内班每堂为30名，这样内、外班共300名，既而又裁减外班120名，拨内班24名为外班生。外班补内班，要经过考试。内班贡监生的告假等事项，都要按严格的规定办理。国子监授课和考试的办法是：每月初一、十五师生向孔子行祭奠礼毕，听助教或学正、学录讲解经书，然后要进行复讲、上书、复背，每月三回，周而复始。所习内容为四书，即《大学》《中庸》《论语》《孟子》；五经，即《易经》《书经》《诗经》《礼记》《春秋》；及《性理》《通鉴》等，还有兼学习"三经""二十一史"的。每人每日要摹名帖数百字，并立"日课册"，按期交助教等查验。每月15日，祭酒、司业轮换考课四书文1篇，诗1首，称大课。一般是司业月考，祭酒季考。另外，每月初一，在博士厅课经文、经解和策论。每月初三及十八，助教、学正和学录还要分别主持考课，试四书文、经文和诗策等。监生坐监的期限，始初各种贡监生并不一样。恩贡、难荫、由廪生出身的副贡，时间最短，为6个月。其他有8个月、14个月、24个月的。例监最长，为36个月。雍正五年（1727年）规定，各监生肄业，均以3年为期。修业期满后，可应吏部铨选，以教谕、训导等选用。

清代，还有两种学校隶属于国子监，即国子监算学和八旗官学。

算学，乾隆四年（1739年），额设满、蒙、汉肄业生共60人，学习

5 年期满，分授钦天监天文生及博士。八旗官学，系为培养八旗子弟而设。顺治元年，八旗驻地各建学舍，为八旗官学，次年，合两旗官学为一学，教习在国子监肄业生中考选，主要用恩、拔、副贡生。雍正五年（1727 年），定每旗设学额 100 名，其中满洲 60 名，蒙、汉各 20 名。乾隆初，定官学生肄业以 10 年为期，其中汉文明通者，拔为监生，升入太学。官学中的汉教习，3 年期满，分等引见。一等用知县，二等用知县或教职。嘉庆、道光年间，官学渐渐废弛。

此外，京师还有宗学和觉罗学。顺治十年（1653 年），八旗各设宗学，选满洲生员为师，凡尚未受封的宗室子弟，10 岁以上，均入学习清书（满文）。雍正时定，左右两翼设满、汉学各 1 个，王公、将军及闲散宗室子弟，18 岁以下，及 19 岁以上的曾在家读书情愿就学者，均令入宗学分习清、汉书，学内兼习骑射。乾隆时定，宗学额数左翼以 70 人为准，右翼以 60 人为准。每 10 名生徒，派设教习 1 员。觉罗学正式设置于雍正年间，规制与宗学略同。学成后，与旗人同应岁、科试及乡、会试，或考用中书、笔帖式官职。另外，京师还有隶属于内务府的景山学与咸安宫学，有世职官学、八旗及礼部义学，有健锐营、外火器营、圆明园、护军营等学，这些都是为八旗子弟而设，体现了清朝廷对这些人的特殊照顾。

2. 地方官学，规制严密

清代，设学官督理地方官学，规制相当严密。各省设提督学政一人，提督学政掌管一省学校政令的贯彻，主持岁、科两试，考核师儒的优劣和生员的勤惰。学政在地方，无论官阶高下，皆与该省督、抚平行。各府、州、县学，皆设有教官。府学设教授，州学设学正，县学设教谕，各 1 人，并设训导辅佐之。雍正年间，定儒学教授为正七品官，学正、教谕为正八品，训导为从八品官。清政府对教官的要求十分严格，奖罚分明，雍正四年定，教官如能尽心训导，六年之内，所属士子无过犯，该省督抚学政据实保题，以应升之官即用。

学校生员亦有定额，需经考试才能录取。读书士子未入学以前称童生、俊秀，经过县考、府考、学政院考取中后，即可入儒学为生员，俗称秀才。

在额的生员为廪膳生员，国家供给膳食。额外增加的为增广生及附学生员，亦有定额。府、州、县学的程度一样，但规模不同。顺治四年（1647年）定，各省儒学，分大、中、小学，取进童生。大学40名，中学30名，小学20名。康熙九年（1670年）改为：各直省取进童生，大府20名，大州、县学15名，中学12名，小学7—8名。八旗子弟，亦可入学，归顺天府考试。

地方儒学的课程，有《御纂经解》《性理》《诗经》《古文辞》及"十三经""二十四史""三通"等。教官对生员有月考、季考，除考四书文外，兼试策论。考后第二天，讲大清律中的刑名、钱谷类若干条。每月还集诸生于明伦堂，诵政府颁布的卧碑文及训饬士子文。生员除丁忧、患病、游学等事故外，不应月课3次者予以戒饬，无故终年不应课者即予黜革。不过到了嘉庆以后，儒学月课渐不举行，教官多为年齿衰迈者，视考课为故套，地方儒学只有师主之名，而无训诲之实了。于是，生员最重要的考试便为学政所主持的岁、科两试。岁试是学政到任第一年所举行的考试，科试是选送生员参加乡试所进行的考试。

清代，武生亦附于儒学。康熙三年（1664年）定，直省府、州、县武生，由儒学教官兼辖之。骑射之外，教以武经七书、百将传及孝经、四书等，学额与取文童生一样，也分大、中、小学，7—20名不等。武生的考试有内、外场之分，先外场骑射，次内场策论。岁试列一、二等，准应乡试，故武生没有科试。

清朝廷对儒学生员采取优恤政策，管制也极严格。凡生员入学后，例免差徭，廪膳生及贫穷生员经济上可得到养赡。生员违反禁令，小过失由府、州、县教官责惩，大过失申报学政，黜革后治罪，地方官无权擅责。如果教官徇庇劣生不报，或虽揭报，而学政不严加惩处，分别给以罚俸、降级直至褫职处分。顺治九年，政府刊立"卧碑"，共8条，令全国士子诵习奉行，其文：朝廷建立学校，选取生员，免其丁粮，厚以廪膳，设学院、学道、学官以教之，各衙官以礼相待，全要养成贤才，以供朝廷之用。诸生皆当上报国恩，下立人品，所有教条开列如下：

（1）生员之家，父母贤智者，子当受教；父母愚鲁，或有非为者，子既读书明理，当再三恳告，使父母不陷于危亡。

（2）生员立志，当学为忠臣清官，书史所载忠清事迹，务须互相讲究，凡利国爱民之事，更宜留心。

（3）生员居心忠厚正直，读书方有实用，出仕必做良吏；若心术邪恶，读书必无成就，为官必取祸患，行害人之事者，往往自杀其身，常宜思省。

（4）生员不可干求官长，交结势要，希图进身，若果心善德全，上天知之，必加以福。

（5）生员当爱身忍性，凡有司衙门，不可轻入，即有切己之事，只许家人代告，不许干预他人词讼，他人亦不许牵连生员做证。

（6）为学当尊敬先生，若讲说皆须诚心听受，如有未明，从容再问，毋妄行辩难，为师亦当尽心教训，毋致怠惰。

（7）军民一切利病，不许生员上书陈言，如有一言建白，以违制论，黜革治罪。

（8）生员不许纠党多人，立盟结社，把持官府，武断乡曲，所作文字，不许妄行刊刻，违者听提调官治罪。

康熙三十九年（1700 年）又颁布"圣谕"16 条，四十一年颁"训饬士子文"。雍正年间，更把康熙时 16 条"圣谕"大为发展，演化为"圣谕广训"，并且颁布了"御制朋党论"。乾隆五年（1740 年），又有《钦颁训饬士子文》。这些，都是生员所必须尊奉，也是经常进行考课的内容。

府、州、县学无固定学习年限，多有白头至老，始终为一秀才者。生员的出路一是通过荐举做国子监贡监生；另是通过乡试成举人，两者合称举贡。

3. 社会办校，作用重要

明代，书院相当发达。清初数十年间，对书院则采取抑制的政策。顺治九年谕令，"不许别创书院，群聚徒党"。康熙、雍正年间，各省大吏和地方士绅相继有办书院者。雍正十一年（1733 年），皇帝予以提倡，但主要是在各省省会设立 1—2 所较大书院，使均处于中央政府的控制下，进一步使之官学化。另外，各省的府、州、县，亦多有设立书院的，有的是绅士出资创办，有的是地方官拨公款经理。据不完全统计，清代的书院，约有 300 所。

乾隆年间，对书院进一步提倡和整顿，规定："凡书院之长，必选经明行修、足为多士模范者，以礼聘请。负笈生徒，必择乡里秀异、沈潜学问者肄业其中……书院中酌仿朱子白鹿洞规条，立之仪节，以检束其身心。仿分年读书之法，予之课程。使贯通乎经史。有不率教者，则摈斥毋留。"还规定，书院课程，可因人而异："书院肄业士子，令院长择其资禀优异者，将经学、史学、治术诸书，留心讲贯，以其余功兼及对偶声律之学。其资质难强者，且令先工八股，穷究专经，然后徐及余经。以及史学治术、对偶声律。至每月课试，仍以八股为主，或论或策，或表或判，听酌量兼试，能兼长者酌赏，以示鼓励。"同时规定，各省书院主讲席者，均称为院长。

迨至嘉庆、道光年间，书院日益废弛。地方上还有社学、义学。顺治年间题准："每乡置社学一区，择其文义通晓、行谊谨厚者，补充社师。免其差役，量给廪饩养赡。提学案临日，造姓名册申报查考。""土司子弟有向化愿学者，令立学一所，行地方官取文理明通者一人，充为教读，以司训督。"社学或义学，在京师等城市及八旗驻地有设，但更多的是设于乡村和边远省区。

不过，清代最初级的学校，主要还是私人设立的学塾。儿童由发蒙直至考中秀才，进入儒学，主要是在这种学校中接受教育。学塾可以分为三种，一种是官僚地主有钱人家，严格遴选教师，在家中教育自己及亲友子弟，叫"家馆"或"坐馆"；一种是地方上某个家族出资，在一个公共地方设塾，教育本家族较贫寒的子弟，叫"村塾"或"义塾""义学"；另外一种是教师自己在家设学，学生来源不限，叫"家塾"或"私塾"。一般地说，专教蒙童的谓之"蒙馆"，教年纪大些学生的谓之"经馆"。学塾开始是识字，读《三字经》《百家姓》《千字文》，南方的学塾还重"对课"，即令学生属对。再有是"描红"，即写字。再进一步就是学做八股文、试帖诗。行有余力，读四书五经，以及《唐诗三百首》《纲鉴易知录》《古文观止》等。私塾教育是个别教学、强制记忆。

第十五讲　科举的恢复与最终废除

读书士子入仕，主要通过科举，而要由科目登进，必须是学校的生员。学校的主要任务，是养育士人以应试科目，不过学校生员做官不一定要经过全部科举考试的阶梯，入国子监肄业后，便有了获得官职的可能。

清代顺治年间，开始恢复了科举取士的制度，待康熙时并推行于全国。清代科举分为3个等次。首先是童试，取中者名曰"秀才"；其次是乡试，取中者名曰"举人"；最后是会试、殿试，取中者名曰"进士"。在一轮十二年中，子、卯、午、酉年为乡试年，丑、辰、未、戌为会试年，其余四年是童试年。清代的考试制度比明代更为详细、严密，但由于科举取士积弊日深，暴露出的问题也更明显。

1. 童试中者，名曰秀才

童试亦称小考，由于应试者名曰童生，故称童试，是读书士子进身之始。童生亦名文童、儒童、儒生、俊秀，但没有年龄上的限制，有十几岁的少年，也有五六十岁的老者。童生应试，在本县报名，填写籍贯及三代履历，并要有同考者五人互结，再请一个本县廪生作保。确保考生籍贯无误，家身清白，非出身于倡优皂隶之家，及未遇父母之丧者，方准应考。主要考四书文，还有《孝经》《性理》《太极图说》、西铭、正蒙及《圣谕广训》《训饬士子文》等。童试分县考、府考、院考三个步骤进行。县考由本县县官主持，考4—5场。

府考在府城举行，情形与县考略同，每次考一府之中的3—4个县。

院考也在府城举行，但由各省学政亲临主持。清代学政亦称学院，故名院考。这时每个考生要加一名廪生作保，考试两场，一正试，一复试。正试试两文一诗，复试试一文一诗，并默写《圣谕广训》100余字。文字优等者，由学政按规定的学额，进行录取。被取之人，即曰"秀才"，自此入儒学肄业，亦称"入泮"。入县学的称县学生员，入府学的称府学生员。入学后，都先做附学生，然后逐步升为增广生、廪膳生。

童试中最普遍的弊端，是雇能文之人顶替本人入场。故顺治年间规定，每府各州县要会同在一天考试，府试亦汇齐在一日，以防重冒。如有请代等弊，互结的五名考生连坐，保结的廪生黜革。雍正十三年（1735年）进一步规定："枪手代倩，为学政之大弊。嗣后凡有代笔之枪手，照诓骗举监生员人等财物、指称买求中式例，枷号三月，发烟瘴地方充军。其雇倩代笔之人，照举监生员夹浼营干买求中式例，发烟瘴地方充军。知情保结之廪生，照知情不首例，杖一百。"另外，考官阅卷衡文，往往委托幕友办理，本人并不过目，草率录取，甚至有任听幕友书役沟通舞弊之事。有清一代，童试中枪替、冒籍、滥送、贿买等弊端，始终未曾禁绝，反而愈演愈烈。

2. 乡试中者，名曰举人

清代乡试始于顺治二年，三年1科，逢子、卯、午、酉年举行，是年亦称大比之年。因为乡试举行于秋8月，故又称"秋闱"。康、雍年间起，凡皇帝登基或大寿之年，均加科，曰恩科。如该年正逢乡试正科之年，则将正科或提前1年举行，或移后1年举行。顺治时，顺天及直省乡试，每中式举人一名，取儒生三十名应试。康熙年间，增至百名。府、州、县学生员，经提学考试，精通三场者方准应乡试。各地儒学的教官和在籍的国子监恩贡生、岁贡生、监生，有愿参加本省乡试的，许与生员一体考送。不过卷面要注明官字、贡字、监字，以另案发落。在国子监肄业的贡监生，由监内教官考选。倡、优、隶、皂之家子弟，居父母丧者，不得应试。

乡试在各省省城举行。八月初九为第一场，八月十二为第二场，八月十五为第三场。每场均是先一日点名放入，后一日放出。考试文体，仍用八股文，亦称制艺、时艺、时文、四书文。顺治二年定，乡试第一场试时文7篇，其中四书3题，五经每经各出4题，应试者认习某经即作某经4题。第二场试论1篇，题用《孝经》，判5道，诏、诰、表择作1道。第三场试经史时务策5道。

各省乡试的处所称贡院，士子应试的席舍曰号房，拨守的军卒叫号军。士子及试官入闱后，用钥封门。内、外门用帘隔开，在外的提调监试等官叫外帘官，在内的主考、同考叫内帘官。以大员总摄场务，叫监临。试场对士子的约束防范极严，屡有整肃场规的严谕。为防止考生夹带，乾隆九年（1744年）有如下详细规定："士子服式，帽用单层毡，大小衫袍褂，俱用单层。皮衣去面，毡衣去里，裤裤绅布皮毡听用，只许单层。袜用单毡，鞋用薄底。坐具用毡片。其马褥厚褥，概不许带人。至士子考具，卷袋不许装里，砚台不许过厚，笔管镂空，水注用磁，木炭只许长两寸，蜡台用锡，只许单盘，柱必空心通底。糕饼饽饽各要切开。此外字圈、风炉、茶铫等物，在所必需，无可疑者，俱准带入。至考篮一项，如京闱用柳筐，柄粗体实，每易藏奸，今议或竹或柳应照南式考篮，编成玲珑格眼，底面如一，以便搜检。至裤裤既用单层，务令各士子开襟解袜，以杜亵衣怀挟之弊。再士子搜出怀挟者，其父、师均有教诲约束之责，查出一并究治。"为防止交通关节，士子所交的墨卷，当场弥封，然后由专人用朱笔誊录，曰朱卷，呈考官审阅。考官批示用墨笔，同考用蓝笔。

乡试第一名曰解元，被录取者统称举人。各省所取名额不一，顺治初年，定顺天、江南中式皆160余名，浙江、江西、湖广、福建皆逾百名，河南、山东、广东、四川、山西、陕西、广西、云南在90名以下不等，贵州最少为40名。以后各朝，又有增减。正榜之外还取副榜，各省亦均有定额，由6—20名不等。康熙初曾一度停止副榜，后又恢复。以后各直省每取举人5名，即取副榜1名。

乡试还有复试和试卷磨勘制度。先是，顺治十四年（1657年）顺天府和江南乡试有贿买情节，发榜以后，众议沸腾，因此命顺天及江南中式举人来京复试，此为乡试复试之始。道光二十三年（1843年）定制，各省举人，一体到京复试，否则不得参加会试。此外，各省乡试揭晓后，要将试卷解送到京，至礼部磨勘，以防止闱后有人修改试卷。磨勘的内容，先是察考官，倘有出题错误，给以罚俸处分。次是复阅举子试卷，严查有无弊倖及瑕疵。倘有文理悖谬、字体不正、朱墨不符、对非所问者，黜革除名。有不遵传注、不避圣讳、以行草誊录、四书文过600字者，罚停1—3科不等。一省当中如果斥革3名以上，主考官要被革职或提问，如果罚科卷数多，对考官实行罚俸、降级、革职等处分。

康熙、乾隆年间曾发生过是否保留八股文与科举制度的争议。乾隆三年（1738年），兵部侍郎舒赫德又列举八股取士的四大弊端，建议改革，遭内阁礼部反对，未能实行。乡试第二年，各地举人到京师应进士之试，称会试、殿试。会试是集中会考之意，中试者为贡士，第一名曰会元。取得贡士资格后，方能参加殿试。

3. 会试殿试，中者进士

会试在丑、辰、未、戌年举行正科，恩科之年的会试，为会试恩科。因会试举行于春季，亦称"春闱"，又因是礼部主办，亦称"礼闱"。

清初，会试在二月举行。乾隆年间，改会试在三月，殿试在四月，遂为常例。会试初九日为首场，十二日为第二场，十五日为第三场。均是先一日领卷入场，后一日交卷出场，每场计三日。会试各场的内容、文字的限制等，与乡试大体相同。会试的总裁，用阁部大员4—6人，多至7人。中式无定额，顺治三年丙戌科会试，取中400名。以后历科中额或100余名，或200—300名不等。最多的是雍正八年（1730年）庚戌科，取406名，最少的是乾隆五十四年（1789年）己酉科，取96名。录取方法亦有变化。

会试在正榜以外，一度还取副榜。会试副榜免廷试，由吏部授官。康熙初年停止此法。最初会试无复试，康熙五十一年壬辰科，因有人作弊，遂行复试。雍正、乾隆年间亦有过复试，嘉庆初著为令。贡士发榜后数日，即进行复试，地点在乾清宫，后改为保和殿。试四书文1篇，五言八韵诗1首，即日交卷。复试列一、二、三等者，准予参加殿试。

殿试是天子亲策于廷，仪式十分隆重。殿试的地点，最初在天安门外，后改于太和殿东西阁阶下，遇风雨试于殿东西两庑。乾隆五十四年（1789年）始试于保和殿，后沿为例。殿试内容为时务策1道。时务策策题长达200—600字，一般询问3—4件国家大政，让应试者回答。殿试之日，皇帝要亲临试场，要奏乐鸣鞭。嘉庆、道光以后，御殿之礼渐不举行。应殿试的具体情况，清代末科探花商衍鎏曾有一段叙述。时间虽靠后，但可见当时的一般情状："余于光绪三十年甲辰科应殿试，当日于卯初刻服常朝服入东华门至中左门，候点名领卷，送场者至此为止。殿廷所备试桌，式如炕几高仅尺许，趺坐盘膝以事写作，试士素非所习。于是多自携考桌，其制用光面细布蒙薄板，以铁条为活四柱，纳于板背，折叠成片，支起扣于套环之内，即为一桌，较内廷所备者稍高，以藤筐盛布箱，贮考具应用之物，其筐即为座椅，领卷后背负以入，从前校尉代携之制，已成虚文。入殿随意择座，但殿宇深严，先至者多据前排。后排阴暗不能辨字，后至者多迁于殿前廊下，然倘遇风雨，则飘洒堪虞。从前由礼部同銮仪卫督率校尉于前一日，在试桌上粘贴各贡士名签，按签入座，此制不知何时停废。策题颁下约在辰刻，由礼部官散给每人一张，在中和殿阶下跪接。入保和殿就座策对，殿上均黄绒地衣，下衬以棕荐箅席，御座正中丹陛三层加以五彩幡龙地衣，禁止吸烟。例赐宫饼一包，即唐代红绫饼之意。殿前南院备有茶水，试士不禁出入，随时可问饮用，自备干粮以充饥。入试情形之可纪者，大略如此。"

殿试试卷有一定格式，首先写明履历三代及本人籍贯、年龄，正文的开始要用"臣对臣闻"字样，策文不限字数，最短 1000 字。必须将试卷充实写满，同时书法至关重要，字要黑大光圆，不能有点画小疵。殿试当日交卷，因是皇帝亲策，不任命阅卷大臣，只有读卷大臣 10 余人。读卷后，将前 10 本最佳者初步拟定名次后进呈，最后要由皇帝钦定。10 名以外之卷，读卷官在内阁拆弥封，照阅卷时所定名次填榜。殿试中式之榜号曰金榜。四月二十五行传胪大典，皇帝升太和殿，王公大臣、文武百官陪立如仪。传胪官宣唱某甲某人，一一引出班，行三跪九叩之礼，仪式隆重。殿试赐出身曰进士，凡会试中式的贡士，均可取中，分为三甲。一甲三名，赐进士及第，通称第一名为状元，第二名为榜眼，第三名为探花。二甲若干名，赐进士出身。三甲若干名，赐同进士出身。一甲第一名授翰林院修撰，第二、三名授翰林院编修。殿试传胪后三日，还要在保和殿举行殿试朝考，考前列者用庶吉士，次等者分列为主事、中书、知县等。

4. 八旗宗室，参者另定

关于八旗及宗室参加乡、会试，清政府另外有过规定。

清制，八旗以骑射为本，右武左文，故不大提倡八旗子弟应试科举。顺治八年（1651年）首次准许八旗应乡、会之试，是年满洲、蒙古、汉军生员参加顺天府乡试。以后，八旗考试，时举时停。始初，凡准应乡、会试时，均是满洲、蒙古为1榜，汉军、汉人为1榜。考试内容亦有区别，满、蒙生员乡试为满文或蒙文1篇，会试增为2篇。汉军试《书》艺2篇，《经》艺1篇。不通经者，增《书》艺1篇。2—3场试策、论各1篇。康熙二十六年（1687年），改为八旗子弟与汉人一体应试，但在乡、会试前要先试马步箭，骑射合格，方可应试。此遂成为定制。乡试中额，历科不一。顺治八年，取中满洲50名，蒙古20名，汉军50名。以后有所减少。乾隆九年，定满洲、蒙古共取27名，汉军取12名。

清初，宗室子弟不参与乡、会试，康熙三十六年（1697年），因宗室子孙日益繁衍，准有能力学属文者，一体编号取中，但很快又停止。乾隆时，也只是偶尔允许宗室子弟应乡、会试。直至嘉庆六年（1801年），宗室应乡、会试，始著为令。其法为："凡在官学读书及在家读书愿应乡试者，俱照宗人府奏准之例，交稽查宗学汉大臣核实考试，将文理通顺者，由宗人府造册，汇送兵部，考试马步箭，其合式之人，移咨礼部，札送顺天府乡试，俟三场完毕，将实在人数奏请钦定中额，永远遵行。"宗室应乡、会试，在试场号舍内专门拨号设座，试卷注明宗字号。嘉庆九年（1804年）又定，宗室乡、会试改于各士子乡、会试3场完毕之后，即十七日举行。当日点进，当日完卷，只试1文1诗。乡试约8—9人中1名，会试约取3—4名。会试后还要在圆明园正大光明殿复试，方可正式取中。至于殿试与朝考，则与汉人士子一体考试。

另外，八旗和宗室还专有翻译1科，有满洲翻译与蒙古翻译，应试者只限于八旗及宗室子弟。满洲翻译是以满文译汉文或以满文作论，蒙古翻译以蒙文译满文，不译汉文。翻译在清代时举时停，亦有童试、乡试、会试之程序，三年一举。都是别立翻译场考试，录取翻译生员、翻译举人、翻译进士。进士考列一、二等者，授翰林院编修，三等授翰林院检讨等职。

5. 科考制度，还有武科

清代科考制度，文科之外还有武科。无功名的习武士子称为武童，各省学政在考文童后考武童，报考条件及手续与文童试相同。考试为三场，有外、内之分。头场马射，二场步射及硬弓、刀石，是为外场。三场是内场，原试策论，后改为默写武经七书的某些段落。武经七书，包括《孙子》《吴子》《司马法》《尉缭子》《李靖问对》《黄石公三略》及《姜太公六韬》。

取进武童生，顺治时无定额，康熙十年（1671年）定与各省文童例同，分大、中、小学录取，府学20名，大州县15名，中州县12名，小州县7—8名，被取进者通称武生。清代地方无专门的武学，康熙三年（1664年）定，直省府、州、县、卫武生，由儒学教官兼辖之，教以武经七书、百将传及《孝经》、四书等。本地武职官员，每月在各学射圃会同考验弓马。武生的岁考与文生相同，3年1次，一、二等者可应乡试。故武生无专门选拔参加乡试的科考。

武乡试、会试也分外、内场。头场试马箭，二场试步箭，再开硬弓、舞刀、掇石，是为外场考试。三场试策论，是为内场考试。嘉庆十二年（1807年）以应试者多不能文，改策论为武经一段百余字，无涂写错乱即可，实际渐同于虚设。不过，武生、武举人年60以上者，不得再参与乡、会试。武乡试3年1科，子、卯、午、酉为正科，逢庆典为恩科，与文乡试同，中试者为武举人。乡试中额，据康熙二十六年（1687年）的规定，大体是文闱中额的一半。顺天108名，汉军40名，奉天、锦州二府3名，江南62名，江西57名，福建、浙江各54名，湖广50名，河南47名，山东46名，广东43名，四川、云南各42名，山西40名，广西30名，陕西、甘肃、贵州各20名。雍正、乾隆年间，各省中式名额又有增加。其中陕、甘两省因人才壮健者多，骑射娴熟胜于他省，均增至50名。

武会试于辰、未、戌、丑年在京师举行，与文会试同。考期在九月。会试中额，顺治时及康熙初年，或200，或150，或100。后来不拘定额数，计省份大小、人之多寡，临时酌定中额。武会试后也要复试，而后才进行殿试，殿试在十月举行。十月十五日试策问，嘉庆时改为默写武经约100字。十七、十八日试马步、箭弓、刀石，皇帝亲阅。一甲、二甲及三甲前10名，皆在校阅时钦定。武进士传胪也在太和殿，一甲三名，依次通称武状元、武榜眼、武探花，赐武进士及第。二甲赐武进士出身，三甲赐同武进士出身。顺治三年，一甲一名授参将，二名授游击，三名授都司。二甲均授守备，三甲均授署守备。以后武进士所授之职，屡有变更。

6. 科目之外，还有制科

除科目取士之外，清代还有由皇帝临时特诏举行的考试，称制科。其中最著名的是博学鸿词科和孝廉方正科。康熙十七年（1678年）诏，自古一代之兴，必有博学鸿儒，备顾问著作之选。命内外大员推荐学行兼备、文辞卓越之人，不论已仕、未仕，来京亲试录用。第二年，各地荐举140余人到京，召试体仁阁，试赋、诗各1首。康熙帝亲自阅卷，取一等20人，二等30人，俱授为翰林官。乾隆元年，亦开博学鸿词科，召试170余人，取中19人，授编修、检讨、庶吉士等职。

以上，概述了顺治至道光年间的科举制度。

清代是我国传统教育与选士制度集大成的时期，也是结束期。鸦片战争以后，时局变化，新式学堂陆续出现，旧有官学渐次衰落。光绪三十一年（1905年），清廷更不得不停止科举，这种沿袭1000余年的选士制度至此废除。

第十六讲　礼俗之大样样观

1. 岁时节日风俗之畅行

清代的岁时节日，风俗很多，这是清人社会生活十分重要的组成部分。

（1）元旦的风俗

农历正月初一是元旦，又称元日，常常称新年。"交贺三日""三五日乃止""自元日至上元无虚日"之类之谈，一般的新年元旦的欢庆贺年活动是要持续数日的，大致说来，初一至初五是新年元旦欢庆的高潮，如果加上元旦喜庆的其他活动，一般要到上元灯节为止。

为了迎接新年元旦，从腊月二十四起，家家要打扫房屋，扫舍之后，便贴年画。到了大年初一的前一天，叫"除夕"，又叫"大年三十"。除夕这一天一般要"桃符以画，春联以书"，也就是要换门神、换桃符，更换春联。桃符画神荼、郁垒，门神画秦叔宝、尉迟敬德之像，也有画钟馗的。一些地方还有贴彩钱、糊窗花的习俗。清人在十二月二十三（四）送灶王升天之后，年三十的晚上要迎接灶王返回。不少地方还有在堂中悬挂祖先遗像祭祀的风俗，有的地方还要拜天地。除夕合家团聚，还有吃团年饭、喝分岁酒，并且多做些饭，往往够吃几天的，这叫作"宿岁饭"或"隔年陈"。此时，卑幼以次拜其尊长，叫作"辞年"或"辞岁"，小孩儿都可以得到长辈送给的"压岁钱"。辞年之后，有的地方也就睡觉了，但有的地方还要"守岁"，不愿让这一年空空过去，人们在院里或门外点燃槚桷、柴草，还有焚苍术辟瘟丹的等，或燃爆竹辟邪，或听静卜来岁古凶，"家人围炉团坐，小儿嬉戏，通明不眠，谓之守岁"。

元旦是要从夜里子时算起的，元旦的首要事项是祀神祭祖、拜尊长。

在守岁的人家，子时一到，便已开始，没有守岁的，大多是五更起来，常用的是"五更""鸡鸣""昧爽""夙兴"等词汇。那时的人们要整肃新衣、陈牲设醴、放果品面食、燃烛烧香、焚楮、放爆竹，一些地区还在院中燃柏柴、煤火，叫作"旺火"。做好上述准备工作，便拜天地祖宗，接着卑幼向尊长磕头，"家众以次拜跪称寿"。然后人们吃煮饽饽，又叫馄饨，实际就是水饺。

天亮以后，邻族戚友交相拜贺，这就开始了热闹的拜年，此又叫作"贺岁""贺年""贺元旦"等。贺岁的方式有亲去和投帖两种，各地使用的含义有些差别，一般是"亲者登堂，疏者投刺而已"。此时的大年初一，有很多忌讳，"元旦，为岁朝，比户悬神轴于堂中，陈设几案，具香烛，以祈一岁之安，俗忌扫地、乞火、汲水并针剪，又禁倾秽实粪，讳啜粥及汤茶淘饭。天明未起，戒促唤男子，出门必迎喜神方位而行"。拜年一般要持续3—5天，在此期间一般市不列肆3天等。亲朋拜年，要留下喝春酒，元旦期间，人们还盛行互相请客吃饭，称为"年节酒"。

到了初三，清人却有些单独的风俗习惯。甘肃静宁州"撒祖先奠，夜焚楮门外，酹酒，名曰送家亲"。湖北宜昌府"燃烛于大门外，将檐端所挂松枝合楮焚之，谓之烧门神纸"。琼山县（今海口市琼山区）"书帖钉赤口，谓之禁口"。

到了初五那五天，多称破五。北方有关于"五穷"的风俗，陕西府谷县"夙兴扫室中尘垢于筐，做纸妇人一个，负以米面，纸裹送至门外，焚香放花爆而还，谓之送五穷，榆林人是日饱食，谓之填五穷"。甘肃静宁州"五日除舍，谓之扫五穷"。江南则有接路头神的风俗，苏州府"五日为路头神诞辰，金锣爆竹，牲醴毕陈，以争先为利市，必早起迎之，谓之接路头"，多为不一。

初六那天，也有些特殊的风俗。山西保德州"六日爆豆撒出逐蝇"，陕西府谷县"六日夙兴，炒黑豆撒于屋角，谓之爆六甲"。这是防治虫害的措施。

初七那天，清人称为"人日"。这天的风俗丰富多彩，各具特色。河南新蔡县"妇女剪彩为燕，或帖，或插戴"。陕西延安府"用糠着地上，以艾炷灸之，名救人疾，俗以疾切声相近也"。安徽桐城"亦各祀其先，妇女迎紫姑，置米与花于妇女旧鞋中，以嫁鼠，置盐于火笼中作响，谓之炒杂虫"。江西瑞州府"各以辛菜治羹，曰七宝羹，自此男女各勤其职，谚云'吃了七宝羹,各人做零星'"。湖北德安府还"以是日阴晴占人休咎"。福建省永福县"街市张灯鼓吹,扮台阁为乐"。

初八,为祭星神的日子。传说这天的诸星纷纷下界,人们要燃灯祀星,也叫作"顺星"。正月初八也叫作谷日,一些地区以星象、阴晴占水旱、丰歉。

初九,便为天日。这天是玉皇的诞辰,各道观设醮,赐福解厄,以祝平安。初九还禁屠宰,初九也叫作"上九"。

初十是地日,陕西省有一特殊风俗,如府谷县"十日名鼠嫁日,是夜家人灭烛早寝,恐惊之,致害百谷,啮衣裳"。

总之,不再一一列举了,元旦的风俗丰富多彩,是人人家家必过的大而内容丰富的一年一度的喜庆佳节。

(2)立春节气

立春这个节气,也是一个节日,节令无定期,在正月者居多。在清代,"立春日,各省会府州县卫遵制鞭春"。立春是地方政府为主进行的节日。

立春的前一天要迎春,通常是地方官率乡民在城外东郊迎春,不过迎春的仪仗和内容各地略有差别。在河南新蔡县"伶人为甲仗鬼神之状,震金鼓跳叫县堂,遍及大夫家,逐疫颂喜,其市井小民,装扮士农工商,随官师士大夫出郊迎春,四远男妇偕出郊境,看土牛与芒神物色"。总的来看是由贱民扮演杂剧,社伙出郊迎春,迎春是要"看土牛与芒神物色",进行验占。验占的目的,不外有"占水旱、寒燠等气候",占闲忙,求吉祥。立春日,地方官要进行鞭春礼,也叫作"打春"。"太守鞭牛碎之,谓之打春"。立春日清人还要吃春盘、春饼、萝卜,叫作"咬春",主要在北方流行。有的地方还有"送春"的风俗,如安徽太平府"所在官司鞭春牛如制,如其色,制小土牛,颁缙绅家,谓之送春"。清人认为这是古颁春之意。"拜春"(即贺春)也是立春节的风俗。如苏州"士庶交相庆贺,谓之拜春"。迎春与立春的内容,有的地区分得清楚,有的地区则不甚清楚,一些地区甚至合为一天。

由上可知,立春节是以农事为主,兼有娱乐、饮食、交际、信仰等方面内容的综合性节日。

(3)元宵佳节

正月十五是上元节,又叫元宵节、灯节,是一个隆重的节日,上元节往往要持续数天。

上元节在北方大部分地区，从十四日到十六日，欢庆 3 天，南方的时间要长些，一般是 4—5 天，甚至更长的时间。当然也有些贫瘠地区，也只是 1—2 天。清代的上元节注重张灯。通常在十三、十四日要试灯，十五日正灯，十六、十七日落灯。到了灯节，各处挂满了各式各样的灯，湖南长沙府"元宵剪纸为灯，或悬之庭户，或列之街衢，或携以行，至有龙灯、鳌山踏球者，城市彻夜游观，好事者放花炮起火"。诸灯中以鳌山规模最大，也较为普遍。

清人灯节中，还喜作"黄河九曲"，如山西定襄县"上元街巷悬灯火通宵，社火或搭灯市，屈曲盘拖，鼓乐导行，士女杂遝，俗为黄河九曲"。上元节还有猜灯谜的习俗，谜底皆经传诗文、诸子百家、传奇小说及谚语、什物，猜中者，以纸墨、巾扇、香囊、果品食物为赠。

上元佳节也是亲朋宴饮的好时机。人们的主要食品是元宵，清人又叫作汤圆、面圆、粉团等。南方多用糯米做成。一些地区还有互送元宵的习惯。考察大量清人方志以后，似可得出这样的看法：清代的上元节不是以吃元宵为主，而是以看灯、观戏等娱乐为主，因此，多数记载把后一项称为"闹元宵"。

上元节必有民间的社会团体组织文化娱乐活动——社火（也叫社伙），社火的内容多是杂戏，主要有竹马、旱船、龙灯舞、舞狮等内容，人们扮演戏剧故事、民间传说中的人物，还往往踩着"高跷"，清人常称之为演杂剧，关于春牛、芒种的制作以及地方官迎春礼仪、故事。荡秋千也是一些地区上元节娱乐的内容之一。

上元节还有"走百病"的风俗。据载："元夕妇女群游，祈免灾咎。前一人持香辟人，曰走百病。凡有桥处，三五相率以过，谓之度厄，俗传曰走桥。又竞往正阳门中洞摸门钉，讖宜男也。"走百病的风俗较为流行，但各地还有不少差别。首先是名称，又叫散百病、游百病、遣百病、除百病等；其次为日期，有的地方在正月十五，但大部分地区是在正月十六傍晚以后；再有地点，或登高走桥，或赴庙行香，或郊游为乐，不一而足；最后是参加者也不同，京师等地"妇女出游"，绝大部分地区为"士女出游""男女结伴"，而河南偃师更饶有趣味，竟是"男结伴遍游寺庙街巷曰游百病，女执五色彩线用艾灸松柏，曰灸百病"。验卜也是上元节的习俗。主要内容是问紫姑神，湖北省还有"赶毛狗"的风俗。荆州府"元夜迎紫姑卜问丰歉，各乡村燃炬火，以照田间，声彻远近，谓之赶毛狗"。

有的地方有听声验占的习惯，如安徽泾县"十六日听灶求兆，以卜休咎"。

上元节人们也没有忘记祀神祭先。河南泌阳县"祀祖祭先，常供以外，复设汤圆、水茶枣卷、面灯"。山西保德州"元宵拜扫先茔"。上元节还有迎神赛会的习俗，如福建龙岩州"祈禳会首以神田所入为会，做戏队，导引城隍神，遍历境内，以祈神贶"。

综上所述，清代的上元节有观赏花灯、举行社火、祀神祭祖、卜问咎休、登高走桥、祈免灾咎、亲朋欢聚、盛吃元宵、迎神赛会、秋千为戏等众多的内容，集中了祭祀、庆贺、社交、娱乐诸种成分。

（4）清明节与寒食节

清代的清明节是一个大节，举国上下，普遍举办，而寒食节约在清明节前一天，只在个别地区单独举行，有些地区寒食节与清明节合办。

清明节与寒食节区别何在呢？

相传寒食节起于晋文公悼念介子推事，该日要禁火冷食，祭扫坟墓（野祭），添土挂纸钱；清明节折柳枝插头，或玩秋千。寒食是为了纪念，清明是为娱乐。当然，在清明节与寒食节合二为一或只有清明节的地区，就看不出两节之间的区别了。清明节的主要的内容是扫墓，就是祭祀祖先的坟墓，又叫作墓祭、展墓、拜扫、上坟等。人们为祖先的坟墓除草添土，或在树枝上挂些纸条，或在坟上插一禾棍，上挂纸钱、纸条，带着祭品，焚烧纸钱，举行个祭祀仪式，以寄托对死者的哀思。如果是新葬者，都在社前祭扫，在当时此为"新坟不过社"的谚语。在聚族而居的地区，祭祀祖先有宗族在祠堂进行的。

清明节的第二项重要内容是插柳于门和簪柳于首。应当有谚语"清明不戴柳，来生变黄狗"。柳的用意为辟邪、明目、延寿命、红颜不老、占水旱等项。折柳比较一致，戴柳有些差异，或男女皆戴，或妇女戴，或儿童戴，所戴柳为柳毛、柳尖、嫩柳、柳叶等。在一些地方柳只插或供于神堂。

清代以北方为主的地区，还流行踏青、荡秋千，一些地方有放风筝等娱乐性风俗。山东昌邑县"女作秋千戏，士出郊游，谓之踏青"。这是比较特殊的例子，通常情况下男女都踏青，不过荡秋千确是以妇女为主的。河南为"树秋千架，妇女竞相推引，开元以来所传半仙戏也"。至于放风筝，北京"各携纸鸢线轴，祭扫毕，即于坟前施放较胜"。陕西延绥镇"分朋较射，儿童放风筝，两日为止"，另外还有成年人"较射"的风俗。

（5）端午节

五月初五是端午节，又称端阳、重午、天中节，是受人重视的节日。一到端午节，家家以蒲艾插户。蒲，是指菖蒲，使用最多的是艾，甘肃很多地方则插柳。湖南长沙除了蒲艾以外，还"门悬葛藤"。很多地区还要贴"门符"，门符五花八门，有桃符、天师符、朱符、赤灵符、避兵灵符、符箓、朱书雷篆等。

端午节人们还要佩戴些东西，有佩艾，多是艾虎；戴符，有五毒符、寿源道符、神符；佩戴香囊，有五色香囊、朱砂袋；茧虎。此外，还有佩蒜、苍术以及葛蒲的。以上多是妇女、儿童佩戴。儿童还要在手臂上绕五色丝线，以为可以延寿，这种五色缕又叫长寿线、续命缕、长命缕、百命索，个别地方妇女也有系的。

还有在端午节午时饮雄黄酒和菖蒲酒，用雄黄末或菖蒲屑和酒，常常还要加上朱砂。饮毕，要将酒洒向屋中四壁、角落，以辟虫蛇。很多地区在小孩儿的面颊、耳鼻涂酒，以避毒。为避毒、祛病，端午节还有采百药的风俗。甘肃静宁州"采百草造百药"。湖南醴陵"医家群相采药，相传此日天送灵临门"。南方采药还要沐浴。四川高县"沿山采药煎水净身，云免疮疥"。福建汀州"午时采百药煎汤沐浴，云祛百病"。更有趣的是不少地区有用装墨蟾蜍涂肿毒的风俗。如河南新蔡具"捉蛤蟆衔墨用涂疮肿"，湖北东湖"捕蟾蜍以墨入腹中，俟乾取出，涂肿毒有验"。

端午节吃粽子，常称为食角黍。角黍的种类很多，不仅家人吃，还要向亲戚朋友赠送。南方还有赛龙舟的风俗。在无水的城里，"城中人缚竹为船，用五色纸糊饰，鸣金鼓，沿街做竞渡状，名曰旱船"。端午节还有不少其他风俗，如祭祖先、祀瘟神；弟子拜师，小孩儿入学；放风筝和射柳。此外云南宣威州"吞黑豆七枚，云可除疾"。安徽桐城"僧道用五色纸做符，送各檀越家"。端午节的来历至今是众说纷纭的问题，我们在讲人们纪念屈原吃粽子、赛龙舟时，一定不要忽视端午节预防各类疾病瘟疫孳生为灾的风俗。

（6）乞巧节（七夕）

乞巧节是指七月初七的晚上，清代民间有姑娘或童女乞巧的风俗，此为乞巧节或七夕。用现代的语言，也可称为姑娘节。

七夕首先陈瓜果、焚香于庭，祭祀牵牛（或称河鼓）、织女（或称天孙）

二星乞巧。乞巧用的"巧果"很出名，在苏州"七夕前，市上已卖巧果，有以白面和糖，绾做芋结之形，油氽令脆者，呼为芋结，至是，或偕花果，陈香烛于庭，或露台之上，礼拜双星，以乞巧"。祭毕便正式乞巧，其形式多样，各具特色。一般是月下穿针乞巧，常用七孔针、五彩丝线；有用针缕瓜果乞巧者；还有用蜘蛛乞巧的，如江西瑞州府"妇女置蛛妆盒中，观其成网，以验巧拙"。安徽繁昌县"闺秀设茶果于露台乞巧，夸朝中有蛛丝罗其上者，谓之得巧，略如《荆楚岁时记》"；豆芽也可用来乞巧，如四川汉州"以绿小豆浸瓷器内生芽，长数寸，摘浮水面，视影成花卉形为待巧"；也有用"丢针"乞巧的，《帝京岁时纪胜》云"幼女以盂水曝日下，各投小针，浮之水面，徐视水底日影，或散如花，动如云，细如线，粗如椎，因以卜女之巧"；山西阳城县"浮藤萝丝于水，名曰乞巧"；安徽有看巧云的风俗，太平府"俟云雾乞巧"。乞巧方式杂然纷陈，目不暇接，姑娘们精诚所至，一定会变得更聪明、灵巧。一些地区还流传着望天河以卜米价低昂的风俗，如湖南宁远县"七夕夜望天河为来年米贱之征，十一日至十四日河汉复见，年岁不佳，至十五日后复见，群相乐，杜子美诗云：'米价问天河。'是也"。

七夕，有祭祖的习俗。湖北荆州府"俗又于是夕祭祖祢，谓之迓亡阵，享七日，焚楮荐之，曰送亡。新死者，则于是月朔迓祭，于此夕奠送"。云南、广东等地也有七夕祭祖的风俗。

（7）中元节

七月十五是中元节，为人们祭祀祖先、怀念亡灵的日子，或称"鬼节"，有的地方也叫作"七月半"，陕西府谷还有个别致的名称——麻谷节。

清代中元节的祭祀活动往往提前三天或数天已开始，常常要在十四日焚冥衣、楮钱寄往阴间，奇怪的是广西新业县却在十六日祀先。寺院做盂兰盆会是清代普遍流行的，在北京"庵观寺院，设盂兰会，传为目莲僧救母也。街巷搭苫高台、鬼王棚坐，看演经文，施放焰口，以济孤鬼。锦纸扎糊法船，夫至七八十尺者，临池焚化，点燃河灯，谓之慈航普度"。北方的祭祀，还有用麻谷表示哀思的。河北祁州"供麻谷祭墓"。别处则悬麻谷，山西定襄"以麻谷悬各门首，亭午请而祭之"。所以府谷人把中元节叫作麻谷节，原因在于麻谷是祭祀祖先的主要用品。

山西等地还有做面人的风俗，如阳高县"十五日墓祭，家家送面人"。

阳城县"抟面肖麻谷、人物各形，竞祀田祖，并上塚焚纸祀先"。注意，这里还有祀田祖的内容，我们在其他地区也看到类似情形。逐蝗也是中元节内容之一，如陕西延长县"中元祭八蜡逐蝗"。祭祀祖先，哀悼亡者，定在七月十五日，清人有解释，在山西武乡"俗传地官赦罪之辰"。朔州人认为"中元地官校籍之辰"。

（8）中秋节

八月十五是中秋节，也有叫作"八月节"和"八月半"的，中秋时分，合家团聚，所以还可称为"团圆节"。

清代的中秋节普遍有吃月饼和水果的风俗。月饼也叫"团圆饼"，不仅自己吃，亲友之间还要互相赠送。各地都有拜月、赏月的风俗。清人有"男不拜月，女不祭灶"的说法，拜月由女子进行，有的地方是儿童。拜月前，人们以瓜果、月饼供月，进行祭拜。浙江云和县"儿童陈月饼，罗拜于庭，谓之拜月"。拜月毕人们要赏月，在皎洁的月光下，举杯邀明月，吟诗歌唱，品尝各种瓜果、月饼。赏月者喜登高望月，赏月在一些地区叫作玩月、看月华等。

清人还喜欢以月光卜来岁。有卜来岁元旦的，如山东昌邑县"以月之明暗，卜来岁元旦之晴雨有验"。普遍流行的是卜来岁上元节晴雨的。湖北荆州府"此夜之月，关乎来岁元夕，俗有'云掩中秋月，雨洒上元灯'之谚"。清代流行着"摸秋"的风俗，安徽繁昌的中秋夜，"妇女联袂出游，遇菜圃辄窃南瓜为宜男，兆名曰摸秋。亦有中年乏嗣者，亲友于是夕亦取南瓜，用鼓吹爆竹饷之，谓之送子"。湖南永州送瓜有特色，"人有艰嗣者，戚友取南瓜。以一父母具存，兄弟众盛之稚子，着衣冠乘马捧瓜，后以一人持枣树枝，挂香数百炷，鼓吹送至其家"。这里送瓜用一位"小全人"，还要取"早树子"的谐音，可谓用心良苦。士人在中秋节有自己的特殊活动，或携带月饼等礼品拜访师长，或祭祀文昌星和魁星。

（9）寒衣节

十月初一是人们为祖先亡灵送寒衣的节日。这时，天气寒冷，人着棉衣，于是，也挂念祖先会在阴间受冻，就用布或纸做成衣服焚化，送给祖先，使他们温暖地渡过严冬。因此这个节日叫作寒衣节或烧衣节。届时，清廷"时享宗庙"，颁宪书，乃国之大典。士民家祭祖扫墓，如中元仪。"晚夕缄书冥楮，加以五彩帛做成冠带衣履，于门外奠而焚之，曰送寒衣。"

这里，寒衣是在门外烧的，实际上清代绝大部分地区要诣先茔，焚寒衣于墓前。寒衣节是清代普遍流行的节日，这还有另外的原因，就是清代除个别地方外，一般都不过十月十五日的下元节，寒衣节就显得重要了。

寒衣节同清明节、中元节一样，很多地方有城隍出巡的风俗。寒衣节还有其他风俗。有祭祖先、土神的；有祀牛、劳牛的，如贵州普安直隶厅"土人祀牛王，食牛以糍糕，即以其余挂之角上"。广东佛冈厅"农家以粉糍挂牛角劳牛"。

（10）冬至

十一月的节气——冬至在清代被普遍地作为节日。冬至日是一年中白天最短、黑夜最长的一天，所以又叫长至。此后，进入"数九"，最为寒冷，可谓"冬至"了。冬至节一般"仪如元旦"，在一些地区又称"亚岁"，它的仪文礼节重于常节，因此清人有"冬至大如年"的谚语。

清皇朝重视冬至节。"长至南郊大祀，次旦百官进表朝贺，为国大典"。地方上，"官府行朝贺礼毕，群相称贺"。此节尤为士人所重。冬至日在北半球，越往北越昼短夜长、气候寒冷，冬至节也是北方重于南方。清人有冬至节祭祖的风俗，或祀于家，或祭于墓，在聚族而居的地区，像清明和中元一样，在家庙祭祀祖先。此外，冬至节还要拜孔子、拜老师和尊长，如河南偃师县"士人祭始祖、拜先师、拜先生"。有的地方还为皇帝祝寿，如安徽铜陵"长至日祝圣寿"。事实上，清代除士人尤重冬至节外，一般的民人也亲友间互相拜贺，称为拜冬、贺冬。

冬至开始数九，清代还流行数九歌和消寒图的风俗。对于后者今人略疏，请看《帝京岁时纪胜》的记载："至日数九，画素梅一枝，为瓣八十有一，日染一瓣，瓣尽而九九毕，则春深矣，曰'九九消寒图'。"东南还盛行做节令食品。

综上所述，清代的冬至，是一个包含祭祀、交际、节气、饮食等多种内容的综合性节日。

（11）腊八节

十二月初八是腊八节。上古有腊祭的风俗，佛教传入中国后，传说十二月初八是佛祖释迦牟尼得道成佛的日子，从宋代开始，佛寺在这天行佛事，做腊八粥，并送予施主的风俗，固有的和外来的风俗掺在一起。

每到腊八节，人便早起，根据各地的物产和家庭的经济情况，用各种米、豆、果品等物做成腊粥，成为节日的主食，或者还要祭祀或馈赠。据载：
"腊月八日为王侯腊，家家煮果粥。皆于预日拣簸米豆，以百果雕作人物象生花式，三更煮粥成，祀家堂门灶陇亩，合家聚食，馈送亲邻，为腊八粥。"

腊八食粥之外，还有很多其他风俗。或凿冰祀神、贮窖；或做腊肉、腊醋、腊酒、腊水，如荆州府"是日人家汲水贮盎，谓之腊水，酿秫曰腊酒，盐脯曰腊肉，盖亦周礼之昔酒，大易之腊肉也"。人们认为腊八节做的食物经久不坏，而且认为把腊八粥"遍置于花木上，次年无虫且茂"。

清廷中颇重视浴佛节，实际对腊八节也很重视。如曾为雍正帝藩邸后改为喇嘛庙的雍和宫，在腊八节，宫内要用大锅煮腊八粥供佛，喇嘛僧人诵经，然后把粥分给一些王公大臣品尝。

腊八节还有些人生仪礼值得注意。如河北祁州"童男髡发，童女黔耳"。湖北随州"或亦为女郎穿耳问名"。腊八节的日期也有特殊者，河北、山西的一些地区是分初五、初八两部分的，如山西武乡县"初五日以干蔓菁及诸豆合煮，名曰五豆，初八日以后枣果粥做，名曰腊八粥"。山西解州、泽州腊八节不在初八而在初五。杭州的腊八粥，是在十月初八。

总之，清代的腊八节已普遍流行，这是以饮食为主的节日，其他意义不很明显。

（12）祭灶

十二月二十三（四）日的晚上，清代民间有祭灶神的风俗，是灶王节。该节临近元旦，有的地方又叫"小年""小年夜""小除"等名称。祭灶神的日子，大致来说，北方多在二十三日，南方多在二十四日。特殊情况也是有的，湖北宜昌府二十二日祀灶，二十三日扫屋，而广东遂溪县则是二十五日送灶。

清人认为十二月二十三（四）日，灶王爷要升天汇报人间的善恶事，因此人们为他送行，请他吃好的，而为人们隐恶扬善。祭灶时要燃灯，由男子拜祭，口中要说"勿以恶事言上帝"之类的话。但不能保证灶王爷不说坏话，人们便采取一些措施。浙江《云和县志》载："二十三日夜祀灶，物用粉团糖饼，谓灶神朝天宫言人过失，用糖牙，取胶牙之意"；有的用酒糟涂抹灶门，醉得灶神不能乱说话，这叫"醉司命"，湖南醴陵就有此俗。陕甘地区祀灶还有用雄鸡的风俗，说是送神归天。为灶神饲马，常将草剁碎，和上豆子，放在旁边，或者扔在屋顶。

此外，"赶乱岁""口数粥""照田蚕"的风俗别具一格。照田蚕就是以光照田间示秋报，《永州府志》载："村落燃火炬照田亩，烂然遍野，以祀丝谷，谓之照田蚕。"苏州则叫作"照田财"。《永州府志》又载："煮赤豆做糜，合家同食，虽远出未归者，亦分贮之，小儿与童婢皆与，名曰口数粥。"《清嘉录》认为，这是为了辟瘟气，如果"杂豆渣食之，能免罪过"。

"赶乱岁"之俗，山西《武乡县志》说："武俗娶亲正七二八以至六腊皆论利月，唯自十二月二十四日及除日，阴阳家以为百神登天，时无禁忌，名曰赶乱岁。故一切嫁娶，凡早有妨碍者，至此皆不论利月，亦不另择吉日云。"

祭灶也为清廷所重，每年十二月二十三日"皇帝自于宫中祀灶以为常"。

除了以上介绍的十二种主要节时、节日外，清代还有填仓、龙头、春社、文昌会、花朝、三月"上巳"、浴佛、天贶、重阳等重要岁时节日。其中重要岁时节日，再言如下：

填仓，俗传正月二十三日为"小填仓"，二十五日为"大填仓"。清代，京师各大粮商米贩均祭祀仓神，鞭炮很盛。一般人家也要买些米面、煤炭来充实自家的生活所需。"当此新正节过，仓廪为虚，应复置而实之，故名其日曰填仓。"一般人家还要吃些诸如薄饼卷"盒子菜"之类的"口劳"，亦谓之"填仓"。其实，真正的"填仓"活动应在农村。在我国华北及北京的农村，农民们流传着"填仓，填仓，小米干饭杂面汤"一说，因为那时的农民生活很苦，平日里吃不到什么，填仓节时能吃顿小米干饭杂面汤（杂面，即绿豆面的切面条），也就算改善生活了。

龙头，农历二月初二传说是龙抬头的日子，它是我国农村的一个传统节日，名曰"龙头节"。"二月二，龙抬头，大家小户使耕牛。"此时，阳气回升，大地解冻，春耕将始，正是备耕之际。也传说龙头节起源于三皇之首伏羲氏时期，伏羲氏"重农桑，务耕田"，每年二月二这天，"皇娘送饭，御驾亲耕"，自理一亩三分地。后来黄帝、唐尧、虞舜、夏禹纷纷效法先王。到周武王，不仅沿袭了这一传统做法，而且还当作一项重要的国策来实行。于二月初二，举行重大仪式，让文武百官都亲耕一亩三分地，这便是龙头节的历史传说。当然，有关传说还很多，但实际上过去的农村水利条件很差，农民非常重视春雨，庆祝"龙头节"，以示敬龙祈雨，让老天保佑丰收，从其愿望来说是好的，故"龙头节"主要流行于北方地区（北方地区常年干旱少雨，地表水资源短缺，而赖以生存的农业生产又离不开水），以至至今。二月初二的龙抬头节，对人们而言，也就显得格外得重要：依靠对龙的崇拜驱凶纳吉，寄托人们对美好生活的向往，龙神赐福人间，人畜平安，五谷丰登。

文昌会，二月三日文昌帝君诞辰，有文昌庙会。文昌原是天上六星之总称，即文昌宫。一说在北斗魁前，一说在北斗之左。六星各有星名，称上将、次将、贵相、司命、司中、司禄等。文昌封为帝君，并且又称帝君，当是元仁宗时之事。元仁宗延祐三年（1316年）封梓潼神为"辅元开化文昌司禄宏仁帝君"。梓潼神与文昌神合为一神。《明史·礼志》称"梓潼帝君，姓张，名亚子，居蜀七曲山，仕晋战殁，人为立庙祀之"。张亚子即蜀人张育，东晋宁康二年（374年）自称蜀王，起义抗击前秦苻坚时战死。后人为纪念张育，即于梓潼郡七曲山建祠，尊奉其为雷泽龙王。后张育祠与同山之梓潼神亚子祠合称，张育即传称张亚子。唐玄宗入蜀时，途经七曲山，有感于张亚子英烈，遂追封其为左丞相，并重加祭祀。唐僖宗避乱入蜀时，经七曲山又亲祀梓潼神，封张亚子为济顺王，并亲解佩剑献神。宋朝帝王多有敕封，如宋真宗封亚子为英显武烈王，宋光宗时封为忠文仁武孝德圣烈王，宋理宗时封为神文圣武孝德忠仁王。元仁宗延祐三年（1316年）敕封张亚子为辅元开化文昌司禄宏仁帝君。于是梓潼神张亚子遂被称为文昌帝君。三月"上巳"元明以后，随着科举制度的规模化和制度化，对于文昌帝君的奉祀也逐渐普遍。各地都建有文昌宫、文昌阁或文昌祠，其中以四川梓潼县七曲山的文昌宫规模最大。一些乡间书院和私塾也都供奉文昌神像或神位，其间虽时有兴废，但因文章司命，贵贱所系，所以一直奉祀不衰。旧时每年二月初三为文昌帝君神诞之日，官府和当地文人学士都要到供奉文昌帝君的庙宇奉祀，或吟诗作文，举行文昌会。

花朝节。我国是花的国度，民间的岁时八节中，就有一个花朝节，也叫花神节，俗称百花生日。它的由来已久，最早在春秋的《陶朱公书》中已有记载。至于"花神"，相传是指北魏夫人的女弟子女夷，传说她善于种花养花，被后人尊为"花神"，并把花朝节附会成她的节日。

花朝节亦称"百花生日"。晋代在农历二月十五；至宋以后，始渐改为二月十二。花朝节在全国盛行，据传始于武则天执政时期（690—705年）。武则天嗜花成癖，每到夏历二月十五花朝节这一天，她总要令宫女采集百花，和米一起捣碎，蒸制成糕，用花糕来赏赐群臣。上行下效，从官府到民间就流行花朝节活动。传说此日为百花之神生日，宫廷民间皆剪彩条为幡，系于花树之上，名叫"赏红"，表示对花神的祝贺。此日如天朗气清，则预兆一年作物的成熟。一船士民，于花朝日俱各至郊外看花游春，这是我国人民最富诗意的传统节日之一，与八月十五的中秋，分别称为"花朝"与"月夕"。

上巳节，为三月上旬的巳日，后来固定在夏历三月初三。上巳，系指农历三月的第一个巳日。上巳春浴的习俗，发源于周代水滨祓禊，后由朝廷主持，并专派女巫掌管此事，成为官定假日。"上巳"最早出现在汉初的文献。《周礼》注："岁时祓除，如今三月上巳如水上之类"。据记载，春秋时期上巳节已在流行。上巳节是古代举行"祓除畔浴"活动中最重要的节日。《论语》"暮春者，春服既成，冠者五六人，童子六七人，浴乎七沂，风乎舞雩，咏而归"，就是写当时的情形。

上巳节这天，人们把荠菜花铺在灶上以及坐、睡之处，认为可除蚂蚁等虫害；把荠菜花、桐花藏在毛衣、羽衣内，认为衣服可以不蛀；妇女把荠菜花戴在头上，认为可以不犯头痛病，晚上睡得特别香甜。城乡人民还登惠山、鸿山、斗山、西高山踏青。

三月初三为无锡南乡峰嶂山的庙会节场，香船游舫停满烧香滨。雪浪乡的农民，有快船比赛风俗。上午，各村青年摇着快船，满载村民，看庙会，游节场。午后，快船集中到葛埭桥附近的长广溪参赛，看过迎神赛会和游节场的男女老少也到此观看快船比赛。参赛的快船先做自由表演，各显神通。接着由表演中涌现出来的佼佼者自由结合，以两船为一组进行比赛。小组优胜者再自由结合，依次比赛，直至决出冠军为止。比赛时，岸上人声鼎沸，锣鼓喧天；河中船如飞箭，激流勇进，甚为壮观。上巳节也称女儿节。

浴佛节，为每年的农历四月初八，是中国佛教徒纪念教主释迦牟尼佛诞辰的一个重要节日，亦名佛诞节。相传在2600多年前，释迦牟尼从摩耶夫人的肋下降生时，一手指天，一手指地，说"天上天下，唯我独尊"。于是大地为之震动，九龙吐水为之沐浴。因此各国各民族的佛教徒通常都以浴佛等方式纪念佛的诞辰。

浴佛节是从求福灭罪的一种宗教要求传衍而来。中国东汉时仅限于寺院举行，到魏晋南北朝时流传至民间。浴佛时间在史籍中有不同记载。蒙古族、藏族地区以四月十五日为佛诞日，即佛成道日、佛涅槃日，故在这天举行浴佛仪式。汉族地区佛教在北朝时多在四月初八举行，后不断变更、发展，北方改在腊八节举行，南方则仍为四月初八举行，相沿至今（俗称"四月八"）。傣族的泼水节在傣历六月（夏历四月）举行浴佛节，清晨，男女老幼沐浴更衣，到佛寺赕佛，就带有浴佛的意欲。公元前623年，农历四月初八，佛祖诞生在北印度，有天上九龙吐出香水为太子洗浴。因此典故，便有了庆祝的重要内容之一：以香水沐浴佛身。所以，浴佛节又名佛诞节。

天贶节是指农历六月初六。道家的称呼，起源较晚。农历六月初六，淮安民间旧时有六月六晒红绿的习俗。相传"六月六晒红绿"之俗起源于唐代。唐代高僧玄奘从西天（印度）取佛经回国，过海时，经文被海水浸湿，于六月初六将经文取出晒干，后此日变成吉利的日子。开始，皇宫内于此日为皇帝晒龙袍，以后又从宫中传向民间，家家户户都于此日在大门前曝晒衣服，以后此举成俗。

重阳节，农历九月初九，又称"老人节"。因为《易经》中把"六"定为阴数，把"九"定为阳数，九月初九，日月并阳，两九相重，故而叫重阳，也叫重九。重阳节早在战国时期就已经形成，到了唐代，重阳被正式定为民间的节日，此后历朝历代沿袭至今。重阳又称"踏秋"与三月初三"踏春"皆是家族倾室而出，重阳这天所有亲人都要一起登高"避灾"，插茱萸、赏菊花。自魏晋重阳气氛日渐浓郁，为历代文人墨客吟咏最多的几个传统节日之一。

2. 木兰秋狝（围场猎杀）

木兰（Muran），满语，汉译为"鹿哨子"或"哨鹿围"。原本是捕鹿时使用的一种工具，以桦皮或树木制成，长两三寸，状如牛角喇叭。用嘴吹或吸，发出"呦呦"鹿鸣之声，引诱鹿来。有人说是学牝鹿声，唤牝鹿来，将其捕获。清代在今河北省承德市围场县境辟出专门的地方，供皇帝打猎，久之便称这个地方为木兰围场，简称木兰。而秋狝，是中国古代早就有的习俗。春天打猎叫搜，秋天打猎称狝。《尔雅释诂》谓："狝，杀也。"《释文》明确说："秋猎为狝。"《注》："顺杀气也。"《周礼·春官·小宗伯》称："狝之日莅，卜来岁之戒。"《夏官·大司马》说："中秋教治兵，遂以狝田。"《清史稿》把清代皇帝的木兰秋狝列为军礼之一，并引《周官》为依据，说"如是，则讲武为有名，而杀兽为有礼"。其实清代皇帝的木兰秋狝，应是起源于满族固有的狩猎习惯和后来为维护清朝大一统的需要而形成的一种传统。

（1）木兰秋狝之称意

清代的木兰秋狝，是在入关前努尔哈赤皇太极和入关后顺治各朝经常出猎的传统基础上形成的一项国家大典。主要是康熙、乾隆两朝举行的，雍正一朝未曾举行，乾隆之后逐渐废止。和先辈相比，康熙、乾隆两朝的木兰秋狝体现为更加有目的、有组织、有固定地点和时间，遵循一定章程的一种皇帝围猎活动，也更加隆重和制度化。

木兰围场在北京东北一千余里之外，承德市北约四百里，为辽代上京临潢府所属的兴州地方，清初属翁牛特蒙古等部。围场本身周一千三百余里，南北相距两百余里，东西相距三百余里。顺治时期"塞外行围"已至其地。

康熙十六年（1677年），当平定"三藩"之乱初见成效之时，这位大清皇帝巡视长城内外，初次在内蒙古接受科尔沁、喀喇沁、敖汉、奈曼等部王公贝勒的朝见。二十年再度巡幸内蒙古，继续接见喀喇沁等部蒙古王公贝勒，并处理有关事务。就在这次巡幸中，有喀喇沁、翁牛特藩王献地"肇开灵囿"之说和明确提出"酌设围场",而且给前往相度地势的大批官员以各种赏赐。围场的设立当以此为始。康熙四十二年又在承德建行宫,四十七年建成。乾隆时进行了大规模的修缮和扩展,成为举世闻名的"避暑山庄"和热河行宫。

自康熙二十二年起至六十一年止,皇帝每年都离京到避暑山庄巡幸,或再到木兰行围。只有康熙二十一年和三十五年因往东北谒陵及追击噶尔丹未得成行。乾隆帝即位后,自六年起,每两年一次;十六年以后,一年一次,巡幸避暑山庄或到木兰秋狝,直到嘉庆四年(1799年)逝世为止。乾隆在位六十年,自六年起,不但隔年一次或一年一次到避暑山庄,而且嘉庆四年逝世前为太上皇三年,也年年到避暑山庄。所谓木兰秋狝,其真正的含义是到木兰围场行猎讲武。但是清代以避暑山庄为第二个都城,凡是到避暑山庄及其附近巡幸、集会和处理政务、消遣游乐都和行围一样泛称为木兰秋狝。实际上不都是行猎。乾隆帝到避暑山庄持续近六十年,仅乾隆六年至乾隆五十六年中,有46次秋狝。

(2)木兰秋狝之内容

木兰秋狝频繁举行,包括的内容很多,然而其目的性,康熙帝只说是为习武训练,实际还有别的。他在生平最后一次行围时强调,从前有人"以朕每年出口行围劳苦军士条奏者,不知国家承平虽久,岂可遂忘武备"。然后列举清军平定噶尔丹、策妄阿拉布坦等"立功绝域"的业绩,归结为"皆因朕平时不忘武备,勤于训练之所致也"。还有一个是在木兰秋狝时接见蒙古四十八旗的领袖,加强对塞外民族的控制。乾隆六年准备第一次木兰秋狝,宣称其目的主要有:遵循祖制;习武练兵,怀柔蒙古。因为在此之前监察御史丛洞上奏,以"第恐侍从以狩猎为乐"和"纪纲整肃,营务阙弛"为由,请求"暂息行围,以颐养天和"。乾隆帝针锋相对指出,"古者春蒐,夏苗,秋狝,冬狩,皆因田猎以讲武事。我朝武备超越前代,当皇祖时屡次出师,所向无敌,皆因平日训肄娴熟,是以有勇知方,人思敌忾。若平时将狩猎之事废而不讲,则满洲兵弁,习于晏安,骑射渐至生疏矣。

皇祖每年出口行围,于军伍最为有益,而纪纲整饬,政事悉举,原与在京无异。至巡行口外,按历蒙古诸藩,加之恩意,因以寓怀远之略,所关甚钜。他还为乃父雍正未曾举行木兰秋狝辩护说:"皇考因两路出兵,现有征发,是以暂停围猎。若在撤兵之后,亦必举行。"于是乾隆把他的木兰秋狝目的罗列为"朕之降旨行围，所以遵循祖制，整饬戎兵，怀柔属国，非驰骋畋猎之谓"。这番言论基本上反映了他们秋狝的目的，所差的就是从康熙帝到乾隆帝，都否认他们有以"狩猎为乐"，或为"嬉游而来"。但是有时的确以此为目的，或夹杂这样的目的。

有清一代举行木兰秋狝，经历了由简单到复杂的过程。康熙帝即位之初，比较朴素，仅规定皇帝行围驻所设护军统领、营总各一人，率将校先往度地势，或备院设行营，建帐殿。缭以黄䋐木城，立旄门，覆以黄幕。其外为网城，宿卫屯置，不越其所。十年，罢木城，改黄幔。十六年，康熙帝首途内蒙古，以巡阅边外调喀喇沁郡王扎什、公乌忒巴喇并塔布囊西达等率兵丁 1500 名为向导。二十年确定了木兰围场的地点。二十一年制定行猎纪律，康熙帝下令每年派兵 12000 人，分 3 班，1 次 4000 人，于 4 月、10 月、12 月，赴口外行猎。部院衙门官一并参加"娴习骑射"。二十二年，康熙帝出古北口行猎，至木兰围场，置行官，张黄幔，举行盛大宴会，宴请和赏赐蒙古王公台吉、蒙古众官兵及管领围场的蒙古王公台吉等。二十三年，由黑龙江将军选送精骑善射的满洲兵 40 人，分隶上三旗，组成虎枪营，置总统、总领管辖，扈从皇帝围猎，所谓"大狩行田，遇有猛兽，列枪以从"。从三十四年起，康熙帝一行出古北口外巡历，命大学士阿兰泰留京处理章奏，从此有"留京"之说。至四十二年热河避暑山庄建立，木兰秋狝的行程就先期由北京出古北口，到热河。至中秋后，再到围场，渐趋固定为成例。

设官管理木兰围场也是从康熙时开始的。木兰围场是这个皇家大狩猎场的总称。地处蒙古各部落的中央，按当时的四至，东北为翁牛特，东及东南为喀喇沁，北为克西克腾，西为察哈尔，南为热河。这里林木葱郁，水草茂盛，群兽聚以蕃息。围场的四周，树以木栅，称为柳条边，以分别内外。进出有道口。围场之内，又按地形和草木稠密的分布，划分为一个个小围场。每个小围场，均选择一处平坦高冈为中心，四周有稠密的林木。整个木兰围场包括这样的小围场 60—70 处。各个小围场之间相距远者数十里，近者只有几里。围场设立以后就派了翁牛特和阿鲁科尔沁等部的王公为管领。康熙四十五年正式设总管 1 员，章京 8 员。乾隆十八年进行一次大改动，除把总管从四品提为三品，章京从六品提为五品以外，又设左、右翼长各 1 员，秩四品；骁骑校 8 员，秩六品。总管归属于理藩院，统辖翼长、章京、骁骑校等。守卫围场的是驻防的八旗满洲、蒙古兵丁，康熙、雍正年间不到200人，乾隆十八年增至800人。他们按八旗方位，以一旗为一营房，每营统5卡伦（哨所），总计40卡伦。"各有地界，分司稽察"。乾隆时还设置综理行营王公大臣1人，凡启行、校猎、驻跸、守卫诸事皆归其统属。又在全部60—70处小围场中，每年选择18—19处，或20处作为秋狝之所，其余隔年一轮换，以使野兽得到繁殖，时人赞称"盖于讲武中寓好生之德"。设围所在，必事先通知并做好一切准备。届时官兵赴场布列，祗俟御跸临围。乾隆帝每次行猎，除原来的蒙古49旗及喀尔喀、青海诸部蒙古分班从围以外，还有来自数万里之外的土尔扈特等部。二十年，更定网城置连帐175，为内城，设旌门三，分树军纛，称为金龙。外设连帐254，为外城，设旌门四，称为飞虎。外周设宿卫警跸，立帐房40，各建旗帜，由八旗护军官校环卫。

举行木兰秋狝多在7—8月。先期各驻防长官选派精于骑射的人赴京练习。按例，每年蒙古各部要选1250人为虞卒，叫作"围墙"，以供参加合围之役。届时，皇帝戎装乘骑出宫，扈从引导如巡幸之仪。既驻行营，禁止兵士践踏田禾，骚扰吏民，不准夜行，违者治罪。统围大臣亲临场所，按旗整队，中建黄纛为中军，左右两翼以红、白二纛分别标志之。两翼末，满语称为乌图里，各建蓝纛为标志，皆受中军节制。管围大臣皆以王公人臣领之，蒙古王、公、台吉为副。两乌图里则各以巴图鲁侍卫3人率领驰行，蝉联环币，自远而近。围制有行围与合围。行围，只以数百人分猎入山林，围而不合，满语叫阿达密；合围，合围之制，则在五鼓前，管围大臣率领蒙古管围大臣及虞卒、八旗劲旅、虎枪营士卒、各部落射生手齐出营盘，根据围场山川大小远近，纡道绕出围场之后，或三五十里，或七八十里，齐至看城，满语叫乌图里阿达密。看城，就是黄幔城。围既合，自乌图里处虞卒脱帽用鞭擎之，高声传呼"玛尔噶"口号，玛尔噶为蒙语，意即帽子。声传至中军，共三次。中军知围已合，乃拥纛徐行，左右指挥，以等待皇帝入围。

皇帝是秋狝的中心人物。他在入围或出哨的当天，于日出前，自行营乘骑先至看城稍息，等两翼乌图里蓝纛到后，出看城，佩橐鞬，在随从诸大臣等拥护下，由中道直抵中军。在中军前半里许，周览围内形势，了如指掌。而行围的快慢进止，由其亲口指挥。这时二三十里之内的禽兽都被围在皇帝左右，任他逐射。当他射中时，诸部围观，莫不欢欣踊跃，把围猎推向高潮。如遇有虎，则围暂不行，等皇帝看完殪虎之后，听皇帝之令而行。每围场收，至看城，皇帝即驻马。只看诸王、射生手等驰逐余兽。如值当日看城场内兽集过多，则根据皇帝所发命令，特开一面使逸，但仍禁围外诸人逐射。"获兽已，比其类以献。"猎罢，皇帝返回大营，称为散围。诸部各按队归营，傍晚则一天行围宣告结束，颁所获于扈从诸人。一次木兰秋狝，皇帝有几天这样的行围或出哨。如果是哨鹿，则在鹿始鸣时出猎，即每年白露之后（或秋分前后）。模仿鹿鸣之声，而引诱其至。其制与常日不同，这时皇帝于五更放围之前出营，其余侍卫及诸备差人等，分为3队。约出营10余里，按皇帝之令，停第3队；又4—5里，停第2队；又2—3里，将至哨鹿处，停第1队。至此皇帝身边只有侍卫及扈卫10余人。渐闻清角声扬，远林呦呦，低声应和，"倏听枪声一发，咸知圣武神威，命中获鹿矣。群皆欢欣引领"。这是在一个很少数人的范围内，扈从皇帝射鹿。然后"听旨调遣，而三队以次皆至上前矣"。乾隆帝曾在一次木兰秋狝时，乘骑望见鹿群，命一侍卫举假鹿头，做呦呦声，引牧鹿至，亟发矢射获，取其血以饮，"不唯益壮，亦以习劳也"。戴假鹿头，模仿鹿鸣，甚至穿鹿皮衣，是当时哨鹿的通常形式。

木兰秋狝的围期，大致从中秋后一日始，经20天左右。围猎未完，或秋雨过多，泥淖艰阻，因而奉令中辍者，谓之"减围"。如未猎而止，则谓之"停围"。作为一次木兰秋狝，除了出哨围猎以外，还包括每日的宴赏、处理章奏及政务。特别是礼成的最后一次盛大的宴会和赏赐，设大蒙古包作为正殿，旁列四蒙古包，参加秋狝的蒙古各部落王公台吉、官兵人等和扈从皇帝的各类人员，都要入会并分别给予赏赐，是一次怀柔蒙古等少数民族的重要大会，也是一次论功行赏的大会。会上要奏乐和演出"布库""诈马""跳驼"等戏。布库，亦称撩脚，就是徒手相搏，胜败以仆地为定。诈马，是在生马驹中，持长竿，竿头系绳圈，突入驹群，乘驹惊，而持竿圈住驹首，舍己马跨驹背以络之。驹不服，辄跳跃做人立，善骑者夹以两足始终不下来，过一会儿迫使生驹贴伏。跳驼，则牵驼高八尺以上者立于庭，表演者在驼旁，忽然跃起越驼背而过，到地仍直立不仆。这些都是蒙古戏，为他们的"绝技"。

（3）衰落和废止

木兰秋狝的功能是显而易见的。康熙、乾隆所要达到的目的基本上都如愿以偿。他们以木兰秋狝为娱乐，当广大人民深受贫困和酷暑煎熬的时候，率领皇子王孙及文武官兵，跃马弯弓奔驰在塞北草原，以追捕野兽尽情玩耍，消愁解闷。尤其在军事上习武训练，继承和弘扬满族一贯的英勇善战传统，在政治上加强和蒙古各部的关系，使北部边防得到稳定和保证安全。同时还使一些文臣武将经受忠诚和能力的考验，按照他们的标准，提拔或革除其官爵。乾隆帝因为跟随康熙帝秋狝，临危不惧而得到赏识；道光帝因跟随乾隆帝秋狝，表现机智勇敢，也被赐黄马褂、花翎，成为他们登上皇帝宝座的一个预兆和条件。尽管如此，木兰秋狝并没有一直坚持下去。早在乾隆末年，已不像过去那样年年举行。而自乾隆五十七年至嘉庆六年，整整十年没有举行一次木兰秋狝。嘉庆帝在位二十五年，断断续续共举行过 11 次。道光帝即位后于第四年宣布停止本年木兰秋狝，以后 25 年间，既未宣布也未举行。咸丰帝在位十一年也未举行，只是第十年，因八国联军入侵，来个戏剧性的"木兰秋狝"，实际是到热河逃难，已不是木兰秋狝了。可以说，兴隆一时的木兰秋狝，自乾隆末年开始走向衰落，经嘉庆，至道光已废止。

关于木兰秋狝的衰落和废止原因，看来很复杂，也是多方面的。皇帝个人不积极，臣下劝阻，天不作美，围场内兽类减少等因素均起了作用。但是主要的是时代的发展，情况的变化，木兰秋狝在军事和政治上失掉了重要意义。乾隆帝自己不积极举行木兰秋狝可说是从退位为太上皇前三四年已露端倪，而明确表现出来则在乾隆五十九年，即前一年。那时他对臣下提出当年停止行围说："今岁雨水较多，道路泥泞。且朕八旬有四，非畴昔驰马射猎时可比。"同时宣布来年也不行围，"明岁六十年，亦不进哨。仍在热河举行庆典，礼毕进京。俟丙辰归政，称太上皇帝时，朕仍进哨。不必乘马射猎，唯安坐看城，以观嗣皇帝率领王公大臣、蒙古王公台吉及外藩人等行围。实千古罕觏之盛事，唯尔臣仆恭遇嘉祥，亦必共相欢忭也"。如果乾隆帝因年事过高，暂停行围，可以理解，那么嘉庆帝登基一再拖延举行木兰秋狝，就显得皇帝本人已对此不太感兴趣了。加上社会危机日深，嘉庆六年发了一道《特谕》声称："镇压了连续五年的川陕楚白莲教大起义，稍涉自满，致干天和，自六月初一，大雨五昼夜，宫门水深数尺，屋宇倾圯者不可以数计，此犹小害，而桑乾河决漫口四处，京师西南隅几成泽国，村落荡然，转于沟壑，闻者痛心，见者惨目，除派官员稽查抚恤之外，因思今秋往木兰行围，大营所用车辆，及除道成梁等事，皆需民力。此次大水所淹，岂止数十州县，秋禾已无望矣。若重费民力，予心不忍，况畋猎近于嬉游，我皇考自乾隆六年始行秋狝，今秋虽系六年，尚在皇考三周年内，远行射猎，终非所宜，朕意今秋停止巡幸。庶息民劳而省己过。"他命诸臣速议，结果诸王、大学士等九卿会议一致赞成。这里明确提出"畋猎近于嬉游"，十九年嘉庆帝也以"恐劳民力"，停止进哨。只是不愿秋狝大典废在他手里，坚持举行到最后。至道光时则完全不同了，道光四年就此所发上谕说："今岁秋狝木兰，允宜遵循成宪，肄武绥藩，然不可不审度时事，量为展缓。所有今岁热河亦著停止。此朕不得已之苦衷，非敢耽于安逸也。"出自一位多次参加木兰秋狝的皇帝之口，这是一种耐人寻味的说法，既没有彻底否定木兰秋狝的历史作用，又就当时情形而言，木兰秋狝已无积极意义，说是停止当年举行，也是宣告永远废止。

臣下劝阻，对废止木兰秋狝也是有影响的。乾隆六年，丛洞以"第恐侍从以狩猎为乐"等为由，企图阻止木兰秋狝，没有被接受，斥为"识见未广"，反映当时这一活动还有必要举行。半个世纪以后，已非当年可比。乾隆五十七年，蒙古王公等奏请暂停进哨，这位年过八旬的老人也就欣然同意了。嘉庆时臣下劝阻最力，嘉庆七年六月，都察院左副都御史汪承霈被召见，既面奏"顺天府属雇车掣肘，咨商直隶总督协济车辆，已露为难之意"，后又折奏请停止行围，"据称本年麦收分数稍减，民力不无拮据，并称高宗纯皇帝临御六年，始举秋狝，今亲政甫及四年，即再缓一二年举行，亦不为迟"。在皇帝坚持之下，认为这些说法"殊不成话"，那年还是举行了。第二年，嘉庆帝已经到了承德，正欲继续举行木兰秋狝，总管围场的副都统韦陀保呈报"今年围内天气较寒，水涸草枯"。嘉庆帝以为是牲畜减少，借水草为词，派人前往调查，岂料派去的人和蒙古王公等共同恳请停止行围。嘉庆帝仍不相信，又派监牧马匹的王大臣绵循等再往详查，情况属实，终于停止了本年行围。

有时也因天气不好而停止木兰秋狝。嘉庆元年、二、三年，均"以雨停秋狝"。六年又"以水灾停本年秋狝"。十四年"以哨内春夏雨多停止秋狝"。十八年九月一日，"以阴雨减围"。当然最为扫兴的是围场遭到破坏，兽类和树木日趋渐少。追溯其时间，大约也在乾隆末年已有征兆。嘉庆帝说，乾隆五十七年以后因皇上年岁增高兼以连年雨水过大，屡次停围，"自应生息蕃滋，倍加充牣"，而实际恰恰相反。这是清朝由盛到衰的转变时期，影响到木兰围场也是一派衰败景象。

嘉庆七年他自己举行第 1 次木兰秋狝，亲眼看到"鹿只已属无多"。第 2 次派人查看"竟至查阅十数围，绝不见有麋鹿之迹"，这一年也就没有行围。九年，本想照常举行，还是得到信息，"以牲兽稀少，停止本年秋狝"。围场的树木和野兽继续减少是个不可阻挡的趋势。嘉庆八年发现早有人偷打野兽，因此被拿获的犯人就有 200 余名，估计漏网的会更多。后来几乎连民带兵等把围场视为猎取的对象。嘉庆帝说："闻近日该处兵民潜入围场，私取茸角盗卖，希获厚利，又有砍伐官木人等，在彼聚集，以致（指麋鹿）惊窜远飏，而夫匠等从中偷打，亦所不免，是以鹿只日见其少。此皆由管理围场大臣平时不能实力稽查。"为此把乾隆五十七年以后历任管围的大臣及官员皆分别给予处分，同时完善和修改围场一切章程。九年，嘉庆帝特设围场副都统，严立章程，专职稽查，仍然不见成效，非常愤怒，指斥说："因近年来砍伐官用木植之外，多有私砍者，并任令奸徒私入捕捉牲畜，以致鹿只远逸，实属不成事体。"然而往后更有甚于此者，山冈上下多有人马行迹，并有车行轨辙，山巅林木也较前稀少。有人竟取便从围场走来走去了。十八年，嘉庆谕内阁："近年哨内牲兽稀少，此皆由于偷砍树木及往来取便行走之人，惊逸兽群，致乏牲兽。"于是派靠近围场的喀喇沁王满珠巴咱尔，每年不拘时日，进哨 3 次，尽行稽查，除把偷砍树木及偷盗牲兽者拿交围场总管会同办理之外，倘有往来行走之人，亦即查明拿究。

总之，由于嘉庆帝的坚持与努力，原来的基础尚未完全破坏，木兰秋狝勉强举行，直到他本人逝世。而后来就不再举行这一大典了，围场也在同治元年（1862 年）开围放垦，光绪二年（1876 年）设围场厅，1913 年建围场县，和地方行政体制一样了。

第十七讲　地理学之双传

清代的地理学可分为传统的地理学与西方地理学的传入和吸收，此乃地理学之"双传"。

1. 传统地理学进展

明末清初，正当西方进入近代地理学产生前的酝酿阶段时，我国地理学也有类似的酝酿工作，这就是从徐霞客开始的一批主张"经世致用"，以至研究大自然奥秘的地理学者所做的工作。

清初，顾炎武（1613—1682年）把地理学作为经世的工具，用以探求有益于国计民生的方略。他认真考察和研究"山川风俗疾苦利病"，特别是在军事上可能会起重要作用的地理位置，这也是他为反抗清朝统治所做的一种准备。他的著作《肇域志》100卷，专讲地理沿革、建置、山川、名胜。《天下郡国利病书》120卷，专论地方利病。此外，还著有《昌平山水记》《营、平二州地名记》和《日知录》等。

顾炎武，原名绛，字忠清。明亡后，以慕文天祥学生王炎午为人，改名炎武，字宁人，亦自署蒋山佣。学者尊为亭林先生。南直隶（清改江南省）苏州府昆山县（今江苏苏州昆山）人，也为明末清初著名的思想家、史学家、语言学家。知识渊博，与黄宗羲、王夫之并为"明末清初三大儒"。

顾祖禹（1631—1692年），在极其困难的条件下，经过三十多年的奋斗，写成《读史方舆纪要》130卷。他写书的目的，有说是"为民族光复之用"，也有说是"有意为反抗清朝统治的军事行动做参考"。他本人的行动也证明了这点。康熙十三年（1674年）乘三藩之乱，他只身入闽参加耿精忠起事，以图反清复明，但失败了，后又拒绝在清朝做官，直到去世。

顾祖禹，字复初，一字景范（一作：字瑞五，号景范），江苏无锡人，居常熟，顾柔谦之子。生于江苏常熟，卒于徙居无锡宛溪，故称宛溪先生。他的高祖顾大栋撰有《九边图说》，曾祖顾文耀、父亲顾柔谦都通晓舆地之学。在家庭的影响下，他毕生专攻史地，以沿革地理和军事地理的研究为精深。

刘献廷、孙兰、梁份等人则为"经济天下"而研究地理。刘献廷认为："学者识古今之成败是非，以开拓其心胸，为他日经济天下之具也。"他研究《水经注》，完全从当时的民生利病出发来考虑如何加以利用。他说："西北水道，莫详备于此书。水利之兴，此其粉本也。虽时移世易，迁徙无常，而十犹得其六七……有斯民之志者，不可不熟读而急讲也。"他对过去的地理著作只讲疆域沿革而不谈天地之故的做法提出批评，并建议在地理著作中增加新的科学内容。这种思想对促进中国传统地理学的进步和发展是非常宝贵的。在孙兰的地理学思想中，极力主张地理著作不仅要志其迹，记其事，而且要"说其所以然，又说其所当然，说其未有天地之始与既有天地之后"。即探求自然现象的来龙去脉、前因后果和发展规律。这与近代地理学发展的指导思想是一致的，可惜在中国由于封建统治的桎梏而未能实现。

刘献廷（1648—1695 年），字君贤，一字继庄，别号广阳子，先世江苏吴县人，父官太医，遂家居顺天府大兴（今北京市）。刘献廷喜研究佛经，读《华严经》，参入梵语、拉丁语、蒙古语而体会到四声之变，尝作《新韵谱》，称声母为"韵母"，称韵母为"韵父"。刘献廷善于接受新思想、新学说，具有强烈的民族、民主思想，有人称以他为代表的学者为"广阳学派"。

孙兰，一名御寇，字滋九，自号柳庭，晚号听翁，江都（今江苏扬州）人。明季诸生。与毕锐、王武徵、吴园次、施伟男为友。善书法，精篆隶。画梅、竹、松、菊、兰、水仙，有古人法度。一入城则求者无虚日。诗学唐人。为人题册子往往不署姓名。精天文，年九十外终于家。著《字学》《地舆图说》。

梁份（1641—1729 年）字质人，江西南丰人。清代地理学家、文学家。少时家世寒微，聪颖有志，少负奇气。他鄙弃八股取士，不习举子业，而拜谢文洊弟子邵睿明为师，研习理学。与邑中汤永宽并称"才士冠"。康熙初，因家贫逃税牵连，被捕入狱九年，后得友人曾若武救助。出狱后，放荡不羁，弃家奔游四方，不为人所理解，独得谢文洊伯父谢进赏识，进以女配其为妻。后从彭士望、魏禧为学，得经世之学，颇得其文律。年过40，不求仕，潜心著述，其文章、气节，皆名重于时。为人刚毅，50 岁左右，只身出外游历，足迹西到陕西、宁夏、青海，南到云南、贵州，遍及中原数省，行程数万里。沿途考察山川形势，遍历燕、赵、魏、齐、秦、晋之墟，访古今成败得失，探部落游牧民族的风土人情，搜逞荒轶事，并将其见闻一一记述下来，以 10 年心血撰成《西陲亥步》《图说》《西陲今略》凡 40 卷。文中对古地名和轶事加以考证；对边陲之地在战守攻略成败，概述得失，提出自己的见解。论述精到，文字洗练。方苞、王源皆重之。康熙四十二年，70 岁的梁份徒步往谒昌平明十三陵，对其进行了 5 天的详细考察，并绘制了陵区图，撰《帝陵图说》。图中采用宋人石刻开方法，用指南针定位，步测里程，反复考评，并用文字加以说明。八大山人朱耷说他"平生足迹遍天下，颇具顾炎武周游四方之深意"。他一生为人朴挚强毅，甘于清贫至老不变。清雍正七年在南丰去世，终年 89 岁。

2. 古代文献的考释

清代中期，由于封建统治者加强了对思想、文化的控制，大兴文字狱，使得学术思想沉闷，学术活动走上了脱离实际、脱离生产的道路。不少有名的学者，难以积极探索自然规律，开拓新的科学领域，而只能按照封建王朝的严格限制，去做一些校注与解释经典的工作，形成了以考据见长的乾嘉地理学派。如在校勘《水经注》上取得突出成就的全祖望、赵一清和戴震等人。

全祖望（1705—1755 年），字绍衣，号谢山，学者尊称为谢山先生。鄞州（今浙江宁波）人。雍正七年（1729 年）贡生，3 年后中举。乾隆元年（1736 年），荐举博学鸿词，同年中进士，选翰林院庶吉士。次年即返里，后未出仕，专事著述。曾主讲于浙江蕺山书院、广东端溪书院。撰《鲒埼亭集》38 卷，《外编》50 卷，《诗集》10 卷。另有《汉书地理志稽疑》

6 卷，辑补《宋元学案》100 卷，《全校水经注》40 卷并补附 4 卷。

赵一清，生卒年不详，约清高宗乾隆二十年前后在世。字诚夫，号东潜，浙江仁和人，赵昱之子。少禀父昱教，学于全祖望，从事根柢之学，一时辞章之士，莫能抗手。所著有《东潜诗文稿》与《水经注释》40 卷，《水经注刊误》12 卷，及《直隶河渠志》132 卷，均《清史列传》并传于世。

戴震，清代著名语言文字学家、自然科学家、哲学家、思想家。字东原，一字慎修，号杲溪，汉族，徽州府休宁县隆阜（今属黄山市屯溪区）人，乾隆二十七年举人，乾隆三十八年被召为《四库全书》纂修官。乾隆四十年第 6 次会试下第，因学术成就显著，特命参加殿试，赐同进士出身。戴震治学广博，音韵、文字、历算、地理无不精通，又进而阐明义理，对理学家"去人欲，存天理"之说有所抨击。其视个体为真实、批判程朱理学的思想，对晚清以来的学术思潮产生了深远影响。戴震本人也被梁启超、胡适称为中国近代"科学界的先驱者"。

他们的著作《全校水经注》《水经注释》和《殿本水经注》，在学术上都有一定的贡献。但这种研究学问的方向很不利于新学科的发展。清末，杨守敬以毕生精力对《水经注》做疏，写成《水经注疏》。但最后完成书稿的是他的学生熊会贞。

杨守敬，字惺吾，晚年自号邻苏老人。清末民初杰出的历史地理学家、金石文字学家、目录版本学家、书法艺术家、泉币学家、藏书家。有 83 种著作传世，驰名中外。

熊会贞（？—1936 年），地理学家，杨守敬弟子。熊会贞一直协助杨守敬完成《水经注疏》的工作，熊会贞在《〈水经注疏〉修改意见》中所说的"文，先生三分之二，会贞三分之一"。杨守敬也对陈衍所说："吾书幸以成，多弟子熊生助属稿。"杨守敬去世后，熊会贞继续《水经注疏》稿本的誊正工作，又编成《水经注疏要删再续补》40 卷。民国十九年四月，日本人森鹿三多次求购其书稿不成。1936 年（民国二十五年）5 月 25 日，熊会贞在武昌逝世。

清代，给《禹贡》和《山海经》做注释的人不少，其中以胡渭《禹贡锥指》、毕沅《山海经新校正》、郝懿行《山海经笺疏》最为有名。

毕沅（1730—1797 年），字纕蘅，号秋帆，因从沈德潜学于灵岩山，自号灵岩山人。镇洋（今江苏太仓）人，乾隆二十五年（1760 年）进士，廷试第一，状元及第，授翰林院编修；乾隆五十年（1785年）累官至河南巡抚，第二年擢湖广总督；嘉庆元年（1796年）赏轻车都尉世袭。病逝后，赠太子太保，赐祭葬。死后两年，因案牵连，被抄家，革世职。毕沅经史小学金石地理之学，无所不通，续司马光书，成《续资治通鉴》，又有《传经表》《经典辨正》《灵岩山人诗文集》等。

郝懿行（1757—1825年），字恂九，号兰皋，山东栖霞人，清嘉庆年间进士，官户部主事。为清代著名学者，清经学家、训诂学家。长于名物训诂及考据之学，于《尔雅》研究尤深。

3. 边疆与域外地理

清代学者研究边疆地理的目的，在鸦片战争前是为了满足扩大地理视野和管理边疆的需要。比较有名的著作有：杨宾《柳边纪略》，吴振臣《宁古塔纪略》，西清《黑龙江外记》，椿园氏《西域闻见录》，傅恒《西域同文志》，祁韵士《西域释地》《西陲总统事略》，徐松《新疆识略》，松筠《西招图略》等。鸦片战争后，由于边患日渐严重，学者们痛感边疆地理知识的不足和外国地理知识的贫乏，于是，为了祖国边防的安全，积极开展了边疆和域外地理的研究。比较有名的著作有：张穆《蒙古游牧记》，姚莹《康輏纪行》《东槎纪略》，何秋涛《朔方备乘》，黄沛翘《西藏图考》，曹廷杰《东北边防辑要》《东三省舆地图说》，魏源《海国图志》，徐继畬《瀛环志略》等。姚莹在写《康輏纪行》时特别声明："喋血饮恨而为此书，冀雪中国之耻。"黄沛翘写《西藏图考》时也说："今英吉利占据五印度……是则南界之防，尤今日之急务也。"

姚莹（1785—1853年），字石甫，号明叔，晚号展和，安徽桐城人。清代著名思想家、文学家、军事家，桐城派的代表人物之一。他也是清代最早"睁眼看世界"的知识分子之一。姚莹于嘉庆十二年（1807年）中举，次年为进士，嘉庆二十一年至道光元年（1816—1821年），先后任福建平和、龙溪、台湾县知县和噶玛兰厅通判。道光十八年（1838年），姚莹出任台湾兵备道，在随后爆发的鸦片战争中，他与台湾总兵达洪阿一起，领导了台湾的抗英斗争，不断取得胜利，写下了中华民族不畏强敌、英勇抗战的光辉篇章。姚莹在文学上亦颇有成就，宗法桐城派文论，偏好散文，长于议论，主张文章必须"明道""言事"。

4. 水系的专门研究

清代还出现了一批专门论述水系分布和状况的著作，如黄宗羲《今水经》，齐召南《水道提纲》，戴震《水地记》，万斯同《昆仑河源考》，徐松《西域水道记》，孙彤《关中水道记》，李诚《云南水道考》，蒋子潇《江西水道考》，纪昀《河源纪略》等。其中以《水道提纲》最有名，全书共28卷，约30万字，成书于1761年。齐召南根据康熙《皇舆全览图》并参考大量方志和一些内府秘籍撰写，记载了当时全国实有的山川脉络、都邑城址。每写一条水时，都从源头说起，以主流为纲，其纳受支流为目；写全国水系时，以大河为纲，小河为目。该书记述的水系范围相当广阔，包括北纬18度—56度，东经73度—145度，超过历史上任何水系著作。所记河流数目为《水经注》的四倍，达到5980条。描述水系的方法和分类体系比前人也有明显的进步。在写法上完全打破行政区划界线而纯以自然水系为准，从上源到河口，顺着河水一泻千里，水系支架历历在目，脉络清晰。记载河流会合点、河曲和峡谷时，不仅注明地名，而且注明经纬度，这种作法为齐召南所首创。

齐召南（1703—1768年），字次风，号琼台，晚号息园，浙江天台人，清朝官吏。

5. 方志学的大发展

清代是方志学大发展的时期。从数量上说，全国现存8100多种地方志中，清代约有5600种，占70%；从种类上说，有一统志，通志，府、州、县志，厅志，卫、所志，土司司所志，合志，乡镇志，识略，山水志，湖堤志，水利志，盐井盐场志，宫殿志，寺观志，祠宇志，陵墓志，风俗志，名胜古迹志等。就方志学理论而言，经过方志学家章学诚等的努力，建立了较为完整系统的方志学理论。

　　清朝各级政府都很重视编写方志，积极倡导但严加控制。特别是康熙、乾隆、光绪三朝编修最多。从地区上看，北方的河北、河南、山东等省所编志书超过江苏、浙江等地，突破了自宋以来南志多于北志的格局。同时边疆省区也开始修志。政府严加控制修志活动，州、县以上志书几乎全是官修，私人编修的极少。在写法上，清代志书的最大弊端是隐恶扬善，书美不书恶。清代的《一统志》一共修了3部。第1部是康熙二十四年（1685年）开始纂修，乾隆八年（1743年）才完成，共342卷。第2部乾隆二十九年（1764年）开始纂修，乾隆四十九年（1784年）完成，共500卷。第3部始于嘉庆十六年（1810年），道光二十二年（1842年）完成，共560卷。由于第3部的材料截止于嘉庆二十五年，所以通称"嘉庆志"，即《嘉庆重修一统志》。此志汇载全国各地情况，以省和特别地区为单位立卷，最后附录有外交关系的世界各国。所记地理现象是汇集全国方志的内容，资料非常丰富，超过以前所有一统志，受到人们的重视。

　　各省通志的写法有两种，一是以府、直隶州为单位，分述各项制度和人物传记；二是以志为纲，再分述各府、州、县的情况。所有志书的共同点是都采用志、传、图、表的表达方式，这种基本体例来源于正史，是"志仿史例"的结果。

　　章学诚对有清一代的方志贡献最大，他提出的方志理论，主要有如下几点：第一，方志属地方史，"志属信史"，而不是像他以前的学者那样，一直把方志归入地理类。第二，修方志求其实用，应该"详近略远"。第三，方志的内容分三个部分，"仿纪传正史之体而作志，仿律令典例之体而作掌故，仿文选文苑之体而作文征"。第四，方志的体裁为四体，一是纪，二是传，三是考，四是表和图。第五，修志的方法，"乘二便，尽三长，去五难，除八忌，立四体，归四要"。第六，方志辨体，即分清各种地方志编纂的体例，划清各类方志的内容界限。这些理论观点，现在看来不够全面，特别是把方志纳入史学范畴后，削弱了方志的地理学内容，影响了地理学的发展，这是不足取的。但在当时，他的理论为建立中国方志学奠定了基础，做出了很大的贡献。

6. 旅行家及其游记

鸦片战争前，清代的旅行家及其游记中，有不少是相当有名的。如康熙时期的郁永河，"性耽远游，不避阻险"，多年游历海上。他说过："探奇览胜者，毋畏恶趋避，游不险不奇，趣不恶不快。"这与徐霞客的言行几乎一致。康熙三十六年（1697）春，他被派往台湾征购硫黄，从厦门出发，经金门、澎湖到台湾平安城，再沿西海岸北上至淡水。著有《裨海纪游》（又名《采硫日记》）。此书记述了台湾的自然地理和经济地理、地质（火山、地震和矿产），以及台湾海峡的水文、气象等情况，是研究台湾历史地理的重要文献。还著有《海上纪略》等。《海上纪略》（含"宇内形势"篇）论述了欧洲、东南亚、日本等国家和地区的政治和地理情况，以及中国在世界上的地理位置、与亚洲各国的航线。

郁永河，字沧浪，浙江仁和（今杭州市）人，生卒年不详。性好远游，遍历闽中山水。

康熙时期的樊守义（1682—1753年）是撰写我国第一部欧洲游记的旅行家。他于康熙四十六年（1707年）冬前往欧洲，途经澳门、南洋、葡萄牙、西班牙等地到达意大利，在意大利求学并加入耶稣会。他于康熙五十八年（1719年）三月初回国，五十九年六月十三日抵达广州，九月至热河晋见康熙帝。回国后，樊守义追记旅游经过，写成《身见录》一书，内容有沿途地名，交通工具，各地气候、物产、人种、商业、城市、港口、宗教、文化教育、建筑风俗等。

康熙时期最著名的旅行家是图理琛（1667—1740年）。康熙五十一年（1712年）四月，他奉命赴土尔扈特（在伏尔加河下游，里海北岸的地区）。自北京启程，途经蒙古高原、西伯利亚、乌拉尔山到达目的地。归程除自托博尔斯克、溯额尔齐斯河至塔喇斯科（塔拉），再经托穆斯科（托木斯克）到叶尼塞斯克这段路程与去时不同外，其余均循去路返回。康熙五十四年（1715年）三月二十七日回到北京。往返费时近3年，行程达35000里。他一路走一路写游记，把沿途山川地势、村落城堡、节气物候、动植物、土产、人种、宗教、生活习俗、户口、驻兵和里程做了翔实的记录，书名为《异域录》。这是我国最早记载俄国地理的重要文献，受到各国学者的重视，先后被译成法、俄、德、英、日、瑞典等多种文本。

乾隆四十八年（1783 年），福建龙溪人王大海，航海至爪哇，游遍北岸诸港，侨居 8 年后回国。他把见闻写成《海岛逸志》6 卷，记载爪哇及附近岛屿的山川、形势、物产、名胜、华侨生活、风尚等。

清朝嘉庆年间，另一位航海家谢清高，18 岁随商人航海，遇风暴翻船，被外国商船救起。后随外国商船经商，到过许多地方。14 年后回国，口述海外见闻。大约在嘉庆二十五年（1820 年）由杨炳南笔录成《海录》一书。

7. 走在世界的前列

继利玛窦之后，西方地图学在清朝继续传入中国。康熙、乾隆年间，中国政府聘请西方传教士白晋（Joachim Bouvet，1656—1730 年）、雷孝思（J. B. Régis，1663—1738 年）、杜德美（Petrus Jartoux，1668—1720 年）等 10 人来中国从事大地测量和绘制地图工作，并传授这方面的知识，从而引进了西方大地测量学和制图学。这对中国传统测量学和制图学可以说是一次革命，所取得的成果是世界地理学史上的大事。

大约在康熙二十八年（1689 年）订立《尼布楚条约》之后，康熙帝看到了精确地图在政治、外交上的巨大作用，于是下决心引进西方先进的测绘制图技术。他下令各大臣推荐专家，购买仪器。当他到全国各地巡视时，命外国专家随行，测定各地的经纬度，为制图做准备。康熙四十七年（1708 年）以后，全国范围的三角测量和绘制地图工作陆续开始进行。全部工作由康熙帝主持，大的计划、方针、法规也由他亲自裁定，具体人选、组织机构、工作质量他都过问。在大规模的测绘工作正式开始以前，康熙帝还命传教士先行试点，绘制出北京附近地图。他亲自校勘，比较旧图，确认新图远胜旧图之后，才下令开展大规模的测绘工作。康熙四十七年由各国传教士及中国学者 200 余人混编的测量队伍组成，以传教士为主，分组开赴各地进行三角测量和经纬度测量。实测工作进行了 8 年才结束，以后又用 2 年时间整理资料。在杜德美的主持下，完成了有名的《皇舆全览图》。这项工作在当时是走在世界前列的，比西欧各国要早约 100 年。

　　康熙帝主持的全国地图测绘工作并没有彻底完成，如在新疆西部和西藏部分地区，因有战事等原因而未能实测。因此乾隆年间又继续进行了这一工作，有些地区专门派人实地测绘，有些地区则根据有关地理资料在康熙《皇舆全览图》的基础上向西、向北扩展，并于乾隆二十五年（1760 年）完成了《乾隆十三排地图》（即《乾隆内府舆图》）。《乾隆内府舆图》图幅比《皇舆全览图》增加了 1 倍以上，北至北冰洋，南至印度洋，西达红海、地中海和波罗的海，实际上是一幅亚洲大陆全图。

　　康熙、乾隆年间的地图测绘成果不仅影响了整个清代，还影响到民国初年。在这段时间出版的地图，十之七八都是根据这一成果。

　　清代在中国流传的西方地理著作，有南怀仁的《坤舆图说》《坤舆外纪》。蒋友仁（P. Benoist Michel，1715—1774 年）的《坤舆图说稿》（又名《地球图说》），《坤舆全图绘意》等。

第十八讲　交通及其概况

1. 交通与海运

　　元明清的交通，本篇内所预备说者，是从元世祖至元十七年宋亡起，到清宣宗道光二十二年《江宁条约》签字止，前后共 652 年。《江宁条约》为规定广州、福州、厦门、宁波、上海五口通商的条约。此后，西洋新式交通工具输入，另外成功了一个新的时代。本篇中仅述及光绪二十二年为止。

　　元明清交通的特色，是海运的发达。中国自战国以来，本来就有海上行船的事，而自汉武帝以来，也每代都有海军。但元以前的海运，并不是有整个的计划，而元以前的海运也与国家大计无密切的关系。自元时起，海运的意义便显然和以前不同，这时的海运，显然关系着国家的根本；它在元明清的重要，一如运河之在唐宋。元的海运，始于至元二十年（1283 年）丞相伯颜所倡议。

　　元海运之路，约有三变。最初，是从平江路刘家港入海，经扬州路通州海门县（今江苏省海门市）黄连沙头、万里长滩开洋，沿山屿而行，抵淮安路盐城县（今江苏省盐城市），历西海州海宁府东海县密州胶州界，放灵山洋，投东北路，多有浅沙，行月余才抵成山，更由成山至杨村码头，首尾计程 13350 里。此路初辟时，因沿山求屿，风信失时，经年始至。至元二十九年（1292）三朱建以旧路险恶，建议另辟新航线，"自刘家港开洋，东南水疾，一日可至撑脚沙。彼有浅沙，日行夜泊，守伺西南便风，转过沙嘴，一日到于三沙扬子江。再遇西南风色，一日至扁担沙大洪，抛泊。来朝，探洪行驾，一日可过万里长滩，透深，才方开放大洋，先得西南顺风，一昼夜约行一千余里。到青水洋，得值东南风，三昼夜过黑水洋，望见沿津岛大山。再得东南风，一日夜可至成山，一日夜至刘家岛，又一日夜至芝罘岛，再一日夜至沙门岛，守得东南便风，可放莱州大洋。三日三夜，方得界河口"。这条航线，比旧路径直，且前后都有便风，如无特别阻碍，约半月可达；如遇风水不便，也许到 1 月 40 天以上。至元三十年殷明略又开新道，从刘家港入海，到崇明州三沙放洋，向东行，入黑水大洋，取成山转西，至刘家岛，又至登州沙门岛，于莱州大洋入界河。这条新路，当舟行时，按时有一定的信风，从浙西到京师，不过十日的光景，比以前的两道都方便得多，故这条路也应用最久。但无论如何，当时的海运绝不能如现在的安全，"风涛不测，粮船漂溺者，无岁无之，间亦有船坏而弃其米者"。水手船卒，因船只失事而溺死者，当然也是免不了的。

明时，海运不如元时之盛，且屡有废兴。终明之世，海运虽屡有阻滞，但终不能长时期的废除，而仍为漕运之一重要部分，对于国家的贡献很大。

明的海运，永乐间最盛时，北京、辽东两处每岁共约 100 石。海道之可考者有二，一为自淮安至天津卫的海道，一为自天津至辽东的海道。

清时，政府漕米，道光四年以前系内河漕运，道光四年以后仍改为海运。但清代海运之需要实际甚早，海运之倡议也始于嘉庆年间，只以当时当事大臣畏惧海险，濡滞不行。道光四年，南河黄水骤涨，河运艰难万状；张玉廷请款百二十万，对于当年的河运，仍是没有办法。到了真正无可奈何，宣宗才采用户部尚书英和的建议，恢复了海运。此后，虽对于海运仍不断有人反对，但终打不倒客观条件的需要。一直到了西方的新交通工具传到中国后，东南之粟，源源北来，不待官运，于是清之漕米的海运，也就是历代的漕运，才算终止了。

清每年海运之数，大约在一百五六十万石左右。海船由上海开行，经过山东洋面，航至天津，计水程 4000 余里，约逾旬日而至。米石到天津后，由驳船运通州，更转京师各仓。

2. 河渠与道路

元明清的海运虽盛，对于内地的河渠并非完全不管。而内地河渠仍有占重要地位者。《元史·河渠志序》说："元有天下，内立都水监，外设各处河渠司，以兴举水利，修治河堤为务。决双塔白浮诸水，为通惠河以济漕运，而京师无转饷之劳。导浑河、疏滦水。而武清、平滦无垫溺之虞。浚冶河、障滹沱，而真定免决啮之患。开会通河于临清，以通南北之货。疏陕西之三白，以溉关中之田。泄江湖之淫潦，立捍海之横塘，而浙右之民得免于水患。"这所述元代治水机关及兴水利、除水害的事实，甚为扼要，而这些事实，除了疏三白和立捍海横塘外，都是水道交通之本身的事情。

元的都水监，"秩从三品，掌治河渠并堤防水利桥梁闸堰之事。都水监一员，从三品。少监一员，正五品。监丞二员，正六品。经历知事，各一员。令史，十人。蒙古必阇赤一人。回回令史一人。通事、知印，各一人。奏差，十人。壕寨十六人，典吏二人"。元都水监的名称和职掌，与南北朝以来的治水机关无大改变，而组织不同。都水监，置于至元二十八年。第二年，领河道提举司。至正八年，设行都水监于济宁郓城；九年，又设行都水监于山东、河南等处，都隶属于都水监。至正十一年，又立河防提举司，隶属于行都水监。行都水临的职务，是巡视河道。《元史·河渠志序》所说"河渠司"，不见《百官志》记载，也许就是行都水监或河防提举司。

元之开通惠河，是开始于至元二十九年秋，完成于三十年秋，为都水监郭守敬所建议。河道自昌平县（今北京市昌平区）白浮村引神山泉，西折南转，过双塔、榆河、一亩、玉泉诸水，至大都西门，入城，南汇为积水潭，东南出文明门，东至通州高丽庄，入白河，总长164里有余，共费285万工。

浑河本卢沟水，从大兴县流至东安州、武清县（今天津市武清区），入漷州界。滦河源出金莲川中，由松亭北经迁安东平州，西濒滦州，入海。浑河为供给通惠河水源之一，滦州曾做过小规模的漕运，在当时水道交通上也颇有点儿相当的意义。浑河自至大二年后，滦河自大德五年后，曾有数次的溃决，均经先后修治，但工程都不能算大。

冶河在真定路、平山县西门外，经井陉县，流来本县东北十里，入滹沱河。滹沱河源出于西山，在真定路、真定县南一里，经藁城县北一里，经平山县北十里，冶河之水来会。二水初不相通，后既会合，水势甚猛，屡坏大堤。皇庆元年，在栾城县北，圣母堂东，冶河东岸，开减水河，以杀水势，而去真定之患。滹沱河自大德十年以后迭次修堤，但滹沱河的水患似乎始终不能根治，而冶河和滹沱河在当时的水道交通上，似乎始终不见得有什么重要。

会通河起东昌路、须城县、安山之西南，由寿张西北至东昌，又西北至于临清，以达于御河，共长 250 余里。这河在至元二十六年正月己亥开始开凿，六月辛亥开成，供役使 2510748 工。至元二十七年，因霖雨岸崩，河道淤浅，应该更加修治，便由中书省派遣 3000 人，专治这项工役；并于此后，每年委都水监官一员，佩分监印，率令史、奏差、濠寨官专司巡视，并督工用石料，改易以前所建的闸，视各闸损坏的缓急为先后；到了泰定二年，方才完工。前后开河工程共达 37 年之久。这河开凿的目的，在于使汶水与御河相通，以便公私漕贩。此河成后，江南行省起运诸物，都由这河达于御河，更经白河、通惠河以达于大都。这是元代在所治诸河中，除了通惠河以外，最具经济价值的一条河。但可惜河的深度毕竟还浅，河身也嫌太狭；一有大船，便觉得满河都是船，阻碍余船，不得往来。这对于会通河的交通价值不能说是不受影响的。

此外，黄河之祸，元时甚烈，而元人之修治也不能说是不勤。至正十一年，贾鲁治河，征发汴梁大名等 13 路民 15 万人，庐州等戍 18 翼军 2 万人，历时 7 月，用中统钞 1845600 余锭，工程非常浩大，成绩也相当的优良。但黄河自唐中叶以后，交通上的价值甚少，黄河灾祸之防治仅限于消极的意义，对于水道交通的建设，并没有什么补益。

综观上述有元一代，在河渠方面，不能不说是有相当的成绩。但如就当时之整个情形说，元在河渠方面，实在是功不及过。

明的治水机关，为都水司，而都水司所掌，较元之都水监为泛。《明史·职官志》说："都水，典川泽、陂池、桥道、舟车、织造、券契、景衡之事。"则明都水司，于元都水监所掌的河渠、堤防、桥梁以外，还掌舟车之制造以及织造、券契、量衡之事。后三事之所以也归都水司，大概是因为都水司在交通方面有特别的权力，办这些事有特别的便利之缘故。关于川泽、陂池、桥道，都水司的职务是"岁储其金石、竹木、卷埽，以时修其闸坝洪浅堰圩堤防，谨蓄泄，以备旱潦，无使坏田庐、坟隧、禾稼。舟楫、砲碾者，不得与灌田争利。灌田者不得与转漕争利。凡诸水要会，遣京朝官专理，以督有司。役民必以农隙；不能至农隙，则倡功成之。凡道路津梁，时其葺治。有巡幸及大丧大礼，则修除而较比之"。都水司属于工部尚书，有郎中一人，员外郎一人，主事二人，后又增郎中四人和主事五人。

明时，内地水道之利用，较元代为广。洪武初，定都南京，"江西、湖广之粟浮江直下，浙西、吴中之粟由转运河，凤、泗之粟浮淮，河南、山东之粟下黄河"，又"尝由开封运粟诉河达渭以给陕西"。这时，在漕运的应用上，江、河、运、渭俱见重要，与元代情形不甚相同。成祖迁都燕京之后，东南漕运极为辽远，除海运以外，河运仍不能免，而转运河、南河、中河、北河、通济河、白河、大通河譬焉联络而成的大运河，遂颇呈活跃。有明一代对于河渠的修治，也差不多集中于与运道有关的河流。其重要者，有会通河、泇河和大通河。

会通河本为元转漕故道，元末废弃不用。洪武二十四年，河决原武，漫安山湖而东，会通河尽淤。永乐九年，成祖用济宁州同知潘叔正的建议，派宋礼、金纯、周长浚会通河，自济宁引汶泗之水，至临清，通漳河御河，北入于海。这河所吸收的水源甚多，在漕河中谓之闸漕，与河漕同为漕道中之最重要的部分。《明史·河渠志》说，会通河由济宁至临清三百八十五里，与《元史·河渠志》所记里数，相差甚多，也许明的会通河未必是按着旧址浚修的。

泇河，源有二。"一出费县，南山谷中，循沂州西南流。一出峄县君山东南，与费泇合。谓之东西二泇河。南会彭河水，从马家桥，东过微山、赤山、吕孟等湖，逾葛墟岭而南，经侯家湾、良城至泇口镇，合蛤鳗、连汪诸湖，东会沂水，从周湖、柳湖，接邳州东直河，东南达宿达之黄墩湖、骆马湖，从董陈二沟入黄河，引泗，合沂，济运道以避黄河之险。"开泇河之议，始于隆庆四年。此后迭经反对与搁置，在万历三十八年以后，才算大致完成。万历三十二年，工部覆李化龙疏说："开泇有六善，其不疑有二。泇河开而运不借河，河水有无听之，善一。以二百六十里之泇河，避三百三十里之黄河，善二。运不借河，则我为政，得以熟察机宜而治之，善三。估费二十万金，开河六百二十里，视朱衡新河。事半功倍，善四。开募必行招募，春荒役兴，麦熟人散，富民不扰，穷民得以养，善五。粮船过洪，必纷春尽，实畏河涨，运入泇河，朝暮无防，善六。为陵捍患，为民御灾，无疑者一。徐州向苦洪水，泇河既开，则徐民之为鱼者亦少，无疑者二。"三十八年，御史苏惟霖说："黄河自清河经桃源，北达直河口，长二百四十里。此在泇下流，水平身广，运舟日行仅十里。然无他道，故必用之。自直河口而上，历邳徐，达镇口，长二百八十余里，是谓黄河。又百二十里，方抵夏镇。

其东自猫窝、泇沟达夏镇，止二百六十余里，是谓泇河。东西相对，舍此则彼。黄河三四月间，浅与泇同。五月初，其流汹涌，白天而下，一步难行，由其水挟沙而来，河口日高。至七月初，则浅涸十倍。统而计之，无一时可由者。溺人损舟，其害甚剧。泇河计可达，终鲜风波，但得实心任事之臣，不三五年，缺略悉补，数百年之利也。"这可见泇河之经济上的价值。但泇河狭窄，冬春粮艘自北回，仍须取道黄河；泇河的深度和宽度较之元之会通河，似尚有所不及。

大通河即元之通惠河，于洪武中废败。永乐四年虽加修治，但未彻底，通舟未久，自通州张家湾运到都下之粮，俱用车搬运，粮费甚多。嘉靖六年，因御史吴仲的建议，修复通惠河。明年河成，岁省车赁费二十余万。

清代水官，内有都水司及直年河道沟渠大臣与御史，外有河道总督。都水司属工部，有郎中，满员5人，汉员1人；有员外郎，满员5人，汉员1人；有主事，满员4人，汉员2人。都水司掌河渠舟航道路关梁公私水事，较明的都水司，职务为纯粹关于水及交通方面。此外，仅于"岁十有二月，代冰纳窖，仲夏颁之，并典坛庙殿庭，器用"。直年河道沟渠大臣共四人，掌京师五城河道沟渠督理街道衙门。御史亦四人，掌道路沟渎。河道总督，江南一人，山东、河南一人，直隶一人，掌治河渠，以时疏浚堤防，综其政令，下有参将、副将等官。

清代黄河水患，不减元明。而黄河南行，淮先受病，淮病而运亦病。终清之世，淮河和运河也出了不少的麻烦。清人治水，不可谓不勤，但属于抢险补苴者多，而属于积极建设者少。总观清之水利工程，似只有靳辅开中河，有积极的意义。康熙二十五年，辅以运道经黄河，风涛险恶，自骆马湖凿渠，历宿迁桃源，至清河仲家庄出口。粮船北上，出清口后，行黄河数里，即入中河，直达张庄运口，以避黄河百八十里之险。河开以后，商民称便。后于成龙又自桃源、盛家道口至清河，弃中河下段，改凿六十里，名新中河；张鹏翮更用旧中河上段，新中河下段，合为一河，重加修浚，更加便利。

总观元、明、清三朝，在河渠之开辟及整理上，虽在当时政府都相当地尽力，但比着隋、唐、宋的情形大不相同。隋唐时开凿那样长的运河，宋运输那样多的粮米，都像没有费什么力。元、明、清在这一方面，能享受太平的日子似乎太少，所表现的精力和隋、唐、宋人实在差得太多。在这时，除了官粮走运河外，商民似乎也都不能不走这条路。清之海运是依赖商船，清时商人取海道以往内地的，大概还不少。

元、明、清时，道路桥梁之政，亦掌于工部都水之官。

元明清时所经行的干路，略如唐时，亦为驿道。而西北及东北方面之新路，较汉唐时为远，亦可于其驿道中见之。

3. 邮驿之发达

元时，邮驿之制最为发达，有站赤，有急递铺。站赤是驿，急递铺是邮。

站赤，有陆站，有水站。陆站，用马，用牛，用驴，或用车，或用轿，或徒步，而辽东又有用狗者。水站，用舟。准予发给驿传的玺书，叫作铺马圣旨；遇军务急时，以金字圆符为信，银字者次之。官有驿令，有提领。又有所谓脱脱禾孙者，置于关会之地，以司辨诘，俱属于通政院和中书兵部。《元史·兵志》站赤下，云："于是四方往来之使，止则有馆舍，顿则有供帐，饥渴则有饮食。"则是元之站赤除供给驿传外，还供给膳宿。《元典章》卷36，驿站项下，有禁止留妓女住宿之条；则当时的达官贵人且有挟妓宿驿馆，以破客中寂寥者了。

元代站赤可考者，有：

（1）中书省所辖腹里各路站赤，总计198处，内计陆站175处，水站21处，牛站2处。

（2）河南江北等处行中书省所辖，总计196处。内计陆站106处，水站90处。

（3）辽阳等处行中书省所辖，总计120处，皆陆站。

（4）江浙等处行中书省所辖，总计262处，内计马站134处，轿站35处，步站11处，水站82处。

（5）江西等处行中书省所辖，总计154处，内计马站85处，水站69处。

（6）湖广等处行中书省所辖，总计173处。内计陆站100处，水站73处。

（7）陕西行中书省所辖，81处，内计陆站80处，水站1处。

（8）四川行中书省所辖，132处，内计陆站48处，水站84处。

（9）云南诸路行中书省所辖，78处，内计马站74处，水站4处。

(10) 甘肃行中书省所辖，计脱脱禾孙马站 6 处。

以上并见《元史·兵志》。

急递铺(急递铺为中国古代邮驿组织之一，它肇始于宋迄元朝普遍推开，元朝建立了以驿站为主体的马道网络和急递铺为主体的步递网络，只有出示急递铺令牌才能在驿站调用马匹等交通工具)，较站赤设立为晚。站赤，在元太宗时已有之。急递铺，则在元世祖时，始自燕京至开平府，继自开平府至京兆，验地理远近、人数多寡而设立。各铺之间，距离 10 里，15 里，或 25 里，不等。中统元年，诏随处官司设传递铺，递铺才大广。

急递铺置有两种簿书。一种簿书，记载所转递文书和当传铺所。又一种簿书，则记载文书到铺时刻，及本铺转递人姓名；而本铺转递人将文书送到下铺时，由到达铺所签押交收时刻，持以还铺。其所转递文书，照例由寄发官司绢袋封记，以牌书号。铺兵转递时，更裹以软绢包袱，用油绢卷缚，夹版束系，且须注意，使文书不破碎，不襞积，不濡湿。违者，得依其情节轻重论罪。

明代驿邮之事，掌于兵部车驾清吏司。驿邮制度，略如元时，有会同馆，有水马驿，有急递铺，有递运所。水马驿即元代之站赤，而关于运输者，则以递运所掌之。会同馆，是站赤之在京师者。

会同馆有南、北两馆。北馆 6 所，在北京。南馆 3 所，在南京。有大使一员，副使两人，总辖馆务。以副使中的一员，分管南馆。凡各王府差遣人员，和西北各国使臣，及云贵等处土官番人，都在北馆安置。朝鲜、日本、安南等国，进贡使臣，都在南馆安置。南、北馆都备有马、驴、铺陈、什物等，供客应用。北馆共有馆夫 300 名，南馆共有馆夫 100 名，专造饭食。以造饭的馆夫人数之多看来，可以想见当时的会同馆是有了怎样大的一个局面。

明时，用驿须有符信，传递文书亦须盖有印信，而经当地官府辨验者。符信，明叫作"勘合"。关于给勘合，得乘用驿船、驿马、驿馆者，自洪武初年以至嘉靖年间，有逐趋详备的规定。举其大要言之，则合给驿者，为：

(1) 赍擎诏旨及奉旨差遣给驿者。

(2) 飞报军情重事者。

(3) 亲王进表奉贺及差人奏事者。

(4) 各藩属使臣之进贡及回国者。

(5) 文武官员到任，在 1500 里以外者。

（6）职官病故，其尸体及家属回乡者。

明时所设驿站数目及驿传路线不甚明白。而其各驿相去之里数，在初年已嫌大疏，后更历次裁并，不知爱人惜物，以致常有船坏马倒，官役逃亡的现象。

清代邮驿，亦掌于工部车驾清吏司。有郎中，宗室一人，满一人，汉一人。有员外郎，宗室一人，满洲两人，蒙古一人。有主事，满、汉各一人。除掌邮驿外，还掌颁天下之马政，以裕戎备。

清代邮驿，或称驿，或称站，或称塘，或称台，或称所，或称铺。《大清会典》收录这些名称，并叙述边防之重要驿道，都颇详备。依其所述，各省腹地所设为驿，盛京所设亦为驿。前者隶属于厅、州、县，有时专设驿丞，管理驿务。后者专设驿丞管理，又设正、副监督两人，直接统于盛京兵部。军报所设为站，每站设笔帖式或蒙古章京，统于将军或理藩院章京。甘肃、嘉峪关口外所设为塘，每塘派千把总管理，而由特设的都司和守备督率之。西北所设为台，每台设章京或笔帖式，统于各当地的都统或将军大臣。递运官物者为所，专走递公文者为铺。所，后裁并归驿，唯甘肃一带尚保存这种制度，各设牛车，专司运载。铺，仅限于各省腹地，与驿相辅而行。由北京到各省的铺，又叫作京塘。

驿铺之路线，往还繁多，《图书集成方舆汇编》中备载各地驿铺名称及其地点，可以详考。其站之常设者，则：

（1）自京城北回龙观站起，迤逦而西，分两道。一达张家口，接阿尔泰军台，以达北路文报。一沿边城逾山西、陕西、甘肃，出嘉峪关，接军塘，以达西路文报。

（2）直隶喜峰口、古北口、独石口、山西、杀虎口外，也设有站。并由此诸站，接设蒙古站，以达六盟四十九旗。

塘，有军塘，有营塘。军塘设于安西、哈密、镇西三属，以达出入嘉峪关军站文报。营塘乃为达寻常文报之用。台之在北路者，自张家口迤逦而西，达乌里雅苏台城。由乌里雅苏台分道而北，达近吉里克卡伦。由乌里雅苏台迤逦而西，达科布多。由科布多分道而北达卡伦。由科布多分道而南，达古城。此外，由赛尔乌苏达库伦，更北达恰克图，亦各设台。台之在西路者，则伊犁及新疆各大城均有设置，光绪年间概改为驿。

清代的驿站、塘台、所铺，各因其地点之冲要偏僻而设置有繁简，俱备有夫役、马驴、车船以供差遣和传报，一如前朝。计清在京师，设有皇华驿一所，在直隶有驿、站共185，盛京驿29，吉林站38，黑龙江站36，山东驿139，山西驿站125，河南驿120，江苏驿40，安徽驿81，江西驿47，福建驿68，浙江驿59，湖北驿71，湖南驿62，陕西驿站129，甘肃驿站、塘所331，四川驿65，广东驿10，广西驿19，云南驿81，贵州驿23，喜峰口章京所属蒙古站16，古北口章京所属蒙古站10，独石口章京所属蒙古站6，杀虎口章京所属蒙古站11，阿尔泰军台都统所属军台44，定边左副将军所属军台39，库伦大臣所属军台25，科布多大臣所属军台21，伊犁将军所属军台12，塔尔巴哈台大臣所属军台10，乌鲁木齐都统所属军台27，巴里坤大臣所属军台8，吐鲁番所属军台27，喀喇沙尔大臣所属军台8，库车大臣所属军台10，乌什大臣所属军台3，阿克苏大臣所属军台18，叶尔羌大臣所属军台15，和阗大臣所属军台7，喀什噶尔大臣所属军台6。从这些数字中，我们可以看见清代驿、站、台塘所之密布，自腹地以至于辽远的边疆。至于内地所设之铺，数目更多，一时不能统计。

清制"凡差给驿者，皆验以邮符，曰勘合，曰火牌。凡给驿，皆以其等，颁其禁令。凡差过境，护以兵者，则验以兵牌；凡驿递，验以火焯，定其迟速之限。若报匣，若夹版，若印封，各考其所达之程，而计以日时。铺递亦如之。泄漏沈匿者，稽迟者，皆察焉。凡发递，皆辨以缓急"。清代邮驿之制，大体上视前朝无所变改也。

清又设有捷报处，常接驰奏之摺而递于宫门。又有各省驻京提塘官16人，掌递部院官文书送敕印以达于本官。这种制度恐也不始于清。但在清以前，却无考了。

清季，邮政局成立，驿站事务改归邮传部管理。迄于民国三年，则驿站尽裁，而旧日之邮驿制度完全成为过去。

4. 中外之交通

元时武功，超轶前代，远征军足迹之所至，东至于高丽及日本海，西服中央亚细亚、大食、波斯，以及欧罗巴之东部，北及于北冰洋，南达印度洋诸岛。因而，元时中外交通之盛，亘古未有，而中外文化之交换亦以此时最为频繁与深刻。

法国学者莱梦撒（Abel Remusat）论元代在西方之交通及其在东西文明上所发生之影响说：

"蒙古人西征，将以前闭塞之路途，完全洞开，将各民族集聚一处。西征最大结果，即使全体民族，使之互换迁徙。不独堂皇命使东西往来如织；其不知名之商贾教士，以及随从军队者，尚不知凡几也。王公大人往亚洲之中心者，有仙拍德（Sempad）、小亚美尼亚王海敦（Haithon）、卓支亚国两大辟（David）、俄国大公爵雅罗斯拉夫（Yaroslav）等。意大利人、法兰西人、福雷铭人（Flemings），皆有充大使往蒙古大汗都城者。蒙古贵人有至罗马、巴塞罗那（Barcelona）、瓦伦西亚（Valencia）里昂（Lyons）、伦敦及脑桑姆敦（Northampton）者。那坡利港（Naples），方济各会士（Franciscan），有充北京总主教者。其人死后，有法国、巴黎大学宗教学教授继其任。以上，皆有名人物，见于记载者也。其他不知名之人，有谋利或好奇而往东方者,其数岂可胜计乎？历史上偶尔留数名词,尚可举出也。英国人某，在本国犯罪流至亚洲，执役于蒙古军中，尝充鞑靼大使，往匈牙利王庭矣。福雷铭地方之方济各僧人，在蒙古和林都城，见梅次（Metz）地方妇人拍开脱（Poquette），匈牙利战役中之捕掳也。又见有巴黎之金匠某，其兄在巴黎大桥侧有店铺。又见有卢汪（Roven），少年一人，拜尔格拉德城（Belgrade）城陷时之捕掳也。此外，该僧又见有俄罗斯人、匈牙利人、福雷铭人于和林。有善歌者罗伯脱（Robert）漫游东亚后，归而卒于查脱（Chartress），地方大教堂内。勃拉奴·克劈尼（PIano Carpini）记贵田大汗（Kuyuk Khan）廷中，有俄国人一名充翻译。往时，途间有伯莱斯劳（Breslau）、波兰，及奥地利之商人伴行。由俄国归回时，复有基奴亚（Genoese）、皮撒（Pisans）及威尼斯（Venetians）商人相伴。威尼斯市有二商人，偶因事逗留布哈拉城（Bukhara），遇波斯旭烈兀大王遣往中国忽必烈大汗朝廷之大使，随之往东方朝见忽必烈。受命持国书，通聘罗马教皇。同归时，携其幼子同往，即驰名世界之马哥·孛罗（Marco Polo，中外交流的使者，欧洲拥有的第一张精确的亚洲地图就是根据他的游记制作的，他的游记还激发了欧洲人此后几个世纪的东方情结。其游记，为研究东方史地不可缺之书。父子叔侄，皆得生归威尼斯。）也。次世纪，往东方者，更不乏人。读曼德维（Sir John Mandeville）、鄂多力克（Odorie）、裴哥罗梯（Pegolotti）、威廉·包德塞尔（William de Bouldeselle）诸人之书，即可知矣。甚多冒险家，久留东方，死于东方，可无疑也。更有多人，往东方时，无声名于世，归后亦不求闻达于人；然在教堂内及各地侯王官庭中，受人欢迎，演讲极多东方之奇事异闻也。此等游历家归回时，皆携带东方各种技术及珍品。自罗马衰后，往东道塞，中国印度之丝及瓷器，久已不见，至是乃又成为西欧之常见品矣。好奇探险之心，于斯大动。好奇探险者，进化之母也。巴黎大学尝建议设教授鞑靼语言文字事情一席矣。其结果如何重大，观于科伦布为欲至马哥孛罗所言之大汗国，不期而得美洲新世界者，即可知矣。不宁唯是，回回历法，由蒙古人而传入中国。印度数目字，或亦于此时输入中国。耶稣教《圣经·新约》及《圣歌》，由汗八里之拉丁总主教译成蒙古文矣。西藏喇嘛教之教主，实创自蒙古人。其教乃合佛教规训及聂思脱里派基督教之仪礼而成。中国人发明之航海罗盘针，亦由蒙古人而输入欧洲。中国人及印度人用火药由来已久，而欧洲人则于蒙古西征后，始得知之。其为蒙古人输入，毫无疑义。钞币亦为中国人之发明，由蒙古人而输入波斯。1450年时意大利游历家巴巴罗（Josapbat Barharo）在阿专甫（Azof）得遇鞑靼人某。其人尝奉使中国，告巴巴罗，中国每年印刷钞币甚多也。戏赌纸牌，中国人于1120年，已发明之。最初，皆以木版印成。欧洲人最初所玩之纸牌，其形状、图式、大小及数目，皆与中国人所用者相同，或亦为蒙古人输入欧洲者也。活字版印刷术，同时亦由远东而输入欧洲。中国人之算盘，亦由蒙古输入欧洲东部。至今，俄国及波兰两地不识字之妇女，尚用以计算钱财账目也。东西两文明策源地之思想制造，由鞑靼人互相交换，至为有益。中世纪满天黑云，使人不得望见天日。至是乃因蒙古远征，而重现光明。当时战争杀人，盈野盈城，似为人类惨祸，而不知实如空天霹雳，将几百年之酣睡懒病，自梦中惊醒。二十帝国之灭亡，乃上帝自欧洲所取之代价，为今世人享受灿烂文明之福也。"

　　莱氏所说，虽间有揣测之辞，而所论罗盘针之西行时期，或未免疏于考证，然大体言之，元时中国西北方面交通之发达及中西文明接触后影响之重大，都可借莱氏所述，而略窥其大致的情形。

　　近人陈援庵先生著《元西域人华化考》，自中国史籍中，考得元西域人之华化者，得葱岭东部56人，内计：唐兀8，畏吾儿11，回鹘2，高昌17，北庭1，龟兹1，乃蛮2，合鲁2，哈刺鲁2，雍古8，斡端1，于阗1。葱岭西部68人，内计：西域23，回回20，回纥3，答失蛮3，大食2，阿鲁浑2，板勒纥城1，康里5，伯牙吾氏1，也里可温8。其他8人，内计：朵鲁别族1，尼波罗国1，色目6。

这132人都邃于中国文明，或深于中国之儒学，或习于中国之佛老，或长于中国诗文辞章，或优于中国书画建筑，俱非普通泛泛感染者可比。这更足见元代中西交通大开后，西方人所受中国影响之深，为以前中西交通史上所未见。而足以表征中国建筑美术，迄今犹驰誉世界的北平宫殿及都城，乃出于元时大食人也黑迭儿的设计，则尤可惊异者也。

在东洋方面，高丽自元太祖十三年起，开始进贡。此后数经叛变讨伐，高丽遂彻底臣服。于是，不惟高丽朝贡不绝，且于其国设置驿站，屡次征其军队粮饷，有时亦给予高丽粮米以济其年荒。元已视高丽隶属版图之内，其交通往复之频，自不待言了。

元对于日本，曾屡次用外交以及军事的手段，希望日本朝贡称臣。元师两度征日，都因海上风浪险恶，损失甚大。终元之世，中日间从无政治上的交通。但据木宫泰彦的研究，当时中日的海上贸易并未断绝，日本船只之络绎来华者，仍为数不少。而元之僧人有入日者，日之僧人也有入元者。入元的日僧中颇有善于中国文学书画之徒，而中国的寺院制度和中国式的茶会，也由入元的日僧移植于日本国内，与入日的元僧，同有影响于日本文化。

在南洋方面，元太祖曾南征印度，而南洋诸国，如占城、俱兰、马八儿（Maabar）、须门那（Semenat）、僧急里（Cyrgilin）、狮子国（锡兰）、八罗幸（Malabar）诸国俱朝贡通商。据拔都他（Ibn Batuta）游记所述，这时中印间的海上交通都掌握在中国人手中，而中国制造之船舶，往来于南海上者，数目也是很多的。

明初，因西方突厥人的兴起，中国与欧洲间之陆路交通横被遮断。至此，欧洲与中华人士暂时相忘；元时中西文明之迅速的交流，恍如隔世。然在大陆交通，明固不及元时，而明初在南海之海上经营，则较元代为犹过之。有名的三宝太监下西洋的故事，就是明初永乐宣德二朝经营南海的佳话。三宝太监，名郑和，自永乐三年起，历在永乐六年、永乐十年、永乐十四年、永乐十九年、永乐二十二年以及宣德五年共下西洋七次。所谓西洋者，系指南海以西的海洋及沿海洋诸地，不是后来专指欧洲之西洋。《明史·郑和传》说：

"成祖疑惠帝亡海外，欲踪迹之，且欲耀兵异域，示中国富强。永乐三年六月，命和及其侪王景弘等通使西洋……自苏州刘家河泛海至福建，复自福建五虎门扬帆，首达占城，以次遍历诸番国，宣天子诏，因给赐其君长，不服则以武慑之。五年九月，和等还，诸国使者随和朝见。和献所俘旧港酋长，帝大悦，爵赐有差。旧港者，故三佛齐国也。其酋陈祖义剽掠商旅，和使使诏谕。祖义诈降，而潜谋邀劫。和大败其众。擒祖义献俘，戮于都市。

"六年九月，再往锡兰山，国王亚烈苦奈儿诱和至国中，索金币。发兵劫和舟，和觇贼大众即出，国内虚，率所统两千余人，出不意，攻破其城，生擒亚烈苦奈儿及其妻子、属官。劫和舟者闻之还自救，官军复大破之。九年六月献俘于朝，帝赦不诛，释归国。是时，交阯已破灭，郡县其地。诸邦益震詟，来者日多。

"十年十一月，复命和等往使。至苏门答腊，其前伪王子苏干剌者，方谋弑主自立，怒和赐不及己，率兵邀击官军。和力战，追擒之喃渤利（Lambri），并俘其妻子，以十三年七月还朝。帝大喜，赉诸将士有差。

"十四年冬，满剌加（Malacca）、古里（Calicut）等十九国咸遣使朝贡。辞还，复命和等偕往赐其君长。十七年七月还。

"十九年春复往，明年八月还。

"二十二年正月，旧港酋长施济孙请袭宣慰使职，和赍敕印往赐之。比还，而成祖已晏驾。洪熙元年二月，仁宗命和以下番诸军守备南京。南京设守备，自和始也。

"宣德五年六月，帝以践阼岁久，而诸番国远者犹未朝贡，于是和景弘复奉命，历忽鲁谟斯（Ormuz）等十七国而还。

"和经事三朝，先后七奉朝。所历占城（champa）、爪哇（Java）、真腊（Kamboja）、旧港（Palembang）、暹罗（Siam）、古里、满剌加、渤泥（Brunei, Borneo）、苏门答腊（Sumatra）、阿鲁（Aru）、柯枝（Cochin）、大葛兰、小葛兰（Quilno）、西洋琐里（Cola）、加异勒（Cail）、阿拨把丹、南巫里、甘巴里（Koyampadi）、锡兰山（Ceylon）、喃渤利（Lambri）、彭亨（Pahang）、

急兰丹（Kelantan）、忽鲁谟斯（Or－muz）、比刺、溜山（Maldives）、孙刺、木骨都束（Mogedoxu）、麻林（Malinde）、刺撒祖法儿（Zufar）、沙里湾泥（Jurfattan）、竹步（Jobo）、榜葛刺（Bengal）、天方（Mekka）、黎代（Lidi）、那孤儿（Battak）凡三十余国。所取无名宝物，不可胜计，而中国耗费亦不赀。自宣德以还，远方时有至者，莫不如永乐时，而和亦老且死。自和后，凡将命海表者，莫不盛称和以夸外番。故俗传三保太监下西洋，为明初盛事云。"

　　这可见郑和的足迹已于踏遍南洋群岛之余，横渡印度洋，直达阿拉伯及非洲的东岸。他是用了宣传的方法和武力的压迫，取得了南海上的霸权。这时南海上的中国人之活跃前古无两；到了现在以郑和为主题的民间传说，尚散布于南洋群岛的各地。

　　郑和的航程可惜没有更沿非洲向西南前进，以至好望角之航线尚待数十年后欧人的发现，而中欧间也须等到80多年后，才再有直接的交通。《明史》称，正德十三年佛郎机"遣使臣加必丹末等贡方物，请封，始知其名"。佛郎机，《明史》用以称葡萄牙人，又用以称西班牙人。这是中欧有第二次直接交通之始。在万历年间，闽浙海面上的贸易，几乎全为佛郎机人所独占。天启崇祯年间，佛郎机人在东方的势力渐形低落，而荷兰人和中国的贸易，则渐形增加。欧西文明，经葡萄牙人传入者，有佛郎机铳；经荷兰人传入者，有红夷炮。此外则意大利亚人利玛窦传入《万国全图》，中国人始闻五大洲之说；贡献圣母像、自鸣钟、西琴，为天主教在近世之初入中国，及西洋时计、乐器入中国之始。与利氏同时或稍后者，有庞迪我、熊拔三及罗雅谷、汤若望之先后测修历书，龙华民之著《地震解》，艾儒略之著《职方外纪》，邓玉函之著《人身说概》《奇器图说》，举凡西洋之天文、历算、地理、地质及生物、机械之学，都于明末传入中国。《明史·意大利亚传》说"其国人东来者，大都聪明特达之士，专意行教，不求禄利。其所著书，多数人所未道，故一时好异者，咸尚之。而士大夫如徐光启、李之藻辈，首好其学，且为润色其文辞，故其教骤兴"。这可见当时人士对于西来新学欢迎之一斑。

　　至于在东洋方面，则明时的朝鲜半岛已无异内地。日本，则虽已与明通贡使，然倭寇实常常为明沿海各省之患。《明史·兵志》说："沿海之地，自广东、乐会接安南界，五千里抵闽。又两千里，抵南直隶。又千八百里，抵山东。又千二百里，逾宝坻、卢龙，抵辽东。又千三百里抵鸭绿江。岛寇倭夷，在在出没，故海防亦重。"大概终明之世，倭寇为患不绝，其极者至掠城市，焚屋庐。明与日本间，只有秘密的交易，没有公开互市的商业。

清初，中外交通以中欧交通为主体。当时，如南怀仁、汤若望、图理琛、郎世宁、白晋、雷孝思之徒，或介绍西洋天算之术，或采西洋画法以作中国画，或利用西洋测绘技术而奠定中国舆图之基础，均可表示当时中欧交通在中国文明史上的重要。此外，更有西洋哲学如《名理探》等书，也曾经人译出，但其影响比较微小。乾隆间，清廷重申海禁，中外交通为之梗塞。但不久，遂又通商。至于道光年间，鸦片战败之结果，因《江宁条约》的规定，遂有五口通商的实现。于是，中国门户洞开，中国交通史遂因中外交通之一个特殊的遭遇，而转入另外一个新的时代，开千古未有的局面。

5. 都会之重要

元时都会，以元初建都的和林和迁都后的大都，为最重要。和林和大都不只先后为大元帝国发号施令的所在，也是欧亚两洲交通的中心。我们看前章所述，在这两个地方，不唯东西各国使者项背相望，络绎于途，并且有很多的异国商人都在这两个地方汇集，有不可计数的世界各国的旅行家到这里观光。我们已经知道唐时的长安在当时中外交通上的位置，元的和林和上都较之前者有过之而无不及。此外，元代的汴梁和杭州，在当时内地的交通中似占重要的地位。汴梁是河南江北等处行中书省省治所在，杭州是江浙等处行中书省省治所在。在前述里，我们从站赤的数目上，推测江浙行省为全国水陆交通最盛之区，已可见杭州地位的重要。《元史·百官志》说："河南江北等处行中书省，至元五年，罢随路奥鲁官，诏参政阿里金行省事，于河南等路设省。二十八年，以河南江北系要冲之地，又新入版图，宜于汴梁立省以控制之，遂署其地，统有河南十二路五舟。"这也可见汴梁在当时之受重视。《元史·食货志》记各行省的商税，"河南行省一十四万七千四百二十八锭三十二两三钱""江浙行省二十六万九千二十七锭三十两三钱"；酒醋课，"河南行省两千七百四十锭三十六两四钱""江浙行省一万一千八百七十锭一十九两六钱"。商税自为商人所纳，酒醋课中的酒课似亦大半由于异乡商贾之消耗。河南行省的商税为其他行省商税之两倍以至300余倍，酒醋课为其他行省之两倍以至80倍。江浙行省的商税为其他行省商税之三倍有余以至500余倍，酒醋课为其他行省之两倍有余以至一百数十倍。这更可使我们想见，汴梁、杭州居留及往来商贾之多。至于海外贸易，元于泉州、庆元、上海、澉浦、温州、杭州、广州先后设市舶司，其后或存，或废。而以泉州、庆元、广州为最久；而贸易最盛者，似为广州。

明初，太祖建都南京。南京自昔为水陆之凑，既为国都，交通更为发达。《明史·食货志》说："初京师军民居室，皆官所给，比舍无隙地。商货至，或止于舟，或贮城外，驵侩上下其价，商人病之。帝乃命于三山诸门外，濒水为屋，名塌房，以贮商货。"南京商贾云集，至无屋可住，可见当时南京交通之盛。《食货志》又说："永乐初年，于北京，准南京例，置京城官店塌房。"大概成祖迁都北京后，北京也成了当日南京的情形，固有的房店不够用，所以也不得不"置京城官店塌房"。永乐二十一年，山东巡抚陈济说："今都北平，百货倍往时，其商税宜遣人监权一年，以为定额。"交通的盛衰，每视政治中心为转移，此可以见矣。

两京而外，因当时运河之通行，沿运河两岸的都会不少。《明史·食货志》说："淮安、济宁、东昌、临清、德州，东直，商贩所聚。"这六个地方，都是滨运河的区域。此外，天津店租和荆州店税之为隆庆以后的大宗税收，表示天津和荆州为四方商贾集聚的地方。湖口船税的多，也表示湖口水道交通之发达。成都是有名的茶市，武昌江夏和重庆是木材商场，也都在当时的交通上各有他们的地位。

明代海外交通的港口，是宁波、泉州、广州。这三个港口，还是因仍宋元以来之旧；宁波就是宋的明州，元的庆元。宁波通日本，泉州通琉球，广州通占城、暹罗、西洋诸国。宁波有安远驿，泉州有来远驿，广州有怀远驿，都是用以安置所谓诸番贡使，实际也就是安置各国番商。这三个港口的命运，最有趣的是，恰如他们所置的驿名所示。宁波所通的日本，终明之世，没有什么正式的贸易，而倭寇扰乱的警报却不断地传布；这个港口所需要的，就是安远。泉州的贸易，和广州相比似不如宋元时之盛，故所需的还是来远。广州在明时，一如在明以前，贸易额甚大，而中国政府和人民获利都很厚。

嘉靖中，广东巡抚林富论广州番舶之利，说："旧规，番舶朝贡之外，抽解（私货）俱有则例，足供御用，此其利之大者，一也。番货抽分解京之外，悉充军饷；今两广用兵连年，库藏日耗，籍此可以充羡而备不虞，此其利之大者，二也。广西一省全仰给于广东，今小有征发，即措办不前；虽折俸折米，久已缺乏，科扰于民，计所不免；查得旧番舶通时，公私饶给，在库番货，旬月可得银数万两，此其利之大者，三也。贸易旧例，有司择其良者，加价给之；其次，贫民买卖，故小民持一二钱之货，即得握椒，辗转交易，于以自肥；广东旧称富庶，良以此耳，此其为利之大者，四也。助国给军，既有就焉，而在官在民，又无不给。是因民之所利而利之者也，非所以开利孔，为民罪梯也。"广州市舶贸易之利，至于如此，可以广州海外交通之盛；而来于广州之远人，也就真可怀也。这三个港口的驿，最初的命名虽不见得是有特别的意思，但就这三个驿名来解释这三个港口的情形，却正是合适。

清代仍定都北京，对于明的交通系统无大改变，各地交通发达的都会仍大概如旧，唯南京则不如明的远矣。

6. 交通之工具

元、明、清的交通工具，实质上不见得有什么进展。在陆地上的交通工具，更无可说。水上的交通工具也不过是海船的发展和舟的种类之加多而已。

元因倡行海运，海船的需要增加。至元十九年造平底海船 60 艘，运粮 46000 余石，每艘于乘坐人外，能容粮 800 石之谱。但至元四年命高丽所造海船，比这种运粮的海船大得多。元世祖对高丽李藏用说："当造舟一千艘，能涉大海，可载四千石者。"这比后来所造的运粮海船，要多载四倍的容量了。

明代船制，《明史·兵志》所记，甚为扼要。《兵志》说："舟之制，江海各异。太祖于新江口，设船四百。永乐初，命福建都司造海船百三十七。又命江楚、两浙及镇江诸府卫造海风船。成化初，济川卫、杨渠献桨舟图，皆江舟也。海舟，以舟山之乌槽为首。福船，耐风涛，且御火。浙之十装，标号，软风，苍山，亦利追逐。广东船，铁栗木为之，视福船尤巨而坚，其利用者二，可发佛郎机，可掷火球，大福船亦然，能容百人，底尖上阔，首昂尾高，柁楼三重，帆桅二，傍护以板，上设木女墙及炮床；

中为四层，最下实土石，次寝息所，次左右六门，中置水柜，扬帆炊爨皆在是。最上如露台，穴梯而登，傍设翼板，可凭以战，矢石火器皆俯发，可顺风行。海苍，视福船稍小。开浪船，能容三五十人，头锐，四桨一槽，其行如飞，不拘风潮顺逆。艟𫐉船，视海苍又小。苍山船，首尾皆阔，帆樯并用，槽设船傍，近后；每傍五枝，每枝五跳，跳两人，以板闸跳上，露首于外：其制，上下三层，下实士石，上为战场，中寝处，其张帆下椗，皆在上层。戚继光云：倭舟甚小，一入里海，大福、海苍不能入，必用苍船逐之，冲敌便捷，温人谓之苍山铁也。沙、鹰二船，相胥成用。沙船可接战，然无翼蔽。鹰船两端铳，进退如飞，傍钉大茅竹，竹间窗可发铳箭，窗内舷外隐人以荡桨。先驾此入贼队，沙船随进，短兵接战，无不胜。渔船至小，每舟三人，一执布帆，一执桨，一执鸟嘴铳，随波上下，可掩贼不备。网梭船，定海、临海、象山俱有之，形如梭，竹桅布帆，仅容两三人，遇风涛辄舁人山麓，可哨探。蜈蚣船，象形也，能驾佛郎机铳，底尖，面阔，两旁楫数十，行如飞。两头船，旋转在舵，因风四驰，诸船无逾其速。盖自嘉靖以来，东南日备倭，故海舟之制特详备云。”从这里，我们可知道明代船制的大概。但明海船种类虽多，几全做战斗之用，用作普通交通者甚少；不过它们虽为战斗而设，也不能不说是交通工具。

郑和下西洋时，据其《本传》所记：第一次乘大舶 62，长 44 丈，广 18 丈，共载士卒 27800 余人，此为中国史书中所仅见的大船。《纪录汇编》卷 202，载有祝允明的《前闻记》，记宣德中下西洋船上的人数，有“官校、旗军、火长、舵工、班碇手、通事、办事、书算手、医士、铁锚、木艌、搭材等匠，水手、民稍人等，共两万七千五百五十员名”。以人数及时问考之，这次船只大概就是郑和第七次下西洋时所用。这可见当时下西洋的船只上所组成的分子。《前闻记》又记有船号，“如清和、惠康、长宁、安济、清远之类，又有数序一二等号”，记有船名“六〇八橹，二八橹之类”，这也可见当时的海船各有专名和类名，以及等第号数。

清初，船之制造无异前代。及西洋轮船和别种交通工具如铁路、火车、电话、电线机器之传入，则已转入另外一个新时期了。

第十九讲　衰老与资本主义萌芽

明清时期是封建社会的衰老时期。这时，社会经济在继续发展，劳动力的性质有了相对的变化，封建的生产关系在很大程度上成为生产发展的桎梏。在一定地区、一定生产部门中，资本主义有了萌芽，但还没有力量摆脱封建势力而正常地成长起来。

1. 垦田水稻烟草等影响

在农业方面，明初的垦田面积有迅速的增长。1383 年，各地新垦田达到 180 万顷，约占全国垦田数的一半。1393 年，全国垦田数达到 850 万顷。垦田面积增加得如此之快，主要是因为长期战乱之后有了一个安定恢复的局面。但是到了 1581 年，全国垦田只有 701 多万顷，已是晚明的最高数字。清初，在 1661 年的垦田数是 549 余万顷。后来，不断增加，到 1812 年也才有 790 余万顷，比 1581 年多出约 90 万顷，比 1393 年还少了 60 万顷左右。

清代以东北为禁地，但也有汉人私自前往开垦的　天山南北和蒙古地区也有新垦田，但数额都很有限。

明清农业生产的发展体现在水稻和经济作物的推广及新品种的引进上。在明代，福建、浙江等地有了一年两收的双季稻，广东有三季稻。在直隶等地也开垦了不少的稻田。清代的江苏、湖南、湖北、四川及东南沿海地区都是水稻的高产区。经济作物，如棉的种植，已推广到全国。桑、茶、甘蔗、果树、靛蓝、红花、槐花等染料作物和胡麻、云台、桐子等油料作物的培植以及药材的采集，都不断得到推广。玉米，是 16 世纪初从国外引进的。到了 18 世纪，玉米的种植差不多已遍于全国各省。落花生，约于 16

世纪中叶从国外引进，最初在江南、福建等地种植，后来逐渐在各地推广。甘薯，是16世纪末由吕宋引进的，先在福建试种，后传到浙江、山东、河南等省，培植技术逐渐提高。后来在华北较寒冷的冬季，也能留种了。

玉米和甘薯都是高产作物，而甘薯在一般沙质土壤都可种植。还有马铃薯，约在17世纪末自国外引进，云南、贵州、山西、陕西、四川等地先后种植。棉的广泛推广和落花生、玉米、甘薯等的引进都是中国农业史上的大事，跟广大人民生活有密切的关系。烟草，也是在16世纪引进的。最初是在福建、广东种植，清乾隆以后，浙江、江苏、山东、直隶、山西、陕西、四川等省都有了，而且出现了各种著名的品种。烟草是经济作物，它的种植在农村经济中有相当大的影响。

2. 农产品的加工较发达

在手工业方面，明清时期的纺织仍是农民为自给自足而进行的主要家庭副业，其中包含丝织业、棉织业、麻葛织业等，在西北地区还有毛织品。明中叶以后，以生产商品为目的的纺织业逐渐发展起来，并在少数地区以独立手工业出现。湖州的丝，松江的布，南京、苏州的绸缎，都成为全国著名的产品。对各种农产品的加工，如制茶、制糖、榨油等也都比以前发达。茶叶，成为行销国外的重要商品。

3. 名品青花瓷和五彩瓷

陶瓷业，在明清时期有高度发展。江西景德镇仍是全国著名的陶瓷产地。瓷器的各种釉色和彩绘不断有新的创造，青花瓷、五彩瓷都是名品。

4. 造纸印刷业也有发展

造纸业和印刷业也有发展。印刷，除雕刻木版外，有木、铜、铅、锡等活字版，又有版和拱花。版，是按照原稿设色的情况，刻成多块印版，依规定的色调套印或叠印。拱花，是不着墨色，用刻成的凸出的花纹压印。

5. 大规模的制盐冶铁业

明清时期的制盐业和冶铁业都有相当大规模的生产。四川的一个盐厂，直接生产者和有关的人员可以容纳上万人，小厂也要万人左右。冶铁，明代已能用焦炭做燃料，并发明了活塞式木风箱以加大风压和风量。在工艺上，还发明了生熟铁连续生产法，发展了灌钢法。这在当时都是先进的。对于别种金属，如锌，是比较难于冶炼的，至晚在 15 世纪初中国已开始了冶炼的记录。到 18 世纪中国炼锌法传入欧洲，欧洲才开始炼锌。记载上说，明代在开采矿产时，还使用"火爆"的方法，似是使用火药爆破的技术。

6. 海船的制造特别突现

明清时期的造船业，特别是对海船的制造，是有悠久传统的。郑和带着庞大的船队，可以横渡印度洋，直达非洲东岸，这已足够说明中国造船技术和航海技术发展的水平。清康熙时，苏州每年造出海大船 1000 多艘。这种船在出海以后，大半在国外卖出，说明这些海船是受到欢迎的。但明清时的海船制造业，不断受到官方的摧残，得不到正常的发展。

7. 建筑工程的大且量多

明清时期的建筑工程，规模最大的是北京皇宫、热河行宫和长城。园林建筑不少，以北京和苏州的数量较多。

8. 发达的特种工艺珍品

明清时期的特种工艺是发达的。缂丝、雕漆、玉雕、景泰蓝都是名贵的珍品。景泰蓝是明景泰帝时新兴的工艺，玉雕、雕漆、缂丝等都已有古老的历史。

9. 北京、南京等商业繁盛

明清时期的商业，是繁盛的。北京、南京、成都、汉口、苏州、杭州、松江都是商业繁盛的地方。明万历以后，江南的商业有显著的发展。江南有不少乡镇，因商业的影响，在 200 年左右的时间，由数百家发展到数千家以至万家。在清代，还兴起了全国闻名的商镇。广东省的佛山、湖北省的汉口、河南省的朱仙、江西省的景德，被称为四大名镇。

10. 重要的科学技术著作

随着农业、手工业和商业的发展，明清之际出现了好几部有总结性的重要的科学技术著作。

1578 年，李时珍著成《本草纲目》52 卷。李时珍（1518—1593 年），湖广蕲州（今湖北省蕲春县）人。《本草纲目》收录了药物1892种，药方11000多个，附图1100多幅。这里有大量材料是文献上记载过的，但其中不少是经过他订正的，还有许多材料，是他亲自采访的。这是对16世纪以前中国药物学和医学的总结，是关于植物学的重要著作，也包含了相当多的生产经验。近400年来在国内有很大的影响，并被译成各种外国文字。约略跟李时珍的年代相当，中国医生首先发明用人痘接种法预防天花。比李时珍的年代略晚，陈实功（约1555—1636年），字毓仁，江苏南通人，著《外科正宗》，是关于外科医疗的总结性的书。

晚于《本草纲目》约半个世纪，徐光启著《农政全书》。徐光启（1562—1633年），字子先，上海人。《农政全书》对有关农业生产的问题，从粮食作物到蚕桑棉麻、蔬果竹木、药用植物及农器、牧养等均有论述，而对于水利和荒政的论述，篇幅较多。书中收集了历代的有关文献，也有一部分是他实践的心得。他有"人定胜天"的思想，提倡农作物的推广。全书未及最后定稿，陈子龙加以删补，定为60卷，于1639年刊行。

地理学家徐宏祖（1586—1641年），字振之，号霞客，江阴（今属江苏省）人。他从22岁起，在各处游历，经30多年。他于所到之处，就地理、水文、地质、植物及居民情况进行考察写成游记。他的最大贡献，在于对西南石灰岩溶蚀地貌的记述。这种地貌，由于地表岩石受水的溶解作用而形成，有如神斧鬼工，奇巧万状。在这种地貌发育地区，地下水系比较发达。对这种地貌的考察，对农业开垦和工程建设都有重要的参考价值。徐宏祖的工作是创造性的，约早于欧洲人两个世纪。他有《游记》流传下来。

宋应星（1587—约1660年），字长庚，江西奉新县人，所著《天工开物》于1637年定稿，全书18篇。首论有关衣食的作业，包括谷类和棉麻的培育、养蚕缫丝、染料、食品加工、制盐、制糖等。次论各种日用品如砖瓦、陶瓷、器具、舟车、纸、烛的制造和榨油、石灰采炼等。次论五金采炼、兵器、火药、朱墨、颜料的制造和珠玉采冶等。书中对生产各部门所使用的原料及生产的过程，都有详细的记载。这是对于中国16世纪以前的农业、手工业之生产经验的总结，并注意介绍先进的生产经验。书成不久，即在日本翻刻流传，后来又被译成多种外国文字。

科学技术上的成就，表明社会生产力的水平及其可能的发展。但封建时代，包括明、清在内，科学技术上的新成就，因生产规模的狭小和政治条件的限制，不一定就能应用到生产上，或虽也能应用到生产上但得不到推广。在明末以后，科学技术也不断有些进步，但像上述这样大规模的著作就少见了。

11. 劳动力逐出封建束缚

明清时期社会生产力的发展和阶级斗争的持续，引起了劳动力性质的一些变化。首先，从"一条鞭法"的施行到"摊丁入地"的施行，即使赋税取得了财产税的形式，使国税和地租互相分离，而对农民也免除了人头税和繁重的赋役，大大减轻了农民对国家的人身依附关系。其次，在手工业匠人方面，明代匠户不同于元代的系官匠户，后者的身份近似奴隶，而明代匠户，除定期服役外，有了人身自由。嘉靖间改服役为征银。万历年间，官家征工，支付一定工价，有了工役制的形式。清初废除匠籍，进一步废除了国家对手工业匠人的封建束缚。再次，农民和地主的关系也有变化。明代，出现了不受"主仆名分"束缚的佃户。清律，禁止地主私置板棍苛责佃户，并规定奸占佃户妇女为婢妾者，绞监候。明代还出现了大量的雇农，有长年为地主佣工的长工，有按季佣工的短工，有按月受值的月工，有临时受雇的日工。这些雇工，只有一部分是一无所有的劳动者，而大致都有简单的生产工具，还没有完全脱离生产资料。他们也不是简单的自由劳动力的出卖者，他们跟地主之间还有尊卑的身份关系。不过比起佃户来，人身依附的性质少了。明清大地主的雇工，有时在 100 人以上。我们知道各地情形的发展是不平衡的，并且在封建时代长期存在着法外剥夺，但明清时期劳动力性质的一些变化，劳动力逐渐摆脱封建的束缚，毕竟是值得注意的新动向。

12. 衰老时期的最大特点

在明初，纺织业中首先出现资本主义萌芽的踪迹。这时，杭州的富人设有机杼，雇织工十数人进行纺织，这可能就是小规模的资本主义手工工场。万历年间，苏州的手工业者"计日受值，各有常主。其无常主者黎明立桥以待唤"。其中有纺织工，有纱工，有缎工，往往什百为群。如无做工机会，即自行散去。无论是要为商品生产，或是为官府订货生产，他们本人都是脱离了生产资料、出卖劳动力的劳动者。这说明自由劳动力的市场已经出现。

在明代末叶，苏州、杭州、松江等处有一些个体纺织者，最初是自备原料、自己劳动，后来有利可图，逐渐增加织机，自己脱离了劳动，专靠工人生产。还有的是以布商身份，准备了原料交给机房、染房、踹房等分别依次施工，最后完成了纺织品的生产。前一种人，是由小商品生产者分化出来的手工工场场主。后一种人，已具有包买商的身份，他们实际上是把分散在社会上的一些生产单位组成为手工工场。这两者都已具有资本主义生产关系的性质，不过还只在东南的很少地区、很少生产部门中出现，还只能说是处在资本主义萌芽状态下的情况。

在清初统一活动的过程中，东南地区遭到很大的残破，资本主义萌芽横遭摧毁。等到局势平定下来后，资本主义萌芽在东南地区由复苏而有缓慢的发展，还扩展到东南地区以外。苏州、南京的纺织业，江西的陶瓷业，广东的制糖业，江西、浙江、陕西等地的造纸业，云南的采铜业，北京等地的采煤业，也都出现了资本主义萌芽。道光年间，南京的丝织业手工工场有的拥有织机五六百张。云南及各地的矿厂，往往雇用工人达几千人。

资本主义萌芽在明清时期出现，经历了好几百年，但始终没有得到正常的成长，原因是复杂的。首先，是由于中国长期封建社会中自给自足的经济结构的顽固性。以男耕女织的个体家庭为生产单位的自然经济，基本上不需求市场上的供应而自己解决简约的衣食需要。封建的朝廷、官府和地主加在农民身上的剥削和压迫，迫使他们很难得到改善生活的条件。在社会生产力水平有所提高的时候，受益者首先是地主阶级，而农民很少有份儿。农民的不断起义，给了地主阶级以沉重打击，但不能从根本上改变农民的状况。大规模起义结束后，农民的身份有了一定的变化，但还是要回到土地上来，重新建立起男耕女织的家庭。这种自然经济的结构在很大程度上限制了市场的开展，阻塞了产业资本为自己开辟道路。

第二，手工业行帮限制了资本主义生产的发展。中国手工业者自唐宋以来就有行帮。它不是维护劳动者利益的组织，而是封建国家强加于手工业者的一种编制。到了明清时期，行帮已成为手工业者长期习惯了的组织，因而具有更大的约束力。按照行帮的规定，原料分配、产品规格、学徒帮工的人数、销售的市场和产品的价格都要受到限制。这些规定的现实意义，就是限制发展，限制竞争，这对于资本主义萌芽的成长是很大的障碍。

第三，封建国家对于商业、手工业的压迫剥削阻碍了资本主义生产的发展。封建国家历来关心的是要农民束缚于土地以便于统治，而不愿劳动人民游离于土地，最害怕劳动人民聚在一起。明清朝廷对于矿产，有时要开采，有时要封闭，而一般地严禁人民自行开采。其所以如此，就是因为虽看到开矿有利可图，却更重视矿区聚集劳动人民过多时可能引起的麻烦。朝廷对于一些比较有发展前途的生产部门，如丝纺织业和开矿，往往采取限制生产和强制以低价收购的办法。对于盐、茶、酒等商品，都以禁榷的名义抽取重税。对于一般商品，营业有牙税，通过关卡有关税，到达市场有落地税。另外，地方官吏还有各种勒索。这些都不能不妨碍微弱的资本主义萌芽的滋长。

第四，在手工业、商业必须经常承担风险的情况下，封建地租和高利贷有更大的吸引力。地主要兼并土地，要放高利贷。商人发了财，也是要置田地，开当铺。田地被认为是最牢靠的产业，高利贷可以安坐而有丰厚的收益，这都阻碍社会财富向产业资本转化，因而限制资本主义的成长。

第五，明清朝廷都对海外贸易做了严格的限制，甚至有时根本不许商民下海，这是人为地削弱、封锁商品的对外销路，很不利于商品生产的发展。

资本主义萌芽得不到正常成长的这些原因，归结到一点，是封建势力还很顽固，资本主义萌芽还没有突破这一桎梏的力量。明清时期的封建主义生产关系已不能促进社会生产力的发展，但能拖住社会生产力的发展。已经腐朽了的社会制度却能阻碍新社会制度的产生，这是中国封建社会衰老时期的最大特点。

13. 新兴生产事业非正常

明清时期的地主阶级是极为腐朽的阶级。皇族地主是地主阶级的最上层。明清皇室都直接掌握土地，设有皇庄。明的藩王、清的八旗王公，都赐有大量土地。但在全国范围内占有土地最多，在社会上影响最广泛的是官绅地主。在宋元多次农民战争后，品官地主阶层被打垮了，官绅地主取代了它的地位。官绅地主中，也有可称为品官的，但作为一个阶层，明清的官绅地主跟过去的品官地主是不同的。第一，官绅地主的成分要比品官地主广泛得多。它包含现任的官、卸任的官和科举考中的未来的官。所谓绅，就是指后两种人说。在某地是现任的官，在家乡也算是绅。作为一个阶层，官绅地主要比品官地主的政治身份削弱了，而剥削贪污的能量却增加了。第二，官包庇绅，绅支持官。绅就是地方上的豪强，官绅地主也就同时具有豪强地主的性质。第三，官绅地主也具有商人地主的性质。做官的人做生意，开当铺，这是官而商。盐商、茶商、出口商，都是以皇家的名义做买卖，有的人还取得大大小小的官衔，这是商而官。而且捐纳可以得官，则每一个富商都可能有得到官衔或官职的机会。明清朝廷以极为腐朽的政治而仍能进行长期的统治，这是与官绅地主这一庞大的腐朽势力的支持分不开的。在这种腐朽势力的高压下，新兴的生产事业是不会正常发展的。

14. 从先进到落后的历史

明清时期的历史，是中国从先进到落后的历史。从 16 世纪初到 17 世纪中叶，世界历史正处在一个重要时期，处于西欧国家由封建时代进入资本主义兴起的时代。1604 年，英国资产阶级革命爆发了，而中国的农民战争正在李自成领导下浴血奋战。1784 年，蒸汽机发明了，此后引起工业革命而进入大工业时代。同年，在中国是田五起义。不久失败，此后是一系列的反封建的人民起义而都未能取得胜利。明清封建势力在镇压人民中取得暂时的优势，但它所形成的落后，终于不能抵抗西方殖民主义者的入侵，而使中国各族人民陷于更痛苦的命运。

第二十讲　西方殖民势力的东来

1.　中外关系变化很大

明清时期的中外关系，比过去有很大的变化。明初以来，倭寇在沿海各地的侵扰，达两个世纪。明清之际，沙俄开始强占中国疆土，以致后来在雅克萨挑起了两国间的战争。这在中外关系史上，都是没有先例的。1498年，达·迦马（Vasco da Gama）发现东方新航路之后，葡萄牙殖民主义者首先到中国来，其后有西班牙人和荷兰人，再后有英国人、法国人和美国人。他们以商业、炮舰和传教为手段，对中国进行野蛮的掠夺，使中国在对外问题上经受了严峻的考验。

2.　葡萄牙的非法占据

葡萄牙人于1511年征服满剌加，于1513年就开始有商船到中国来。1516年、1517年，先后派商船到广东出售胡椒等货物，并非法占据广东东莞县属的屯门岛。此后，又派马斯客伦哈斯（Mascarenhas）率领舰队到福建漳州非法踏勘海岸地形。1521年，明因葡萄牙人拒绝退出屯门，以武力驱逐他们出境。1523年、1547年、1549年，葡萄牙人先后侵扰广东新会的西草湾、福建的漳州和诏安，都被明军击退。但自1535年起，澳门一直有葡萄牙人居住。1553年，他们通过对地方官的行贿，以租借的名义占据澳门的部分土地。1557年，他们在澳门私自扩展土地，建筑炮台，设立官署，俨然把澳门看作他们的殖民地。这是西方殖民主义者在中国境内长期非法占据的第一块土地。不过中国在澳门仍设有官署，拥有主权。

3. 西班牙的屠杀强占

西班牙人于 1565 年占有菲律宾，1571 年建马尼剌城，1575 年有商人到达中国。此后得到明廷的允许，以厦门为通商港口。西班牙殖民主义者蓄意虐待居留菲律宾的华侨，于 1603 至 1639 年间，曾对华侨进行三次大屠杀。在 1626 年，还强占了台湾的基隆。

4. 痛击荷兰人的掠夺

荷兰人在 16 世纪末，开始兴起，在南洋占领了爪哇、苏门答腊等岛。1602 年成立荷兰东印度公司，1619 年在爪哇建巴达维亚城（今印度尼西亚的首都雅加达），一步一步地加紧了掠夺中国的阴谋。荷兰武装商船于 1601 年第一次开到广州，因当地中国官民的严密监视，未敢过于猖狂。1604 年，袭击澎湖。1622 年，强占澎湖，建立要塞，以此作为进一步侵略中国的据点。此后，就在福建沿海一带掠夺物资，抢劫商船，贩卖人口。1623 年，又侵占台湾，筑安平要塞（Fort Zeelanelia）。1624 年，明廷派军把荷兰人从澎湖驱逐出去。同年，荷兰人在台湾筑赤嵌城（Provintia）。1641 年，荷兰和西班牙两个殖民势力之间争夺对台湾的统治，发生了战争。荷兰人打败了西班牙人，夺取基隆，占据了整个台湾。

在对中国的贸易打通后，荷兰人获取了厚利。他们在中国售出胡椒、檀香和东南亚各种土产，购进黄金、白铜、生丝和丝织品。他们在日本售出大部分丝和丝织品，而以在中国赚得的黄金、白铜及在日本赚得的白银到印度购置棉织品，然后又用棉织品在爪哇等地换取香料。另外，他们还在台湾征收人头税和各种苛杂的捐税。他们以在亚洲内部贸易的赢利和税收所得，购置欧洲所需用的货物，并用以装备和扩充他们所占据地区的设防要塞、舰队和货栈。

台湾人民因不堪荷兰殖民主义者的残暴统治，不断奋起斗争。1652年，由郭怀一发动的一次大规模起义，参加者16000多人，袭击赤嵌城。在经过15天的战斗后，虽然失败了，但给荷兰殖民者以沉重的打击。九年以后，抗清名将郑成功决定收复台湾。他率领大小船只数百艘，将士25000人，自金门出发，进攻赤嵌城。在台湾各族人民的支持下，收复了赤嵌城，迫使荷兰头目揆一（Frederik Coyett）在1662年春缴械投降。台湾重新回到中国人民的手中。

荷兰殖民主义者不甘心于在台湾的失败，并且还害怕因此而影响荷兰在东方的地位，便向清廷表示，愿意协同对郑成功进攻。1663年，他们实现了与清军的联合，从郑经手中夺得了厦门和金门。这时，郑成功已死，郑经是郑成功的儿子。1664年秋，他们又重新攻占了基隆。1668年秋，郑经收复了基隆，迫使荷兰军队撤回巴达维亚。此后，荷兰从对华的贸易中就不能捞到多大的好处。

5. 英国殖民者的猖狂

英国殖民主义者在1600年设立东印度公司。此后，不断跟荷兰争夺海上霸权，终于在17世纪中叶取得了对荷兰的胜利。1637年，约翰·威德尔（John Weddell）率英船四艘开赴广州，竟不顾中国守军的警告，炮击虎门，强占虎门炮台，企图以武力强迫中国对英开放。在中国军民坚决的抗击下，英人被迫退出虎门。1670年，英人开始跟郑经掌握的台湾进行贸易。后来又在厦门通商。1680年，郑经丢掉厦门后不久，英人跟台湾的商业往来就停止了。1699年，英人获得清廷允许在广州设立商馆，但他们仍不断要求增辟商港，并进行各种非法活动。

1802—1809年，英人多次使用武力，想从葡萄牙人手里袭取澳门，作为侵略中国大陆的据点。1811年和1821年，英人在广东沿海开炮，杀伤中国农民。19世纪30年代，英人又不断派船在中国沿海测量海道，测绘地图，并搜集厦门、福州、宁波、上海等处的军事情报。

英国殖民主义者在较早时候运毛织品、香料等到中国出售，在中国购买茶叶、药材、瓷器等。19世纪20年代以后，主要是运棉织品到中国出售，但英货在中国市场上的销路不大。在正常情况下，英对中国的贸易发生逆差。在 1781—1790 年间，中国茶叶输英总值是 96267833 元。1781—1793 年间，英国毛织品、香料等货输华总值是 16871592 元，差不多仅及中国输英货价的六分之一。为了改变这种局势，英国殖民主义者大量地向中国输出鸦片。1787 年，英国输华鸦片 200 箱，1800 年 2000 箱，1820 年 5147 箱，1821 年 7000 箱，1824 年 12639 箱，1834 年 21785 箱，1837 年 39000 箱。清廷于 1815 年颁布搜查洋船鸦片章程。英国殖民主义者任意破坏禁令，用行贿和走私的办法贩运鸦片。并且正因为是违禁品，他们获取了更大的利润。英国殖民主义者的这种贩毒活动，败坏了千千万万中国人的健康和意志，吸引了大量白银不断外流，使中国国库和全国的金融受到破坏。对中国来说，这种局面绝不可以继续。对英国殖民主义者来说，这一巨大的财源绝不可以放弃。于是，这种尖锐的矛盾在 1840 年以战争的形式爆发了。

6. 外国的传教与侵略

法国殖民主义者于 1604 年开始了对中国的贸易活动。1728 年，法国在广州设立商馆。他们在商业上的势力远不及英国，但他带来的天主教传教士私入中国内地传教者不少，这是殖民主义者侵略活动的又一形式。

美国殖民主义者在 1784 年开始跟中国通商，但发展很快。1789 年，在中国的外国商船共为 86 艘，其中英船 61 艘，美船 15 艘。到了 1832 年，美船增至 62 艘。美国人除经营一般商品外，也是势力雄厚的鸦片贩子。

从 1579 年起，天主教的耶稣会士不断随西方商船到中国来。明末清初，他们在中国的 13 省设立了天主教堂。1610 年，中国人信教者有 2500 人。1617 年增加到 13000 人，1636 年增加到 38200 人，1650 年增加到 15 万人。明朝著名的政治人物如徐光启、李之藻，宫中的太监如庞天寿、若瑟，都信奉了天主教。南明小朝廷永历帝及其皇后、太后和太子，也都入了教。天主教在明朝晚年的传播是相当盛行的。

清初曾任用一些西方传教士做官，只是在技术上的使用，对于天主教的传播是加以限制的。康熙皇帝曾下令禁止传教士设教堂和进行传教活动。但罗马教皇不顾中国的禁令，指示中国教徒不得祭天、祭祖、祭孔，并派使臣于 1720 年到达北京，求见康熙皇帝，要求由他管理在中国的传教士并按照教廷的规定来接受中国教徒。罗马教皇的这些活动都是损害中国主权的。康熙皇帝使大臣传谕使臣，严加斥责，并说："天主教在中国行不得，务必禁止！"此后，清廷对传教之禁，有时紧，有时松。总的说来，天主教的传播是不如晚明之盛了。

天主教在中国的传教事业，从意大利人利玛窦于 1583 年在肇庆开始，一直到 1775 年。传教士有著作可考者，约 70 人，其中除利玛窦（1552—1610 年）外，以艾儒略（1582—1649 年）、毕方济（1582—1649 年）、金尼阁（1577—1628 年）、汤若望（1591—1666 年）、南怀仁（1623—1688 年）为最著名。

耶稣会本来是 16 世纪欧洲宗教改革运动兴起后，天主教内顽固反对改革的主要集团。耶稣会传教士所宣传的，是中世纪的正宗神学。他们宣扬，上帝作为造物主，是权力和道德的来源。他们说，上帝是天上的父，国君代替上帝治理国家而为全国的父，人民必须遵从教规和国法。他们肯定儒家道理的正确，但是儒家不说天主，因而就不完善，而只有天主教的道理才是最完善的。这一套神学理论，既拥护了封建统治、封建道德，更虚构了天主的灵光，从而美化了一切信奉天主教的国家和个人。他们把上帝的天国紧紧掌握在手里，其实质是要把地上的王国踩在脚下。这跟殖民主义者的炮舰和鸦片，正是巧妙的配合，而跟明清之际的进步思潮是尖锐的对立。

耶稣会传教士曾被称颂为西方近代科学的输入者，这是不符合事实的。近代的自然科学是从神学中解放出来的自然科学，而罗马教廷是反对近代自然科学的死敌，是迫害科学家的狠毒的凶手。耶稣会不可能不站在这种迫害活动的最前列，因而决不能想象耶稣会传教士会把近代科学带进中国来。他们对中国学人隐瞒近代科学的成就，对于近代科学家哥白尼（Nicolaus Copenicus）、耐普尔（John Napier）、伽利略（Galileo）、牛顿（Isaac Newton）等人的伟大成就，是缺乏阐述的。他们在数学方面推崇欧几里得（Euclid）几何学，在天文学方面推崇托勒密的太阳系，在力学方面继承亚里士多德关于"物体落下的速度和重量成比例"的学说。他们的科学知识仍停留在希腊时代的水平上。他们带进中国的不是近代科学，而是已被近代科学所取代的对立物。另外，他们总不忘记把科学摆在神学的奴隶地位上，讲人体解剖要说："孰造化是？孰安排是？"讲地震要说："地之震受制于造物主，犹旱涝、兵革、火灾、疾病，虽系人事之召，然皆属造物主全能大权统一宰制。”甚至于在讲天文学的时候，竟然还说星象的变化"定人命之凶吉"。他们所传播的，哪里是近代科学？他们是借科学的名义，对近代科学进行歪曲和阉割。

沙皇俄国的东正教，也是沙俄侵略中国的工具。东正教于1732年被允许在北京建立教堂。后来又被允许教士每10年换班一次，届期可以自由回国。从此，沙俄即以教会做掩护，开始在中国建立起阴谋活动的据点。鸦片战争以前，东正教教士共换班11次，每班真正的教职人员很少，多数都是披着宗教外衣来中国调查政治、经济、文化情况的。他们还绘制了中国某些地方的详细地图，带回本国。

传教士带进中国而值得一提的东西，一是关于地理学的，一是关于历法的。利玛窦初制《万国舆图》，后来艾儒略著《职方外纪》，南怀仁制《坤舆全图》，并著《坤舆图说》，其目的之一在于以海外奇闻吸引士大夫的接近，但客观上也开阔了中国人对世界的视野。明代历法，长期失修，出现了与天象不合的情形。徐光启奏请修历。因明朝禁止私人学习历法，懂历法的人不多，就在徐光启的主持下，召传教士参加，其中有汤若望等人。后来成《崇祯历书》约百卷，没有来得及颁行。清顺治、康熙年间，汤若望、南怀仁等奉命续修新历，于康熙十七年成《永年历法》32卷。传教士在修历上的功绩在于推算的精确性，他们在《崇祯历书》上也引用了哥白尼、刻卜勒、伽利略著作中的材料，但他们丢掉了哥白尼等人在理论上的精髓，而仍以地球中心说为指导思想。明清之际的进步学者，如方以智就指出他们是"详于质测而拙于通几"，并且还说，仅就质测而言，也是不完备的。

康熙帝是一个提倡科学的皇帝。当他在位的时期，有《数理精蕴》和《历象考成》的编著，都是融合中西的巨制。1708年，他下令开始全国地图的正式测绘。1718年，绘成了《皇舆全览图》。这在当时世界各国，尚没有这样大规模的测绘工作。传教士白晋、雷考思、杜德美等在测绘中担负了主要工作。传教士因参加了工作而获得许多有关地理方面的资料。他们把这些资料带回去，在欧洲得到相当广泛的流传。但制成的地图，因藏在内府，对于中国地图学的发展却没有起到应有的作用。

王锡阐（1628—1682年），字寅旭，江苏吴江人，著有《晓庵遗书》。梅文鼎（1633—1721年），字定九，安徽宣城人，著书80余种。他们是清代在数学和天文学上有显著成就的人物。他们都对传教士传来的天算知识进行了深入的研究，并结合中国传统的科学兼收并取，互相补益。王锡阐看出了传教士以宗教态度对待科学是"明理者"所不做的事情。他主张，在天算之学上"必通于数之变而穷于理之奥"。他追求的是以数学原理来概括的自然哲学，是跟传教士所宣扬的神学截然相反的。

传教士利用传教接触群众和供职宫廷的机会，搜集了各方面的情报，帮助各国殖民主义者的侵略活动。1840年鸦片战争前后，除天主教的传教士外，还有基督教的牧师到中国来，直接插手英美各国对中国的侵略活动。宗教信仰是允许自由的，但披着宗教外衣而进行侵略活动却是一另回事了。